날씨의 문장들

날씨의 문장들―
기상전문기자의 문학 읽기

초판 1쇄 2025년 5월 26일
지은이. 신방실

펴낸이. 주일우
편집. 이임호
디자인. 워크룸 프레스

펴낸곳. 이음
출판등록. 제2005-000137호 (2005년 6월 27일)
주소. 서울시 마포구 토정로 222
     한국출판콘텐츠센터 210호 (04091)
전화. 02-3141-6126
팩스. 02-6455-4207
전자우편. editor@eumbooks.com
홈페이지. www.eumbooks.com
인스타그램. @eum_books

ISBN 979-11-94172-14-7 (03810)
값 18,000원

이 책은 저작권법에 의해 보호되는 저작물이므로
무단 전재와 무단 복제를 금합니다.

이 책의 전부 또는 일부를 이용하려면
반드시 저자와 이음의 동의를 받아야 합니다.

잘못된 책은 구매처에서 교환해 드립니다.

날씨의 문장들—
기상전문기자의 문학 읽기
신방실

이음

일러두기

1. 저작권이 만료된 국내 작품은 원서와 한국저작권위원회의 자료를 참고해 인용했다.
2. 원문을 직접 번역해 인용한 경우에는 저자와 저서만 적었다.
3. 인용문은 필요한 경우 원문을 해치지 않는 선에서 본문의 표기법을 따라 수정했다.
4. 이 책은 방일영문화재단의 지원을 받아 저술·출판되었다.

9
저자의 말

11
계절은 머물지 않는다—
계절 『사계』, 「봄」, 「창공」, 「소년」, 「겨울」

45
정처 없는 불안의 그림자—
안개 『무진기행』, 『채털리 부인의 연인』, 「안개」, 「빈집」

83
태양을 지워 버린 모래 폭풍—
먼지 『분노의 포도』

121
마음을 어지럽히는 살 같은 비—
소나기 「소나기」, 「소낙비」

153
인생의 지독한 우기를 만나다—
장마 「비 오는 날」

179
이글대는 폭염과 부조리한 죽음—
태양 『이방인』

219

아름다운 밤이었다—
백야 「백야」

239

황야를 헤매는 거친 영혼들—
폭풍 『폭풍의 언덕』

257

가끔은 아무 생각 없이 휩쓸려 갔으면—
회오리바람 『오즈의 마법사』

293

어느 먼 곳의 그리운 소식이기에—
눈 「설야」

319

차가울수록 뜨거워지는 마음—
혹한 「마지막 잎새」, 「행복한 왕자」

저자의 말

나는 기상전문기자다. 하늘을 바라보는 직업이다.
무한의 도화지를 배경으로 펼쳐지는 날씨, 눈부시게
찬란하다가도 격동적으로 퍼붓고 뜨겁게 달아올랐다가
차갑게 식어 버린다. 단 한 순간도 똑같은 날씨가
없을 정도니 지루할 틈이 없다. 우리는 날씨와 더불어
살아간다.

인생은 날씨와 닮았다. 영원한 우기도 없고, 끝나지
않는 안개와 폭염도 존재하지 않는다. 먹빛 하늘에서
궂은 소나기가 쏟아지다가도 거짓말처럼 햇살이 비집고
들어온다.

과거의 위대한 작가들도 날씨를 사랑했다. 황량한 북풍이
몰려오는 폭풍의 언덕이며, 회오리바람의 습격을 받는
미국 대평원, 안개로 뒤덮인 무진과 한파로 얼어붙은
뉴욕까지. 날씨는 시와 소설이 펼쳐지는 배경이면서
소재이고 주인공이었다.

문학에 등장하는 날씨의 문장들은 나를 사로잡았다. 기상전문기자가 날씨의 언어로 문학을 읽어 주면 어떨까 하는 생각으로 이 책은 시작됐다. 문학 전문가는 아니지만 문학 작품을 읽을 때마다 가슴이 두근대는 팬의 마음으로 한 문장, 한 문장 완성했다. 기후 위기로 과거 문학 속의 날씨가 지금과 어떻게 달라졌는지 비교하는 일도 개인적으로 흥미로웠다.

마지막으로 이 책을 펼치고 있는 여러분께 봄 햇살처럼 다정한 인사를 건네고 싶다. 책이 나올 수 있도록 긴 시간 애써 주신 이음 출판사와 언제나 나를 지지해 주는 가족에게도 감사의 마음을 전한다.

계절은 머물지 않는다

계절
『사계』, 「봄」, 「창공」, 「소년」, 「겨울」

―――――― 날씨가 시와 음악이 된다면? ――――――

한국인이 가장 좋아하는 클래식 음악을 꼽으라면 이탈리아 작곡가인 안토니오 비발디의 《사계(四季, Le quattro stagioni)》가 빠지지 않을 것이다. 제목에서 알 수 있듯 봄, 여름, 가을, 겨울을 표현하는 네 개의 바이올린 협주곡으로 이뤄져 있다. 도입부만 들어도 익숙한 느낌이 들 정도로 사랑받는 작품이다. 물론 우리 집 거실 어딘가에도 비발디 음반이 자리 잡고 있다. 이사를 거듭했음에도 항상 책장을 점유하고 있는 『코스모스』나 『총, 균, 쇠』, 『슬픈 열대』 같은 명작들처럼 말이다.

우리나라는 중위도 온대 기후대에 자리 잡고 있어 계절의 변화를 뚜렷하게 느낄 수 있다. 오래전부터 조상들은 봄의 따스한 정취와 여름의 격정적인 무더위, 가을의 청명한 날씨, 겨울의 혹독한 추위를 소재로 시를 짓고 노래를 불렀다. 한국인이 비발디의 《사계》를 유난히 즐겨 듣는 것도 이런 이유에서일지 모른다.

《사계》는 그냥 음악이 아니라 시를 기반으로 하고 있다. 각 계절은 세 개의 악장으로 구성되는데, 악장마다 '소네트(Sonnet)'가 붙어 있다. 소네트는 '작은 노래'를 뜻하는 유럽의 정형시다. 비발디는 네 계절을 시와 음악으로 섬세하게 빚어 낸 것이다.

서양에 비발디가 있다면 한국에는 윤동주 시인이

계절은
머물지
않는다

있다. 『하늘과 바람과 별과 시』라는 시집을 모르는 사람은 거의 없을 것이다. 그의 시를 읽으면 맑은 동심이 느껴지다가도 가슴을 쿵 하고 내려앉게 하는 깊은 참회와 슬픔이 밀려온다. 특히 윤동주 시인은 자연과 날씨, 계절에 대한 시를 많이 남겨 하늘만 바라보는 기상전문기자로서 푹 빠지지 않을 수 없다. 계절이 바뀔 때마다 비발디의 《사계》와 함께 윤동주 시인의 시를 음미한다면 그보다 더 행복한 시간은 없을 것 같다.

> 봄이 찾아오니 기쁨 가득히
> 새들은 행복한 노래로 맞이하고
> 시냇물은 잔잔한 속삭임으로 흐른다네.
> 꽃이 만발한 목장에서
> 나뭇잎과 식물들은 부드럽게 흔들리고
> 목동은 충직한 개와 함께 잠이 드네.
> 축제의 목가적인 백파이프 소리에 맞춰
> 님프와 목동들이 아름다운 하늘 아래 춤추고
> 찬란히 펼쳐진 봄의 모습을 즐기네.
> ─ 〈봄〉 1악장~3악장(일부) 소네트

〈봄〉을 이루는 비발디의 소네트에는 봄을 맞는 기쁨에 찬 새들의 울음소리가 가득하다. 조용한 봄밤이 저물어 가고 봄비가 내리면 짝을 찾는 지저귐은 더 깊어진다. 성성하게 피어나는 생명의 아우성과 초록빛 봄 내음에 실려 오는 자연의 경이로움이 오선지 위에 펼쳐진다. 음악을 감상하는 동안 소네트에 담긴 풍경을 상상하면 작곡가의 의도를 더 가깝게 느낄 수 있다. 비발디 덕분에 생동하는 봄이 예술로 승화했다.

아기 손처럼 고운 햇살이 얼굴에 내려앉으면 춘곤증을 느끼며 잠시 졸아도 괜찮을 것이다. 겨우내 움츠렸던 몸이 아직 길어진 낮에 적응하지 못하고 있을 테니 말이다. 얼었던 땅이 풀리고 물이 흐르고 만물이 깨어나는 봄이 오면 시간의 수레바퀴는 긴 밤과 작별하고 낮의 시간으로 굴러간다. 봄비가 내리고 꽃이 피었다가 변덕스러운 비바람에 꽃잎이 모두 떨어지면 어느새 봄이 떠나가고 여름을 맞을 준비를 한다.

계절은 우리 곁에 머물러 있지 않고 아득히 멀리 흘러간다. 조선 시대의 시인 황진이는 동짓달 기나긴 밤을 따스한 춘풍(春風)이 부는 이불 속에 넣어 뒀다가 정든 님이 오시거든 굽이굽이 펴겠다고 하지 않았나. 시인 김영랑은 모란이 뚝뚝 떨어지고 나면 봄을 여읜 설움에 삼백예순날을 하냥 섭섭해서 울겠노라고 했다.

나는 여의도 윤중로와 가까운 KBS에서 일하는 덕분에 해마다 멀리 가지 않고 벚꽃을 만끽할 수 있다. 어느 해에는 꽃샘추위가 심해 꽃이 유달리 늦게 피고 또 너무 일찍 펴서 뉴스가 되기도 한다. 그래도 내 기억에 한 해도 꽃 피는 것을 거른 적은 없었다. 코로나19나 미세먼지가 극심했던 해라도 말이다. 언젠가부터는 해마다 정해진 시기가 되면 꽃망울을 터트리는 벚꽃이 고맙게 느껴졌다. 벚꽃길을 걸으면 온몸으로 봄이 스며드는 느낌이 들었다. 마음을 못살게 구는 정처 없는 바람도 잠시 잦아들었다.

　벚꽃이 절정으로 향해 갈 때면 관광객의 발길도 폭주한다. 과거에는 전국의 장사꾼들이 몰려들어 닭꼬치와 번데기, 솜사탕 같은 먹을거리를 팔았는데 온갖 음식 냄새가 뒤섞여 여의도의 대기에 강처럼 흘렀다. 바가지요금을 받는다고 욕하는 사람도 있었지만, 솜사탕 하나를 손에 든 아이의 봄날은 평생 행복한 기억으로 남을 것이다.

　벚꽃이 절정으로 치달으며 마지막 영혼을 불태울 때 나는 직감적으로 안다. 하루, 이틀만 지나면 꽃잎이 바람에 맥없이 떨어지기 시작하고 그 자리가 푸릇푸릇한 잎으로 대체될 것을 말이다. 분홍빛 세상이 연두색으로 변하는 순간이 다가오는 것이다.

　허무하게 져 버린 꽃과 함께 우리의 청춘도 흘러간다. 오늘이 가장 젊은 날이라는 말도 있지 않은가. 삼백예순날 피는 꽃도 없고 삼백예순날 청춘일 수도 없다. 설렘으로 가득했던 봄이 가면 폭풍우가 휘몰아치고 뙤약볕이 쏟아지는 여름이 온다. 그래도 우리는 견딜 수 있다. 꽃이 떨어진 뒤에야 열매를 맺을 수 있다는 사실을 알고 있기 때문이다. 벚꽃이 지고 나면 내년 봄을 간절히 기다리면 된다.

　달고 쓴 계절을 버티는 동안 우리는 촘촘히 지혜의 나이테를 쌓아 간다. 아무리 혹한이 몰려와도 다정한 봄밤의 추억 한 조각만 있다면 밤새 끌어안고 버틸 수

있다. 핫 팩 백 개를 몸에 두른 것처럼 온몸을 온기로
충전할 수 있다. 화창한 봄만 1년 내내 이어진다면
어떨까. 그저 완벽한 날씨만 계속된다면? 그곳은
사막으로 변하고 만다. 그래서 우리에게는 계절이
필요하다. 서로 다른 색채와 농도로 살아 숨 쉬는
캔버스가 있어야 한다.

———————— 봄날은 간다, 무심히도 ————————

> 봄이 혈관 속에 시내처럼 흘러
> 돌, 돌, 시내 가까운 언덕에
> 개나리, 진달래, 노오란 배추꽃
> (…)
> — 윤동주, 「봄」

윤동주 시인은 봄이 혈관 속에 시내처럼 흐른다고
표현했다. 이 시를 읽은 뒤부터 봄이 되면 몸 안 가득 봄을
수혈하는 기분이 든다. 겨울 동안 내 몸에 흐르던 무채색
기운이 빠져나가고 알록달록한 봄빛으로 채워질 것 같다.
마구마구 건강해지는 느낌?

 사람들이 가장 선호하는 계절은 봄이나 가을일
것이다. 봄과 가을은 이동성 고기압의 영향으로 지독한
폭우나 폭염 없이 활동하기 좋은 온화한 날씨가 나타난다.

몹시도 건조하기 때문에 황사나 미세먼지, 가뭄, 산불 같은 재난이 주를 이룬다. 기상전문기자에게도 봄은 여름보다 덜 바쁜 시기다. 가끔 고농도 미세먼지와 대형 산불로 예외인 해도 있지만 말이다.

여름을 앞둔 5월의 끝자락이 되면 언제나 애가 닳는다. 떠나가는 애인을 붙잡지 못해 안달 난 사람처럼 하루하루 봄을 떠나보내는 심정이 아쉽기만 하다. 봄이 가 버리면 종횡무진한 장마, 폭주하는 폭염과 집중 호우, 태풍의 시간이 찾아오기 때문이다. 서너 달은 휴가나 저녁 약속조차 잡지 못하고 견뎌야 하는 기상전문기자의 숙명이랄까. 봄에게 가지 말라고 바짓가랑이라도 붙들고 애원하고 싶다. 김영랑 시인처럼 나도 봄을 떠나보내며 종일 울고 싶어진다.

윤동주 시인은 「사랑스런 추억」이라는 시에서 "봄이 오던 아침, 서울 어느 쪼그만 정거장에서 희망과 사랑처럼 기차를 기다려"라고 했다. 그리고 "봄은 다 가고— 동경교외 어느 조용한 하숙방에서, 옛 거리에 남은 나를 희망과 사랑처럼 그리워한다"고 적었다. 시인이 떠나보낸 봄을 얼마나 애달파하는지 느껴진다. 시인에게 봄은 청춘이었다. "—아아 젊음은 오래 거기 남아 있거라"라고 당부할 정도로 간절하게 그리운 것이었다. 우리의 마음도 그와 같다.

요즘은 봄을 제대로 느낄 겨를도 없이 불쑥 여름이

치고 들어온다. 기후 위기로 여름 더위가 빠르게 찾아오고 있기 때문이다. 찬란하게 아름다운 계절에 무슨 일이 생긴 걸까.

한반도의 계절 변화를 알아보기 위해 기상청이 1912년부터 2020년까지 109년간의 기후 변화를 분석했다. 서울과 인천, 대구, 강릉, 목포, 부산 등 역사가 100년이 넘는 기상 관측소 여섯 곳을 기준으로 했다. 우리나라의 연평균 기온은 해마다 변동성은 있지만 지난 109년간 10년에 0.2도 비율로 상승했다. 기온 상승이 가장 큰 계절은 봄이었다. 10년에 0.26도 비율로 기온이 올랐는데, 겨울(0.24도)이나 가을(0.17도), 여름(0.12도)의 기온 상승폭을 웃돌았다.

봄이 따뜻해지면 좋은 게 아닐까 싶지만, 생태계의 관점에서 보면 재앙이다. 꽃이 평소보다 빨리 피고 빨리 지면 수분을 하는 벌과 나비는 날벼락을 맞게 된다. 힘겹게 세상에 나왔지만, 꽃은 이미 지고 없다. 식물의 입장에서도 수분에 성공하지 못하고 허무하게 생을 마감하는 비극이 기다리고 있다.

우리가 먹고 마시는 음식의 대다수가 벌과 같은 수분 매개자가 필요한 농작물이다. 계절의 변화는 식물과 곤충의 생태 부조화를 낳고 농작물 생산성 감소와 식량 부족으로 이어진다. 봄이 따뜻해지면서 모기가 매개하는 일본 뇌염이나 말라리아를 비롯해 식중독이나 장염 같은 질병도 활개를 칠 것이다. 봄이 봄답지 않게 뜨거워지면서 터져 나오는 부작용이다.

그렇다면 봄의 기준은 무엇일까? 보통 3월부터

5월까지 봄이라고 생각하지만, 기상학적인 봄의 정의는 다르다. 봄의 시작일은 일평균 기온이 5도 이상 올라가서 다시 떨어지지 않는 첫날로 정의한다. 하루 반짝 포근했다고 봄이 온 것은 아니다. 기상청은 앞뒤로 4일씩, 그러니까 9일간의 평균 기온으로 봄의 시작을 판단한다.

봄의 끝은 여름이 결정한다. 일평균 기온이 20도 이상 올라가는 여름이 시작되면 봄과는 영영 작별이다. 가을의 시작은 일평균 기온 20도 미만, 겨울은 일평균 기온 5도 미만으로 정해져 있다. 사계절이 수레바퀴처럼 돌고 돌며 하나의 계절이 다른 계절로 채워지고 그렇게 한 해가 흐른다.

과거 30년에는 기상학적인 봄의 시작이 전국 평균 3월 18일이었다. 보통 삼일절인 3월 1일을 봄의 시작으로 생각하지만, 옛날에는 3월 중순은 돼야 봄이 온 것이다. 그러나 봄은 갈수록 빨라져 최근 30년에는 3월 1일로 과거 30년보다 17일 당겨졌다. 온난화로 힘을 잃은 겨울이 일찍 추방되고 있기 때문이다. 여기서 과거 30년은 1912~1940년, 최근 30년은 1991~2020년으로 정의한다. 기후 위기가 극에 달한 최근 10년(2011~2020)만 보면 봄의 시작은 2월 27일로 겨울의 장막을 걷고 들어오기에 이르렀다.

봄이라는 계절이 점점 짧아지는 것처럼 느껴지지만 통계를 보면 그렇지 않다. 봄의 시작이 빨라지면서 과거 30년 85일이었던 봄의 길이는 최근 30년 들어 91일로 6일 길어졌다. 그러나 봄다운 봄을 만끽할 시간은 그만큼 길지 않다. 겨울의 찬 공기와 봄의 따뜻한 공기가 세력을 겨루는 3월부터 4월 초까지는 변덕스러운 날씨가 절정에 이르기 때문이다. 따사로운 햇살이 쏟아지다가도 먹구름이 밀려오며 돌풍이 몰아치고, 꽃샘추위와 눈에, 우박 세례가 이어지기도 한다.

우리 기억 속에 있는 눈부신 봄을 느낄 수 있는 시기는 4월에서 5월로 넘어가는 한 달 남짓에 불과하다. 연둣빛 물결이 넘실대는 공원으로 소풍 가서 수건돌리기를 하던 그 시절의 봄 말이다. 5월로 접어들면 벌써 30도를 넘나드는 폭염 소식이 들려온다. 온난화로 강해진 여름이 봄의 뒤통수를 치고 들어온다.

과거 30년을 보면 여름은 6월 11일에 시작됐다. 그러나 최근 30년에는 5월 31일로 빨라졌고 최근 10년 들어서는 5월 25일까지 앞당겨졌다. 성격 급한 여름이 일찍 찾아오는 바람에 봄을 천천히 여유 있게 만끽할 시간은 줄어들고 있다. 당신의 소중한 봄은 어떤가.

해마다 봄철의 고온 현상도 뚜렷해지고 있다. 1980년대에는 일 최고 기온이 30도를 넘는 날이 평균 1.0일이었다면 1990년대 1.1일, 2000년대 1.3일로 서서히 증가하고 있다. 여름 더위의 기준이 되는 폭염 특보(주의보·경보)가 처음 내려지는 시점도 당겨지고 있다. 폭염 주의보는 일 최고 기온이 33도 이상 이틀 넘게 지속될 것으로 예상될 때 내려진다. 폭염

계절은 머물지 않는다

경보는 기준이 35도로 높아진다.

2008년 폭염 특보제가 시작될 때는 7월에 첫 폭염 주의보가 발령됐다. 2009년에는 6월로 당겨졌고 2014년에는 처음으로 5월 31일에 내려졌다. 이후 봄철 폭염 특보 소식이 잦아지더니 5월 중순도 안심할 수 없게 됐다. 꽃송이를 농염하게 드리우며 흐드러지게 피어야 할 모란이 철없는 무더위로 시들게 생긴 것이다. 이미 5월은 봄이 아니라 여름에 더 가까워지고 있다.

비발디의 〈봄〉에도 새들의 울음소리가 사라지고 더위와 사투를 벌이는 아우성만 들리게 될지 모른다. 일찍 찾아온 더위는 늘어난 수증기와 강력한 비구름을 불러온다. 우리는 봄부터 대지를 간질이는 정겨운 봄비 대신 흉포한 폭우와 싸워야 할까? 우리가 꿈꾸는 찬란한 봄은 찰나처럼 짧기만 하고 여름이 더 길고 험난해지는 미래는 이미 실현 중인 시나리오다. 화석 연료에 의존하는 삶의 방식을 대대적으로 바꾸지 못한다면 봄날은 간다. 아무리 잡으려 해도 무심히.

——————— 열정의 여름이 폭염 지옥으로? ———————

타오르는 태양의 맹렬한 열기 아래
사람과 양 떼는 땀에 젖고,
소나무는 타들어 가네.

뻐꾸기의 울음소리,
산비둘기와 방울새의 노래가 들려오지만,
부드럽게 스치는 산들바람은
위협적인 북풍에 갑자기 밀려나네.
폭풍우의 맹렬함과 자신의 운명을 두려워하며
목동은 떨고만 있네.
― 〈여름〉 1악장 소네트

비발디의 〈여름〉도 무더위를 피해 가기는 힘들다. 작열하는 태양 속에 사람과 동물 할 것 없이 지쳐 간다. 해가 긴 여름날 뻐꾸기 울음소리가 들려오고 산비둘기와 방울새는 달콤한 노래를 부른다. 평화도 잠깐, 거센 폭풍이 몰려와 목동의 운명을 휩쓸어 버린다.

    여름을 캔버스에 그린다면 아마도 선명한 빨간색일 것 같다. 뜨거운 아지랑이가 세상을 휘감고 도시는 후끈한 열기 속에 용광로처럼 이글댄다. 습도가 높아 빨래는 마를 기미가 없고 시원한 바람 한 줄기가 간절해진다. 목동에게는 산들바람과 그늘이, 오늘을 살아가는 우리에게는 여름휴가가 없었다면 아마 견디지 못했을 것이다. 여름에는 계곡과 바다, 수영장으로 휴가를 떠나 얼음이 씹힐 정도로 차가운 수박주스를 마시자. 공포 영화까지 곁들이면 무서운 여름도 꼬리를 내릴 것이다. 어른들은 손사래를 치겠지만 어린아이들에게 물으면 여름이 가장 좋다고 답한다. 우리 딸도 어릴 때는 부동의 1위가 여름이었다.

> 그 여름날
> 열정의 포푸라는
> 오려는 창공의 푸른 젖가슴을
> 어루만지려
> 팔을 펼쳐 흔들거렸다.
> 끓는 태양 그늘 좁다란 지점에서
> 천막 같은 하늘 밑에서
> 떠들던, 소나기
> 그리고 번개를,
> (…)
>
> — 윤동주, 「창공」

여름 하면 떠오르는 풍경을 윤동주 시인은 「창공」이라는 시에 담았다. 열정 가득한 포푸라(포플러)가 하늘을 향해 쭉쭉 가지를 뻗는다. 끓어오르는 태양은 번개를 동반한 소나기를 잉태한다. 여름의 하늘은 언제 터질지 모르는 조마조마한 상태라고 보면 된다. 태양의 고도가 1년 중 가장 높은 여름은 폭발하는 에너지로 생동한다. 하늘에서 쏟아지는 일사량이 많다 보니 땅과 바다가 뜨겁게 데워지고 곳곳에서 거대한 증발이 일어난다. 대류 활동으로 수많은 구름이 태어나고 비를 쏟아붓고 균형을 되찾는다.

대기가 불안정해지며 국지적으로 쏟아지는 폭우가 일상이다. 찬 공기와 뜨거운 공기의 경계에 정체전선이 발달하며 지루한 비를 퍼붓기도 한다. 여름이 사람이라면 불같은 성격을 지녔을 것 같다. 모든 것을 녹여 버릴 듯한 폭염은 또 어떤가. 땡볕 아래에 10분만 있어도 탈수가 찾아오고 기절할 것만 같다. 폭우과 폭염, 어찌 보면 극과 극이 만났을 때 벌어지는 것들이다. 뜨거운 것과 차가운 것이 충돌하면 대기가 쪼개질 듯 폭발하며 폭우가 휘몰아친다. 혼을 빼놓을 것 같은 천둥번개와 돌풍, 우박을 몰고 오기도 한다. 그것이 여름의 본질이다.

기상전문기자에게 여름은 잠시도 방심할 수 없는 계절이다. 다들 떠나는 여름휴가를 가을이나 겨울로 미뤄 두고 긴 장마와 폭염, 태풍에 맞서야 한다. 최근 들어 여름은 점점 더 고삐 풀린 말처럼 변해 가고 있다.

과거 30년 여름은 석 달이 조금 넘는 98일간 지속됐다. 최근 30년 들어서는 여름의 시작이 5월 31일로 빨라지고 끝은 9월 25일로 늦어졌다. 우리가 가을이라고 생각하는 9월 말까지 여름의 피가 꿈틀대고 있었던 셈이다.

여름의 길이는 118일로 넉 달에 가까워졌고 과거 30년과 비교해 20일 늘었다. 1년의 3분의 1은 여름이니 우리의 계절은 사계절이 아니라 이미 삼계절이다. 최근 10년만 보면 여름의 길이는 127일, 그러니까 넉 달 이상으로 늘었다.

이미 체감할 수 있을 정도로 계절의 변화는 진행 중이다. 5월과 6월 폭염이 거세지고 9월까지 폭염 특보가 내려질 정도로 늦더위가 길어지고 있다. 앞으로 탄소 배출을 줄이지 못하면 더욱 가혹한 미래가 우리를 마중 나올 것이다.

21세기 후반에 서울의 여름은 5월 12일부터 10월 10일까지 152일, 평균 다섯 달 이상 이어질 것이다. 33도 이상 폭염 일수도 석 달에 가까워져 지금보다 열 배 이상 급증할 전망이다. 탄소 감축을 주저하는 사이 미래의 여름은 '폭염 지옥'으로 변할 가능성이 짙어지고 있다.

─────── 단풍잎같이 슬픈 찰나의 가을 ───────

> 노래와 춤으로 농부는 기뻐하네,
> 풍성한 수확이 주는 즐거움을.
> 농부들의 춤과 노래가 멈추고
> 온화한 공기가 기쁨을 주네.
> 이 계절은 많은 이들에게
> 달콤한 잠으로 즐거움을 주네.
> 사냥꾼들은 새벽에 모습을 드러내고,
> 뿔 나팔과 총, 그리고 개들을 데리고
> 사냥의 준비를 마치네.
> ─ 〈가을〉 1악장~3악장(일부) 소네트

비발디의 가을은 풍요롭고 충만한 계절이다. 뜨거운 여름 햇살을 견디며 황금빛으로 무르익은 들판은 축제의 장이 된다. 가을을 감싸는 공기마저 기쁨으로 가득하다. 가을이라는 계절은 기상전문기자에게도 단비 같은 시간이다. 9월, 드물게는 10월까지 태풍의 습격이 이어질 때도 있지만 그래도 잠시 숨을 고를 수 있는 여유가 주어진다.

    북서쪽 대륙 고기압이 세력을 키우며 덥고 습한 북태평양 고기압을 밀어내기 시작하면 밤이건 낮이건 후끈거렸던 공기는 거짓말처럼 습기를 쪽 빼고 서늘해진다. 추분 절기를 기점으로 태양의 고도가 점점 낮아지면서 낮이 짧아지는 것도 느낄 수 있다. 그렇다. 기다리고 기다리던 가을이 온 것이다. 아무리 맹렬한 기세를 떨치던 여름이라도 계절의 흐름을 막을 순 없다.

    대기를 지배하던 수증기가 탈수된 듯 빠져나가고 하늘은 차고 건조한 기운으로 채워진다. 이보다 더 푸르고 이보다 더 맑을 수는 없다. 말 그대로 가을은 '청명(靑明)'하다. 그런데 가을다운 가을을 만끽할 수 있는 시간 역시 그리 길지 않다. 수확기를 맞은 황금 들판과 울긋불긋한 단풍을 감상하기도 전에 불쑥 서리가 내리고 첫눈 소식이 들려온다. 벌써 겨울이 오려는 건가. 1년 내내 가을 날씨여도 좋을 것 같지만(그렇다면 기상전문기자가 필요 없겠지만), 가을이 빨리 가 버리는 것은 아쉽기만 하다.

    여기저기서 단풍잎 같은 슬픈 가을이 뚝뚝 떨어진다.
    — 윤동주, 「소년」

요즘은 늦더위가 길어지면서 가을의 시작도 애를 태우며 늦어지는 것처럼 느껴진다. 실제 통계를 봤더니 과거 30년에는 가을의 시작일이 평균 9월 17일이었다. 그런데 최근 30년 가을의 시작은 평균 9월 26일로 과거보다 9일 늦어졌다. 가을의 시작이 9월이라고 생각하지만 거의 10월이 다 되어서야 찾아오는 것이다. 특히 최근 10년간은 서울에서 9월 29일, 남쪽의 부산은 10월 7일에 가을이 시작됐다. 그러니까 남쪽 지역에선 10월 상순은 돼야 진짜 가을을 느낄 수 있다.

가을의 시작이 늦어진 만큼 그 길이도 짧아지는 추세다. 과거 30년간 가을의 길이는 평균 73일로 두 달 반 정도였다. 최근 30년에는 69일로 4일 줄었고 모든 계절 중 가장 짧아졌다. 원래도 짧은 계절이 더 짧아졌으니 '전광석화(電光石火)'라는 말이 떠오른다. 번개가 번쩍하듯 찰나의 가을을 누리고 있는 셈이다. 미래에는 더 짧아진 가을이 우리 곁을 스쳐 지날 것이다. 가을 다음으로 짧은 계절은 겨울로, 같은 기간 109일에서 87일로 22일 줄었다.

———— 차가운 북풍이 깨어나기 전에 ————

얼어붙은 눈밭 위,
매서운 바람이 살을 에고
우리는 달리며 발을 구르네.
차가운 숨결에 이가 부딪히고, 떨림은 뼛속까지
  스민다.

난로 옆에서 행복하고 조용한 나날을 보내는 동안
밖에는 겨울비가 만물을 적시네.
얼음 위를 조심스레 내딛는 걸음,
넘어질까 두려운 마음에 숨을 고르며.
성급히 걷다 보면
미끄러져 차가운 땅에 쓰러지고,
우리는 다시 얼음 위를 달린다.
얼음이 갈라지고 깨질 때까지.
― 〈겨울〉 1악장~3악장(일부) 소네트

비발디 《사계》의 마지막 계절인 〈겨울〉은 앞선 다른 계절과 달리 혹독하고 고통스럽다. 칼날 같은 바람에 이가 덜덜 떨려 온다. 겨울의 분신인 눈과 얼음, 바람은 지독한 추위를 몰고 오고 사람들의 마음속에 두려움과 조바심을 잉태한다. 차가운 북풍이 깨어나기 전에 빙판길을 조심조심 서둘러 움직여야 한다.

비발디의 겨울은 휘몰아치는 바람에 실려 온 거센 음표로 가득하다. 현악 솔로 연주를 듣고 있으면 눈발이 떨어지는 빙판길과 함께 난로의 따스한 온기가 느껴진다. 한여름 더위에 숨이 막힐 것 같을 때는 비발디의 겨울을 들으면 잠시나마 시원해질 것이다.

내가 가장 좋아하는 계절은 겨울이다. 북서쪽에서 대륙 고기압이 확장하며 차고 건조한 공기가 폭포처럼 쏟아져 내려올 때 하늘은 유난히 푸르고 대기는 먼지 한 점 없이 깨끗하다. 겨울 아침의 공기를 폐를 부풀려 깊이 들이마시면 심장이 얼어붙을 것 같다. 거친 잡념이 사라진다. 머리는 수정처럼 맑아진다. 걱정이나 한숨도 급속 동결된 것처럼 순식간에 초라해진다. 한겨울 추위는 모든 쓸데없는 것들을 사라지게 한다. 몸과 마음은 오롯이 한 곳으로 향한다. 오직 생존을 위해 심장은 뜨거운 피를 펌프질한다. 호흡할 때마다 코끝에서 뿌연 김이 온천처럼 피어오르고 살아 있음을 실감하게 된다.

우리가 사는 세상은 숨이 멈춘 듯 온통 얼어붙어 있다가도 때가 되면 눈과 얼음이 사라지고 생명의 아우성으로 채워진다. 살아 있는 모든 존재가 초록으로 고동치다가 은혜로운 황금빛으로 물들고 익숙한 것들과 다시 헤어지는 때가 찾아온다. 계절은 반복되고 우리는 늘 정든 계절을 떠나보낸 뒤 새로운 계절을 맞이한다. 만약에 계절이 존재하지 않는다면 삶은 얼마나 무미건조할까. 색채를 잃어버린 흑백의 풍경이 무한히 길게 펼쳐질 것만 같다.

사계절 가운데 나처럼 겨울을 좋아하는 사람은 많지 않겠지만 다른 계절을 살아가고 있을 때면 이상하게도 불쑥 겨울의 기억이 소환된다. 한여름에 크리스마스가 그리워지는 것처럼 말이다. 화려하게 장식된 반짝이는 트리와 거리에 울려 퍼지는 캐럴, 새해를 맞이하는 들뜬 마음은 추위도 잊게 만든다. 주머니 속의 핫 팩 하나면 인파로 붐비는 명동 거리를 종일 누빌 수 있다.

대기가 끈적이는 습기로 가득한 열대야가 찾아오면 얼음처럼 반짝이던 겨울을 떠올려 보자. 온통 풀리지 않는 일들이 괴롭힐 때는 행복했던 크리스마스의 추억을 회상하며 올해도 크리스마스가 올 거라고 되뇌어 보자. 긴 여름과 짧은 가을이 지나고 나면 기다렸다는 듯이 차디찬 겨울이 깜짝 놀랄 만큼 서늘한 냉기를 품고 우리의 옆구리로 슬쩍 들어올 것이다. 온난화 속에 가장 귀한 몸이 되어 가는 겨울에게 반가운 인사를 건네면 어떨까. 몇 번 입지 못한 가을 트렌치코트와 재킷을 정리하고 패딩을 꺼내면서 우리의 겨울은 시작된다.

우리나라에서 가장 추운 곳은?

처마 밑에
시래기 다래미
바삭바삭
추어요.

길바닥에
말똥 동그램이
달랑달랑
얼어요.
— 윤동주, 「겨울」

윤동주 시인의 겨울에는 처마 밑에 걸어 둔 시래기가 바삭바삭 얼어붙었다가 녹기를 반복하며 말라 간다. 옛날에는 세상에 흔한 게 시래기였는데 지금은 강원도 산골에서 만들었다는 시래기를 사 먹으려면 가격이 너무 비싸다. 겨울에 더 맛있는 시래기 된장국. 엄마가 늘 말려서 보내 줬는데 그 맛을 알게 되니 엄마는 떠나고 없다. 윤동주 시인의 시에서 갑자기 엄마에 대한 그리움이 소환됐다.

지금의 겨울은 과거와 많이 달라졌다. 옛날 흑백 뉴스를 보면 한강에서 스케이트를 타고 얼음낚시를 할 수 있을 정도로 강추위가 일상이었다. 1950~1960년대만 해도 두꺼운 얼음으로 덮인 한강에서 체육 대회가 열리기도 했다. 마치 소빙하기의 영국 템스강을 떠올리게 한다. 17세기부터 19세기 초까지 소빙하기가 몰고 온 혹한으로 템스강에선 얼음 축제가 열렸다.

서울에서 기상 관측이 처음 시작된 1907년 이후 가장 추웠던 기록을 살펴보면 과거에는 영하 20도 아래로 떨어지는 일이 드물지 않았다. 1927년 12월 31일에 영하 23.1도로 가장 추웠고 1931년 1월 11일 영하 22.5도, 1920년 1월 4일 영하 22.3도의 순서다. 지금의 대관령이나 철원 같은 혹한이 서울에 찾아온 것이다. 이러니 한강이 북극 빙하처럼 얼어붙었겠지.

과거 우리나라에서 영하 30도 아래로 기온이 떨어진 적이 딱 한 차례 있었다. 1981년 1월 5일 놀랍게도 영하 32.6도의 최저 기온이 나왔는데 장소는 경기도 양평이었다. 양평에선 기상 관측이 1972년부터 시작돼 이전에 얼마나 더 추웠는지 알 수 없지만 40년이 흐른 지금까지도 그 기록은 깨지지 않고 있다. 두 번째로 낮은 기온은 2001년 1월 16일 철원의 영하 29.2도, 세 번째는 1974년 1월 24일 대관령의 영하 28.9도였다.

영하 30도를 밑도는 유일무이한 한파 속에 당시 양평에선 수도가 막히고 김칫독이 깨지는가 하면 가게 안에 진열해 둔 음료수와 맥주, 소주병이 얼어 터지는 소리에 밤잠을 설쳐야 했다. 백엽상에 설치된 온도계의 눈금이 영하 30도까지밖에 없었던 탓에 기상청은 급하게 특수 온도계를 공수해야 했다.

그렇다면 양평은 왜 우리나라에서 가장 추운 얼음 왕국이 됐나. 해발 고도가 1,157미터에 이르는 산으로 둘러싸인 분지 지형인 데다 남한강의 영향이 크기 때문이다. 대륙 고기압이 확장하며 몰아친 냉기가 오목한 지형에 갇혀 빠져나가지 못해 장기 한파가 이어진 건데 실제로 1981년 1월 3~6일까지 나흘간 양평의 최저 기온은 영하 30도 아래에 머물렀다. 이런 분지 지형의 경우 여름에는 반대로 뜨거운 열기에 갇혀 폭염이 거세진다. 춘천이나 대구도 비슷한 이유로 '한난(寒暖)'의 극단을 오가는 도시들이다.

강에서 뿜어져 나온 수증기는 폭설의 재료가

된다. 차가운 공기가 호수나 바다 위를 지날 때 열과 수증기가 공급되면 상태가 불안정해져 상승하고 구름이 만들어진다. 찬 공기와 따뜻한 물 표면의 온도 차이가 15도 넘게 벌어지면 강한 눈구름이 발달해 폭설을 퍼붓게 되는데 이러한 현상을 '호수 효과(Lake effect)'라고 부른다. 강이나 호수를 끼고 있는 도시들은 날씨 변화가 심하고 겨울에 많은 눈이 내리는 특징이 있다.

지금은 한강도, 영국의 템스강도 과거처럼 얼지 않는다. 영하 20~30도를 오르내리는 극한 한파는 저 멀리 시베리아나 몽골에서 들려오는 소식 같다. 겨울이 그만큼 따뜻해졌기 때문이다. 최근 30년 전국 평균 한파 일수(최저 기온 영하 12도 이하)는 과거 30년과 비교해 4.9일 감소했다. 같은 기간 결빙 일수는 7.7일 줄었고 겨울의 길이 역시 22일 짧아졌다. 겨울은 가을 다음으로 가장 빠르게 사라지고 있는 계절이다. 그러나 상상도 하지 못한 겨울의 반격이 시작됐다. 그 진원지는 북극이다.

2010년을 전후해 북극의 해빙이 역대 최고 수준으로 녹아 사라지고 겨울이 된 뒤에도 예전만큼 얼어붙지 않게 됐다. 그러자 북극 주변의 기압계가 변하더니 차가운 공기를 가두고 있었던 극 제트 기류가 느슨해져 중위도로 밀려 내려오기 시작했다. 유럽과 북미, 동아시아에 주기적으로 한파가 닥쳤고 영하 30도를 넘나드는 추위에 동사자가 속출했다. 북극에서 시작된 이상 한파를 기후학자들은 '온난화의 역설'로 불렀다.

우리나라에서도 서울의 최저 기온이 영하 20도 가깝게 떨어지고 내륙의 봉화나 제천, 문산, 철원 등지에선 영하 30도에 근접하는 날들이 줄줄이 목격됐다. 마치 21세기판 소빙하기가 찾아온 것처럼 말이다. 2010년 이후 잦아진 혹한 속에 기상청은 한파의 원인으로 '북극진동(AO: Arctic Oscillation)'을 등판시켰다. 북극진동은 북극에 존재하는 찬 공기의 소용돌이가 수일에서 수십 일 주기로 강약을 되풀이하는 현상이다. 북극진동지수의 값이 양(+)이면 중위도에 따뜻한 겨울이, 음(-)이면 추운 겨울이 나타난다.

2010년은 11월 말부터 북극진동지수가 음으로 바뀌면서 겨울 내내 길고 긴 한파가 지속됐다. 전국 평균 기온이 관측 이후 수십 년 만에 가장 낮았다. 2011년 겨울에도 연이어 북극의 역습이 이어졌다. 2012년 1월을 기점으로 북극진동지수가 음으로 떨어진 것이다. 둑이 터진 것처럼 찬 공기가 밀려와 미국과 동유럽, 동아시아에 한파와 폭설을 불러왔다. 특이하게 그해는 2월 들어서 더욱 강력한 북극 한기가 몰려왔다. 2012년 2월 2일 서울의 최저 기온이 영하 17.1도, 봉화는 영하 27.7도를 찍었다. 1년 중 가장 추운 시기는 1월인데 이례적으로 겨울의 끝자락인 2월에 한파의 뒤끝이 작렬한 셈이다.

2010년 이후 서울에서 기록된 최저 기온을 보면 1월에 관측된 경우가 대부분이다. 2021년 1월 8일은

18.6도까지 떨어져 최근 20년 사이 가장 낮았다. 그 뒤로는 2016년 1월 24일의 영하 18도, 2018년 1월 26일 영하 17.8도, 2011년 1월 16일 영하 17.8도, 2023년 1월 25일 영하 17.3도, 그리고 2012년 2월 2일의 영하 17.1도가 2월 한파로는 유일하게 기록을 남겼다.

온난화의 역설로 2010년 이후 서울에서 강추위가 빈번해지고 있다는 것은 거부할 수 없는 진실이다. 1920~1930년대처럼 영하 20도 아래로 떨어진 적은 없지만 그 수준에 엇비슷하게 다가가고 있다. 특히 2021년 1월에는 북극 한파가 장기간 이어지면서 한강이 거대한 스케이트장처럼 변했다. 처음 보는 한강의 풍경을 촬영하기 위해 수없이 드론을 날렸고 추위 스케치를 하러 가면 누군가 한복판까지 얼음 위를 걸어간 대담한 발자국이 남아 있기도 했다. 그만큼 혹독한 겨울이었다.

날씨에 대한 우리의 기억은 유한하다. 혹한이 지나고 더운 여름이 오면 냉기 가득했던 기억은 열기로 증발한다. 찌는 듯한 더위로 고생했더라도 한 차례 폭설에 여름의 기억은 하얗게 묻혀 버린다. 그래서 어떤 날씨가 찾아오든 항상 새롭게 느껴지나 보다.

한 가지 진실은 전반적으로 따뜻한 겨울 날씨가 이어지다가도 방심한 틈을 타서 북극에서 기원한 메마르고 차가운 냉기가 쏟아질 거라는 점이다. 2000년대까지 붉은색으로 가득하던 우리나라의 겨울철 평균 기온 차트가 2010년을 변곡점으로 푸른색으로 변하고 있다.

이러한 현상을 핑계로 일부 기후 변화 회의론자나 부정론자들은 지구 온난화가 거짓이라고 주장했다. 그러나 진실이 아니다. 지구의 평균 기온이 꾸준히 상승하고 겨울의 길이가 빠르게 줄어들고 있다는 것은 오랜 데이터가 증명한다.

우리 조상들은 오랜 옛날부터 절기(節氣)와 더불어 살아왔다. 절기는 태양의 위치를 기준으로 계절을 24등분 한 것으로 입춘과 우수, 경칩을 시작으로 동지와 소한, 대한을 지나면 1년이 마무리된다. 1442년(세종 24년) 편찬된 『칠정산내편(七政算內篇)』에는 동지에 범이 짝짓기를 시작하며 고라니의 뿔이 떨어지고 샘물이 언다고 적혀 있다. 소한과 대한에는 기러기가 북으로 돌아가고 물과 못이 두껍고 단단하게 얼어붙는다. 절기에 따라 기온이 변하면서 만물이 조화롭고 균형 있게 살아간 것이다.

황진이가 따뜻한 이불 속에 넣어 두겠다고 했던 동지의 긴긴 밤은 호랑이가 짝짓기를 하기에도 좋은 날이었나 보다. 안타깝게도 우리나라 24절기 가운데 동지는 지난 100여 년 사이 기온 상승폭이 가장 큰 절기다. 과거 30년 동짓날 평균 기온은 영하 0.6도였지만 최근 30년 들어서 3.5도로 무려 4.1도나 수직 상승 했다. 님에 대한 연모가 더욱 간절해진 것은 동짓날 매서운 날씨 때문이었을 텐데 따뜻한 동지라니. 뜨거운 팥죽을 먹을 날도 얼마 남지 않았다. 황진이도 지금 태어났으면 그때와 다른 감성으로 시를 썼을 것 같다.

───── 기후 위기 시대, 비발디가 태어났다면? ─────

2023년 9월 24일 '세계 기후 행동의 날'을 맞아 기후 위기의 현실을 반영해 새롭게 각색된 비발디의 《사계》가 공개됐다. 스페인의 음악 감독인 하체 코스타(Hachè Costa)가 마드리드 그란 비아 극장에서 연주를 공개했다. 《사계》는 300년 만에 어떻게 바뀌었을까? 결론적으로 음악은 무척이나 공격적이었다. 여름을 제외한 대부분의 계절이 짧아지는 현실을 반영해 〈여름〉 협주곡만 늘리고 나머지는 과감하게 줄였다. 폭염과 폭풍으로 무장한 여름이 거친 성미를 불같이 과시하고 지독한 가뭄과 산불이 몰려온다. 21세기 비발디의 〈여름〉은 한 편의 재난 영화로 변신해 객석을 몰아붙였다. 300년 전 더위가 애교 수준이었다면 지금은 침묵의 살인자로 돌변했다. 비발디가 다시 태어나 변화한 《사계》를 들었다면 어떤 표정일까.

하체 코스타 감독은 새롭게 각색한 《사계》를 들으며 대중이 기후 위기를 인식하고 불편함을 느끼길 바란다고 말했다. 세계 기후 행동의 날을 맞아 연주를 한 것도 그런 이유에서다. 평온하고 아름다웠던 《사계》를 험악하게 바꿔 놓은 것은 과연 누구일까. 아름다운 클래식은 물론 계절을 엉망으로 만든 것에 대한 책임감으로 마음이 무너질 것만 같다.

비발디의 《사계》를 기후 위기에 맞춰 재해석한 것은 이때가 처음이 아니다. 2021년 제26차 유엔 기후변화협약 당사국총회(COP26)를 기념하기 위해 전 세계 15개 오케스트라가 '사계 2050 프로젝트'를 진행했다. 온실가스를 줄이지 못할 경우를 가정해 《사계》를 각색한 것이다. 우리나라에선 2023년 한국과학기술원(KAIST)이 인공 지능(ChatGPT-4)과 함께 비발디의 《사계》를 재해석한 〈사계 2050〉 공연을 선보였다. '한국판' 사계는 우울하고 혼란스러운 분위기로 재탄생했다. 멸종이 가속하며 생물 다양성이 감소한 〈봄〉은 레이첼 카슨의 책 제목처럼 '침묵의 봄'으로 변했다. 봄의 기쁨을 노래하던 새소리가 뚝 그쳤다.

〈여름〉은 어떨까. 길어진 여름을 표현하기 위해 원곡보다 느린 호흡으로 연주가 진행됐고 잦아진 이상 기후는 격렬한 색채로 덧입혀졌다. 2050년 대전에서 1년의 절반에 가까운 161.5일 동안 여름이 지속되고 폭염 일수도 18.6일 늘어나는 전망을 반영했다.

〈가을〉은 풍성한 계절에서 어둡고 음울한 계절로 바뀌었다. 화음과 조성 없이 소음처럼 들리는 무조성 기법으로 불안감을 고조시킨다. 수확의 즐거움은 사라지고 축제가 끝나 버린 것이다. 〈겨울〉의 경우

2050년 대전의 겨울이 11일 짧아지는 기후 변화 시나리오에 따라 연주 길이를 대폭 줄였다. 그 대신 옥타브를 넘나드는 편곡으로 북극 한파가 몰고 오는 추위를 묘사했다.

사계 2050 프로젝트는 해외에서 불확실한 사계(Uncertain Four Seasons) 프로젝트로 불린다. 기후 위기로 우리가 누리던 계절이 불확실한 것이 됐기 때문이다. 음악을 통해 기후 위기에 대한 경각심을 일깨우자는 취지로 시작돼 전 세계 6개 대륙 14개 도시에서 공연이 펼쳐졌다. 각자가 처한 현실에 따라 다양한 작품이 탄생한 것도 특징이다. 태평양 섬나라 마셜 제도는 처음부터 끝까지 침묵으로 곡을 채웠다. 2050년에는 해수면 상승으로 아무도 살아남지 못할 테니 말이다.

기후 위기 시대, 변화한 사계를 듣는 일은 충격과 공포가 돼 버렸다. 관중의 분위기가 심각하게 얼어붙어 결국 마지막에는 원곡《사계》를 들려주며 달래야 할 정도였다. 비발디의《사계》를 지배하는 절대적인 변수는 바로 탄소 배출량이다. 지금처럼 탄소를 내뿜는 고배출 시나리오로 살아갈 때 우리가 마주하게 될 운명은 바로 혼란으로 가득 찬 계절과 잦아진 재난이다.

늦었다고 자포자기하면 비발디의《사계》는 더 이상 사계가 아니라 '이계(二季)', '일계(一季)'로 변할지 모른다. 처음부터 끝까지 〈여름〉만 독주하는《사계》는 상상만 해도 끔찍하지 않은가. 아름다운 계절을 온전히 지켜야 하는 역사적인 사명이 우리 손에 달렸다.

──────── 작별을 고하는 찬란한 계절 ────────

한때 인터넷에서 '한국인 요리법'이라는 글이 인기를
끌었다. 봄이 오면 황사 먼지를 묻혔다가 여름에는
찜통에 넣고 찐다. 가을이 오면 태풍이 몰고 온 비바람에
널었다가 겨울에는 미세먼지를 탈탈 털어서 냉동실에
보관한다는 내용이었다. 사시사철 재난이 끊이질 않는
현실을 풍자한 건데 뭔가 서글픈 생각까지 들게 한다.
어린 시절에 배운 우리나라는 사계절이 뚜렷한 살기 좋은
금수강산이 아니었나.

    최근 들어선 우리나라의 사계절이 '봄여름가을겨울'이
아니라 '봄여어어어어름갈겨울'이라는 우스갯소리도
나왔다. 계절이 공평한 길이로 존재하는 게 아니라 여름은
무지막지하게 길어지고 가을은 순식간에 흘러가 버리는
변화를 정확하게 포착했다. 실제로 가을은 빛의 속도로
사라지고 있다.

    계절이 짧아지거나 길어지고 정체성이 모호해지는
것은 단지 아쉬움에 머물지 않는다. 봄마다 지자체에서
준비하는 봄꽃 축제는 개화 시기를 맞추지 못해 쩔쩔맨다.
꽃이 피지도 않았는데 축제의 개막을 알리거나 반대로
꽃이 일찍 져 버려 관람객의 발길이 끊기기도 한다. 봄꽃
축제뿐 아니라 겨울철 축제도 마찬가지다. 얼음이 두껍게
얼어야 할 수 있는 산천어, 빙어 축제는 취소되거나

연기되는 경우가 비일비재하다. 가을에는 늦더위 탓에 단풍이 늦게 물들며 축제를 앞둔 지자체의 마음을 시커멓게 태운다.

　기후 위기 시대를 맞아 과거의 축제는 존폐의 기로에 서 있다. 축제 날짜를 잡기 위해 활용하는 기상청의 계절 전망은 정확도가 50퍼센트 수준에 불과하다. 평년 기온을 웃돌겠다고 했다가도 한 달 뒤 정반대로 바뀌기도 한다. 몇 달 뒤의 기후를 내다보는 장기 전망의 정확도는 우리나라뿐만 아니라 예보 선진국도 낮은 수준에 머물고 있다.

　하루, 이틀 뒤의 날씨를 내다보는 단기 예보와 비교해 장기 예보가 어려운 이유는 기후에 영향을 주는 변수들이 많기 때문이다. 한반도는 지구에서 가장 넓은 유라시아 대륙과 가장 넓은 태평양 사이에 놓여 대륙과 해양의 영향을 동시에 받는다. 게다가 수많은 변수가 초깃값에 머물러 있는 게 아니라 역동적으로 변한다. 11월에 나온 예측값과 12월의 결과가 달라질 수밖에 없다. 일부 언론은 기상청이 예보를 바꿨다고 공격하기도 하는데 기상청이 말을 바꾼 게 아니라 대기의 상태가 바뀐 것이다.

　시베리아에 폭설이 내리거나 저 멀리 북극의 해빙 면적이 평소보다 줄어들면 대기로 전달되는 에너지가 변화한다. 변화한 에너지는 기압의 배치를 뒤바꾸고 공기의 파동처럼 출렁이며 우리에게 밀려온다. 날씨는 살아 꿈틀댄다. 기후 위기로 지구의 평균 기온이 상승하며 날씨가 뒤바뀌고 날씨의 변화는 기후를 뒤흔든다.

여름의 끝자락이 가을까지 길어지며 가을은 사라질 위기에 처했다. 가을에 기온이 내려가면 나무는 겨울을 준비하며 잎으로 가는 영양분을 차단한다. 이 과정에서 잎에 있던 엽록소가 파괴돼 단풍이 물들고 낙엽으로 떨어진다.

그런데 가을에도 폭염 특보가 내려지는 날씨라면 나무는 정상적으로 겨울 채비를 할 수 없게 된다. 단풍이 드는 시기도, 잎을 떨구는 시기도 모두 늦어지는 것이다. 이런 상황에 기습 한파나 폭설이 닥치면 아무 준비도 하지 못한 채 된서리를 맞는다. 오랫동안 나무를 생존하게 해 준 생체 시계가 돌연 고장 난 것처럼 기후 변화의 속도를 따라잡지 못하고 있다.

가을이나 겨울철 이상 고온으로 꽃망울을 터트리는 봄꽃도 죄가 없다. 언론에선 철없는 개나리, 철쭉이라고 부르기도 하는데, 봄꽃은 철없이 피는 게 아니라 하루하루 누적된 적산 온도를 기준으로 철저하게 계산해 꽃을 피운다. 과거에는 봄에만 개화 기준을 만족했다면 지금은 계절의 혼란으로 시도 때도 없이 꽃을 피우게 됐다. 꽃의 입장에서도 생존이 걸린 문제인데 어지러운 기후 탓에 개화 시기가 난장판이 된 것이다.

계절이 변하면서 우리의 오랜 축제는 끝나 버렸다. 생태계 역시 대혼란에 빠졌다. 이러한 혼란은 앞으로 계속될 것이다. 우리는 익숙했던 계절과 작별하고 새로운 계절에 적응해 살아가야 하는 첫 세대가 됐다.
길고 긴 폭염과 열대야를 견디며 언젠가 적응하는 법을
터득하겠지만 그것은 가시밭길이다.

    미래에 살아갈 세대에게 희망으로 가득한 봄,
오색으로 물든 가을, 냉기로 가득한 겨울을 온전히 전해
주는 것은 우리의 책임이자 의무다. 죽음이 도사리는 독기
가득한 여름만 남은 계절은 결코 이상적이지 않다. 계절이
제 궤도를 더 벗어나기 전에 온전한 모습으로 지켜 내야
하지 않을까. 우리를 꿈꾸게 만든 아름다운 사계절과
이별한다면 미래에는 비발디나 윤동주 시인 같은 감성이
영영 세상에 나오지 못할 게 분명하다.

정처 없는 불안의 그림자

안개
『무진기행』, 『채털리 부인의 연인』, 「안개」, 「빈집」

―――― 무진을 헤매던 흐릿한 나날들 ――――

손에 잡힐 듯 잡히지 않는 안개. 새벽 냄새가 나는 안개는 축축한 물방울을 겹겹이 면사포처럼 드리우고 찾아온다. 먼 산을 묻어 버리고 강과 바다, 고층 빌딩까지 통째로 삼켜 버린다. 크고 웅장한 모든 존재가 희미한 윤곽만 남긴 채 증발하고 안개가 휘감은 세상은 생경하면서 놀랍고 두려운 것으로 변한다.

안개의 다른 이름은 구름이다. 지면에 발을 딛고 있으면 안개, 공중에 떠 있으면 구름이라고 부른다. 그러나 안개와 구름에 대한 반응은 하늘과 땅 차이다. 비행기를 타고 구름을 통과할 때는 선계(仙界)에 오른 듯 황홀하지만, 도로에서 희뿌연 불청객을 만나면 제발 이 고행길이 빨리 끝나길 기도하게 된다. 작은 전조등을 켠 채 아주 느리게 안개의 속살을 통과하다 보면 희미한 등대에 의존해 『모비 딕』의 성난 바다를 항해하는 에이해브 선장이 된 것만 같다.

안개가 지닌 불확실성은 내면의 우울과 불안을 극대화한다. 인생에 드리워진 지독한 허무처럼 안개 낀 풍경은 다가올 미래를 희망 대신 절망으로 덧칠한다. 뿌옇게 흐려 있는 답답한 시야는 연약한 마음을 더욱 움츠러들게 만든다. 불투명한 휘장을 늘어뜨린 안개 앞에서 나는 한없이 투명한 나약함과 마주한다.

안개처럼 짙은 불안이 내려앉을 때 나의 마음은 정처 없이 '무진'으로 향한다. 버스가 산모퉁이를 돌아갈 때 '무진 10킬로미터'라는 이정비가 길가의 잡초

속에서 튀어나와 기다리고 있을 것만 같다. 직장과 가족, 일상에서 잠시 벗어나 일탈을 꿈꿀 수 있는 그곳. 무진은 '안개(霧)'와 '나루(津)'를 조합한 가상의 지명이다.

    1960년대 서울역에서 무진행 기차표를 찾는 사람들이 실제로 있었다고 한다. 시간이 멈춘 것처럼 몽환적이고 탈일상적인 안식처를 갈망한 걸까. 지도에 존재하지 않지만, 아무도 모르는 어딘가에 무진이라는 도시가 숨겨져 있을 것 같다. 현대를 살아가는 우리는 저마다의 무진기행을 꿈꾼다. 밥벌이의 무게, 부모의 무게, 사회적인 무게를 내려놓고 안개의 모호함 속에 엄중한 책임과 의무를 잠시 망각할 수 있는 그런 곳 말이다.

> 무진에 명산물이 없는 게 아니다. 나는 그것이 무엇인지 알고 있다. 그것은 안개다. 아침에 잠자리에서 일어나서 밖으로 나오면, 밤사이에 진주해 온 적군들처럼 안개가 무진을 뼁 둘러싸고 있는 것이었다. 무진을 둘러싸고 있던 산들도 안개에 의하여 보이지 않는 먼 곳으로 유배당해 버리고 없었다. 안개는 마치 이승에 한이 있어서 매일 밤 찾아오는 여귀가 뿜어내 놓은 입김과 같았다.
> ― 김승옥, 「무진기행」, 『무진기행』, 민음사, 2007, 10쪽

아침마다 무진을 포위한 듯 뼁 둘러싼 안개. 작가는 안개에서 귀신이 뿜어낸 한 서린 입김을 떠올린다. 입김이라는 표현은 과학적으로도 적확하다. 안개의 본질이 공기 중에 떠 있는 미세한 물방울이기 때문이다.

안개를 판가름하는 기준은 가시거리다. 가시거리가 1킬로미터 미만일 때 우리는 물방울로 가득 찬 '입김'을 안개(fog)라고 부른다.

가시거리가 1~5킬로미터로 안개보다 길 때는 박무(mist)로 분류한다. 박무는 '옅은 안개'를 뜻한다. 수분 보충을 위해 스프레이 타입으로 분사하는 화장품을 '미스트'라고 부르니 얼굴에 안개를 뿌리는 셈이다. 그러나 일상에서는 박무라는 어려운 표현 말고 안개라고 대부분 통칭한다. 박무는 안개의 옅은 그림자이자 보이지 않는 형제다.

안개를 헤치고 지나다 보면 차갑고 습하게 느껴진다. 머리카락은 촉촉하게 수분을 머금고 피부는 미스트로 샤워한 기분이 들기도 한다. 안개의 재료는 수증기다. 대기의 상대 습도가 100퍼센트에 이르면 공기가 품을 수 있는 수증기의 양이 포화 상태로 치닫는다. 이때 이슬점에 도달하며 수증기의 운명이 물로 뒤바뀐다. 기체에서 액체로 응결이 일어나는 건데, 바로 안개가 빚어지는 순간이기도 하다.

가을철 맑은 날 내륙 지역을 중심으로 밤사이 지표 부근의 기온이 떨어지면 이슬점에 도달해 짙은 안개가 내려앉는다. 지표면이 차갑게 식는 '복사 냉각'이 원인이므로 '복사 안개'라고 부른다. 흐린 날보다 맑은 날에 복사 안개가 잘 끼는 이유는 대기를 따뜻하게 해 주는 구름이 없기 때문이다. 구름 이불을 덮지 않은 땅은 해가 사라지면 온도가 급격히 떨어진다.

차가운 해수면 위로 따뜻하고 습한 공기가 지나며 잉태하는 안개는 '바다 안개(해무)'라고 부른다. 수증기를 품은 공기가 바다 부근에서 기온이 떨어지면 포화 상태에 이르게 되고 짭조름한 소금기를 머금은 바다 안개로 변한다. 바다 안개는 해수면 온도보다 대기의 온도가 높은 4월부터 10월까지 해안가에 자주 발생한다. 복사 안개보다 지속 시간이 긴 편이다.

안개는 보통 기온이 떨어지는 밤에 짙어져 다음 날 새벽부터 아침 사이 절정에 이른다. 가시거리는 수백 미터로 떨어지고 교통사고 위험이 커지기 때문에 긴장할 수밖에 없다. 하늘길과 바닷길도 저시정 경보 앞에 속절없이 막히곤 한다. 안개를 흩어 낼 수 있는 기술은 아직도 없다. 기상전문기자인 나도 짙은 안개 예보가 나오면 긴장하곤 한다.

2006년 10월 3일 아침 서해대교에서 29중 추돌 사고가 일어났다. 2008년 2월 20일 새벽에는 일산 자유로에서 34중 추돌 사고가 발생했다. 원인은 모두 복사 안개였다. 2015년 2월 11일 오전 영종대교에선 무려 106중 추돌 사고가 났다. 자욱한 바다 안개로 가시거리가 10미터에 불과한 날이었다.

교각이나 도로에서 특히 안개가 위험한 이유는

안개를 이루는 물방울이 차가운 지면에서 얼어붙어 빙판길을 만들기 때문이다. 운전대를 잡고 있을 때 안개에 주의하지 않으면 생명을 잃을 수도 있다. 안개는 마주치고 싶지 않은 도로의 사신(死神)이다.

아무리 위세 등등한 안개라도 낮이 되면 흔적도 없이 사라진다. 포화 수증기량 곡선에서 공기가 따뜻해질수록 포함할 수 있는 수증기의 양이 늘어난다. 태양이 강렬할수록 안개가 품고 있던 물방울이 빠르게 증발해 수증기의 품에 덥석 안긴다. 안개의 운명은 태양에 달려 있다.

안개를 흩어 놓기 위해 『이솝 우화』처럼 태양과 바람이 내기를 한다면 어떨까? 태양은 특유의 온화함으로 안개를 녹여 버리고 바람은 사정없는 힘으로 안개를 쪼개 버릴 것이다. 이번에도 태양에게 유리한 게임이지만 바람도 성공할 것이다. 작가도 안개의 운명을 알고 있었다.

> 해가 떠오르고, 바람이 바다 쪽에서 방향을 바꾸어 불어오기 전에는 사람들의 힘으로써는 그것을 헤쳐 버릴 수가 없었다. 손으로 잡을 수 없으면서도 그것은 뚜렷이 존재했고 사람들을 둘러쌌고 먼 곳에 있는 것으로부터 사람들을 떼어 놓았다. 안개, 무진의 안개, 무진의 아침에 사람들이 만나는 안개, 사람들로 하여금 해를 바람을 간절히 부르게 하는 무진의 안개, 그것이 무진의 명산물이 아닐 수 있을까!
> ―「무진기행」, 10~11쪽

―――― 안개의 숲을 헤매다 길을 잃더라도 ――――

누구나 인생 깊숙한 곳에 안개의 강이 흐르고 있다. 아지랑이가 이글거리는 폭염이나 폭우가 쏟아지는 것과 달리 안개는 지나치리만큼 정적이다. 시간이 멈춘 듯 고요하고 평온해 보이지만 누군가에게는 폭풍처럼 차라리 휘몰아치는 편이 나을 수 있다. 안개의 시간은 모호하고 불확실하며 초점 없이 흐릿하다.

안개는 인생 곳곳에 크고 작은 불안으로 드리워진다. 작은 골목길을 걷다가 큰길로 나갈 때도 그랬고 경로를 이탈해 차를 유턴할 때도 지독한 안개가 내려앉았다. 긴박한 순간일수록 시야는 탁하게 흐려졌고 걸음은 멈춘 듯 느려졌다.

대학 4학년 취업 시즌을 맞았을 때였다. 내 전공은 수학과 대기과학이었다. 선배나 동기들은 전공을 살려 대학원에 진학하거나 금융권이나 연구소, 기상청에 취직했다. 그런데 나는 자꾸 안개의 숲을 헤매고 있었다.

대북 사업을 한다는 발표가 난 공기업에 들어가려고 노량진 학원에 등록했다. 평양에서 일하면 얼마나 재미있을까 하는 단순한 호기심이 계기였는데 기술직이었기 때문에 대기 환경 기사 자격증이 필요했다. 몇 달 이론을 공부하고 아황산가스 같은 오염물을 다루는 실험을 간신히 마친 뒤 자격증을 손에 쥐었다. 그러나 막상 필기시험에서 떨어졌다. '평양이랑 인연이 없구나' 하며 마음을 접었는데, 그 후로도 평양냉면은 포기하지 못했다. 글을 쓰고 있는 지금도 '평냉' 생각하면 입에 침이

고인다.

    언론인이 되고 싶다는 생각에 신문사와 방송국 시험도 마구잡이로 봤다. 여기서 마구잡이라는 표현을 쓴 것은 그만큼 아무 계획도 준비도 없었다는 뜻이다. 언론인을 목표로 하는 사람이라면 다들 졸업을 앞두고 언론 고시 스터디를 한다. 사법 고시(사시), 행정 고시(행시), 외무 고시(외시)처럼 언론 고시(언시)라는 말이 붙을 정도로 쉽지 않은 시험이다. 이공계인 내 주변에 언시를 준비하는 사람은 아무도 없었다. 나는 정보라고는 없는 우물 안 개구리이자 무식하게 용감하기만 한 하룻강아지였다.

    기자, 피디 직종을 가리지 않았다. 운 좋게 필기시험을 통과해도 면접에서 번번이 고배를 마셨다. 면접관들은 수학과를 나온 지원자를 끝없는 의심의 눈초리로 바라봤다. 지원자를 주눅 들게 하는 압박 면접이 유행하던 시기였다. 이중 전공한 대기과학에 대해서는 대체 이게 뭐 하는 곳이냐며 부정적으로 되묻기도 했다. 맙소사. 면접에서 대기과학의 정의에 대해 토론하며 영어로 번역까지 하게 되다니. 신문방송학과 출신이 언론사에서 대세인 시절이었다. 내 이름은 신방실, '신문방송실'의 줄임말인 줄 알았다는 얘기도 들었지만, 전통적인 레거시 미디어는 나란 존재를 거부했다.

    그 시절 내 인생은 끝이 보이지 않는 안개의

터널이었다. 대관령 옛길 아흔아홉 굽이처럼 한 고개를 넘으면 또 한 고개가 눈앞에 기다리고 있었다. 포기하기에는 지난 노력이 아까웠고 계속 가기에는 앞이 보이지 않았다. 한 걸음만 잘못 내디디면 깊은 절벽으로 추락할 것 같았다. '취준생'이라는 압박감에 하루하루 비쩍 말라 갔다.

대학 졸업을 앞두고 누구누구는 어디에 취업했다는 소문이 들려왔다. 결국 헛발질만 수없이 한 나는 졸업식에서 부모님의 얼굴을 제대로 보지 못했다. 뚜렷한 목표가 있는 것도 아니고 비전을 제시하지도 못했다. 졸업식이 끝나고 학교 앞 고깃집에서 우리는 아무 말 없이 갈빗대에 붙어 있는 살점을 뜯어 먹는 데 집중했다.

대학을 졸업했지만, 소속이 없던 나는 정처 없이 방황하는 경계인이자 표류하는 존재가 됐다. 학생증이 필요한 중앙도서관 대신 음악대학이나 생활과학대학 도서관에서 공부했다. 동생의 학생증을 빌려 근처 이화여대 도서관에도 자주 갔다. 후배들을 만날까 불안한 학교보다는 낯선 장소가 나았다.

무거운 가방을 메고 신촌 자취방에서 이화여대까지 걸어가던 그 길이 기억난다. 기억이란 놈은 평범하고 행복한 것보다는 맵고 쓴 것만 남겨 놓는다. 땀이 주룩 흐르던 한여름과 살이 아리게 춥던 한겨울의 기억만 아주 선택적으로…. 걷다 보면 연세대와 세브란스병원,

육교가 나오고 이윽고 이대 후문에 도착했다. 가끔은 내내 한숨이었다. 구체적으로 뭘 하고 싶은지 내 마음을 알 수가 없었다. 부모님의 바람대로 수학 선생님이 되거나 기상청 공채를 봐야 할까. 전공을 살려서 취업하면 수월했겠지만, 한 번도 생각해 본 적이 없었다. 자꾸 딴 세상에 마음이 쏠려 있었다.

가장 거대한 딴 세상은 하늘이었다. 모든 노력을 한곳으로 집중해야 할 대학 4학년 때 나는 하늘에 미쳐 있었다. 스스로 역마살이 있다고, 전생에 유목민이었을 거라고 믿었던 시절 바람처럼 세상을 누비고 싶었다. 첫 번째 도전은 사막에 기반을 둔 아랍의 외항사 승무원이었다. 결과는 너무 어설퍼서 탈락했다.

두 번째는 국내 최대 항공사였다. 대기과학 전공자를 뽑는 운항 관리직에 지원했는데 노란 머리에 분홍색 치마 정장을 입고 집단 토론을 하러 갔다. 고배를 마신 뒤 다음 학기에는 같은 항공사 공채를 승무원으로 분야를 바꿔서 치렀다. 실패를 경험 삼아 무채색 정장에 귀밑머리 한 올도 삐져나올 틈 없는 단정함으로 무장했다.

승무원은 고객의 온갖 갑질을 상대해야 하는 서비스직이자 감정 노동자인데 당시에는 뭔가에 홀린 듯 비행기에 오르기만 하면 다 할 수 있을 거라고 믿었다. 방실이라는 이름처럼 최고의 스마일이 되겠다는 홍보 전략이 먹혔는지 의외로 최종 면접까지 갔다. 항공사의 유니폼을 입은 채 임원들 앞에서 실제 상황 같은 롤플레잉을 했다. 고객들이 술을 더 달라느니, 연락처를 달라느니 하는 '진상 짓'을 어떻게 현명하고 지혜롭게 대응하는지 보는 시험이었다.

하늘을 내 집처럼 자유롭게 누빌 수 있을 거란 달콤한 상상은 오래가지 않았다. 역시 대기업은 사람 보는 눈이 있다. 또 탈락이었다. 나는 쓰디쓴 항공사 앓이를 하며 금쪽같은 청춘을 흘려보냈다. 물론 그 세계에 대해 깊숙이 경험했다는 점은 높게 살 만하다.

소설가를 꿈꾸던 나의 미완성 습작 가운데 항공사 승무원을 준비하며 인천공항 톨게이트에서 아르바이트를 하는 아연이 탄생했다. 아연이라는 이름은 주기율표를 떠올리며 지었다. 가장 반응성이 좋으면서도 타고난 광택이 아름다운 금속. 손에 잡힐 것처럼 다가왔다가 허무하게 흩어져 버리는 아연의 꿈은 안개 속 환영 같았다. 인천 공항이 있는 영종도는 해무가 사시사철 밀려오는 곳이다.

하지만 우리는 알고 있다. 청춘의 방황이 그다지 길지 않다는 사실을 말이다. 해가 떠오르면 물기를 거두는 안개처럼 인생은 어느 순간이 지나면 불확실성을 거두고 명료한 세계로 나아간다. 어떤 운명적인 힘이라도 개입한 것처럼 말이다. 나는 결국 동아사이언스의 과학전문기자가 되었고 이후에는 기상전문기자로 일하게 됐다. 수학과 나와서 글을 잘 쓸 수 있는지, 대기과학이 뭐냐는 허무한 질문은 더 이상 듣지 않게 됐다. 매일 공항을 오가는 사람보다는 못하겠지만 북극에서 적도, 사막까지 세상 곳곳을 누비고 수많은 인연을 만났다.

안개의 세계에서는 불안의 정서가 나를 지배한다. 그러나 머지않아 불안은 사막의 신기루처럼 흩어지고 또다시 뚜렷한 목표를 향해 나아가게 된다. 크고 작은 소비와 여행, 결혼, 내 집 마련 같은 속세의 이정표 말이다. 통장에 돈이 쌓이고 무언가를 사들이는 물질적 성취를 이룰 때마다 내가 무언가 대단한 능력을 지니게 된 것 같았다.

정신없이 앞만 보며 달리던 시절에 다시 주저앉는 순간이 왔다. 기자 생활 5년째로 접어들던 어느 여름 회사를 코앞에 둔 횡단보도에서 교통사고를 당했다. 왕복 8차선의 대로인데도 차량 정체가 심해서인지 신호등이 설치돼 있지 않았다. 차량 흐름이 줄면 사람들은 단체로 눈치 게임을 하듯 횡단보도로 몸을 던지곤 했다. 마치 〈동물의 왕국〉에서 아프리카의 거대한 누 떼가 거친 강물을 헤치고 저편으로 향하는 것처럼 말이다.

출근길이라 도로는 혼잡했다. 인파 속에서 가장 먼저 횡단보도로 뛰어든 나는 하필 속도를 줄이지 못하고 질주하던 차에 치였다. 급류에 떠내려가는 운명이 된 것이다. 흉포한 악어에게 물린 것일지도 모른다. 바닥에 쓰러지는 순간 의식을 잃었다. 아무 기억도 남아 있지 않다. 깨어났을 때는 중환자실이었다. 다행히 뺑소니는 아니었다. 수많은 목격자가 있었을 테니까.

인생의 가장 뜨거운 스물아홉 살이었다. 일에도 한창 물이 올라 있을 때였고 어지러운 연애와 새로운 모험에 심장이 뛰던 순간이었다. 사고를 당했을 때 회사에는 내가 위독하다는 소문이 퍼져 나갔다. 정신을 차리자 선후배들의 병문안이 이어졌다.

청춘의 최고 좌표에서 나는 안개처럼 하얀 병실 벽을 바라보며 우는 존재로 전락했다. 구역질로 물만 마셔도 구토를 할 때 보험사는 눈치 없이 병실 문을 두드렸다. 가해자의 부모가 찾아와 합의를 하자고 애원했다. 물리적 충격으로 부스러진 내 몸을 바라보며 불행을 저주하고 원망했지만, 달라진 것은 없었다. 아, 맞다. 사고가 난 뒤 횡단보도에 신호등이 설치됐으니, 그것으로 위안을 삼아야 할지도 모른다.

생과 사를 오가는 쓰디쓴 경험을 하고 나자 마음가짐이 달라졌다. 두번째 얻은 생이라고 생각하고 소중하게 살아가겠다는 마음이 솟아났다. 지독한 감기에 걸리거나 허리 디스크가 도지고 코로나19에 감염되고 모기 알레르기로 고생하고 발목을 접질리고…. 아픈 순간은 꽤나 자주 찾아온다. 그럴 때마다 스트레스받고 속상해하기보다는 태도를 바꾸기 위해 노력했다. 어차피 아프면 쉬어야 낫는다. 시간이 필요하다. 복잡한 일은 미뤄 두고 몸과 마음의 회복에만 전념하자. 이렇게 말이다.

안개가 자욱한데 급한 마음에 가속 페달을 밟는다면 결말은 뻔하다. 안개의 시간이 찾아오면 천천히 속도를 늦추고 쉬었다가 가자. 절대로 서두르지 말자. 어차피 인생이라는 길은 이 순간이 끝이 아니라 저편으로 광활하게 펼쳐질 것이다. 길을 잃더라도 다시 돌아 나오면 된다. 안개 너머 절벽으로 나를 몰아가지 말자.

모든 것이 명징한 세상에서 가끔은 경계 없이 모호하기만 한 안개의 세계가 그리워진다. 어딘가 존재할지도 모르는 무진으로 가기 위해 서성이게 된다. 다시 안개가 드리워지면 두려움 없이 그 한가운데에 웅크리고 앉아 숨을 고를 것이다. 촉촉한 물방울이 들숨 가득 몸으로 퍼져 나가는 것을 느끼면서 말이다.

──────── 석탄이 빚은 죽음의 안개 ────────

안개는 수증기가 응결해 만들어지므로 원래 희뿌옇게 보인다. 공업 지대의 먼지나 오염 물질이 섞이면 회색이나 노란색을 띠기도 한다. 눈에 보이지 않는 미세한 고체 입자가 대기 중에 떠다니는 현상을 '연무(haze)'라고 부른다. '연'이 연기를 뜻하는 만큼 연무가 끼면 가시거리가 5킬로미터 이하로 줄어든다.

안개와 박무, 연무 모두 시야를 뿌옇게 만든다는 공통점이 있지만 연무는 물방울로 이뤄지지 않았다. 연무의 주요 원인은 공장이나 발전소, 차량에서 배출되는 매연과 미세먼지다. 화산재와 흙먼지, 꽃가루처럼 자연적으로 배출되기도 한다. 물방울로 이뤄진 안개와 박무는 습한 대기와 한 몸이지만 반대로 연무는 대기가 메말라 있을 때 짙어진다. 비유하자면 안개와 박무는 친형제, 연무는 배다른 형제다.

안개에 스며든 독성 물질은 조용하게 호흡기를 타고 침투해 목숨을 앗아 간다. 얼굴을 감춘 장기 미제 사건처럼 말이다. 과거에는 숨 쉬는 공기가 사람을 병들게 하고 죽음에 이르게 만들 거라고 상상하지 못했다. 그러나 1952년 런던에 찾아온 '그레이트 스모그(Great Smog)'는 안개에 대한 우리의 인식을 바꿔 놓았다.

스모그(Smog)는 매연(smoke)과 결합한 안개(fog)를 의미한다. 1905년 영국의 물리학자가 처음 사용한 용어다. 산업 혁명의 심장인 런던에선 스모그라는 이름이 생겨나기도 전부터 대기 오염이 악명을 더해 가고 있었다. 1840년대 20일이었던 런던의 연간 스모그 일수는 1880년대에 70일로 늘었다. 짙은 스모그가 태양을 삼켜 버리며 개기 일식 같은 암흑이 자주 연출됐는데 호흡기 질환과 심장 발작 등으로 수많은 사망자가 나왔다.

스모그는 연무와 비슷한 현상이지만 주로 '공해'라는 의미로 사용된다. 기상청의 「지상기상관측지침」에 따르면 스모그는 "안개와 연기가 혼합되어 있거나 또는 오염된 안개"로 정의한다. 연무는 도시와 시골, 산과 바다를 가리지 않고 나타나지만, 스모그는 오염 물질이 축적되기 쉬운 오목한 분지 지형의 대도시나 산업 단지에서 자주 목격된다. 최근에는 도시가 팽창하면서 연무와 스모그를 구분하기 힘들 정도로 변하고 있다.

안개가 '명산물'인 런던이지만 1952년 12월 5일 금요일 최악의 상황이 닥쳤다. 고기압의 하강 기류가 대기를 짓누르는 고요한 날씨 속에 바람조차 멈춰 버렸다.

대기 상층으로 올라갈수록 기온이 높아지는 기온 역전 현상까지 더해졌다. 일반적으로 고도가 높아질수록 기온이 감소하는데, 지면이 차갑게 식고 그 위에 따뜻한 공기가 놓이면 역전층이 생성된다. 역전층에서는 차고 따뜻한 것이 활발하게 뒤섞이는 대기의 정상적인 순환이 사라진다.

굴뚝에서 쏟아져 나온 매연은 안개의 옷을 입고 유령처럼 지상을 배회했다. 습도 100퍼센트, 가시거리는 0미터, 말 그대로 한 치 앞도 보이지 않는 상황이었다. 그리고 안개 속으로 무언가가 조용하게 섞여 들기 시작했다. 석탄에서 배출된 이산화황이었다.

이산화황은 황을 연소시킬 때 발생하는 무색의 기체로 자극적인 냄새를 풍긴다. 아황산가스라는 이름으로도 불린다. 화산 분화처럼 자연적으로 발생하기도 하지만 대부분 석탄이나 석유 등 화석 연료에서 만들어진다. 호흡기 질환과 안구 염증 등 인체에 해를 미친다. 빗물에 섞이면 산성비로 변해 식물을 말라 죽게 하고 건축물을 녹여 버린다.

황의 함량이 높은 저급한 연료일수록 이산화황을 많이 배출한다. 지금도 늦가을 중국에서 석탄 난방이 시작되면 고농도 미세먼지가 서풍에 실려 와 우리나라를 덮치곤 한다. 1950년대는 제2차 세계 대전이 끝난 뒤 전 세계가 재건과 부흥을 위해 달리던 시절이었다.

61

런던 템스강 주변의 발전소와 제철소, 공장은 열정적으로 석탄을 태웠고 추위가 닥치자 가정에서도 석탄으로 집을 데웠다. 1952년 영국의 석탄 소비량은 2억 톤으로 프랑스보다 두 배나 많았는데, 3분의 2는 가정에서, 3분의 1은 산업용으로 사용됐다.

석탄은 산업 혁명에 불을 지핀 희망이 아닌 독을 뿜어 내는 사신(死神)이었다. 인구 800만의 암울한 회색 도시에서 자그마치 10만 명이 병들었고 즉각적인 사망자도 4,000명이 넘었다. 면역이 약한 생후 52주 이하, 55세 이상 연령층에서 세 배 이상 높은 사망률을 기록했다. 계절처럼 찾아오던 런던의 안개는 살아남기 위해 반드시 피해야 할 위험한 것이 돼 버렸다.

─────── 안개 꼭대기의 파란 하늘을 꿈꾸다 ───────

그 시절 영국의 소설가이자 광부의 아들로 태어난 D. H. 로렌스는 누구보다 석탄이 일으키는 유독한 먼지와 안개에 대해 잘 알고 있었다. 『채털리 부인의 연인』은 경계 없는 사랑과 성애를 묘사한 것으로 유명하지만, 영국 중부의 쇠락한 탄광 마을을 배경으로 하고 있다는 점도 눈여겨볼 만하다. 소설은 1917년에 클리퍼드와 콘스탄스(코니)가 행복에 들뜬 모습으로 결혼식을 올리는 장면에서 시작한다. 짧은 신혼을 뒤로하고 제1차 세계

대전에 나간 클리퍼드는 몸이 짓뭉개진 채 고국으로 돌아온다. 클리퍼드의 아버지인 제프리 경은 아들의 모습에 화병을 얻어 세상을 떠나고 고향 랙비의 저택은 젊은 남작 부부에게 남겨진다. 그곳은 탄광의 굴뚝이 뿜어 낸 수증기와 연기에 둘러싸인 석탄의 고장이었다. 마을 사람들은 대부분 테버셜 탄광에서 광부로 일했다. 우리나라의 과거 태백이나 정선을 떠올리면 된다.

테버셜 탄광의 갱구는 여러 해 동안 불타고 있었다. 바람이 불어오는 방향에 따라 석탄이 연소되면서 나오는 불쾌한 유황 냄새가 저택으로 실려 오곤 했다. 심지어 바람이 없는 날에도 대기는 유황이나 석탄, 철 같은 땅속에서 퍼 올린 물질의 냄새로 채워졌다. 시커먼 석탄의 검댕은 미나리아재비꽃을 질식시킬 듯 엉겨 붙었다.

작가는 이 장면을 "최후의 심판일에 하늘에서 쏟아져 내리는 검은 만나"에 비유했다. 만나는 옛날 이스라엘 민족이 이집트에서 벗어나 약속의 땅으로 갈 때 하느님이 내려 주신 양식을 뜻한다. 석탄은 과연 신의 축복이었을까?

전쟁터에서 거의 생명을 잃어버릴 뻔한 클리퍼드는 남아 있는 삶을 보통 이상으로 소중하게 생각했다. 고향에 돌아와 케임브리지대에 다닐 때처럼 소설을 쓰기 시작했고 신문 지면에 소개되는 인기 작가가 된다. 자신의 영지에 있는 망해 가는 탄광을 살리기 위한 정열도 불태운다. 소설 속에서 산업 혁명의 동력이었던 석탄은 사양길에 접어들고 있었다. 뉴잉글랜드와 콜웍우드 탄광이 폐쇄됐고 테버셜 탄광도 곧 버려질 위기에 처했다.

사람들이 떠난 탄광 갱구는 무성한 덤불 숲으로 뒤덮이고 석탄을 실어 나르던 선로는 빨갛게 녹슬어 버렸다. 꼭 귀신이라도 나올 것 같은 죽음의 장소로 변해 버린 탄광 지대.

랙비의 저택에서 일하는 볼턴 부인은 회상한다. 자기의 소녀 시절만 해도 테버설은 최고의 탄광이었지만 지금은 침몰하는 배가 됐다고 말이다. 그녀에게 탄광의 폐쇄는 세상의 종말이나 다름없다. 역설적으로 클리퍼드는 자신의 처지와 비슷한 버려진 탄광에서 동병상련을 느낀다. 파업을 일삼는 광부 대신 석탄을 캐는 기계를 개발하고 시설을 현대화해 탄광을 다시 살릴 수 있을 거라고 믿었다.

클리퍼드는 휠체어 하나 혼자 힘으로 움직일 수 없는 무기력한 처지였지만 새로운 일에 몰입하는 동안 다시 태어난 것 같았다. 클리퍼드는 석탄의 생명력이 자신의 내부로 밀려들어 오는 것을 느꼈다. 탄광의 퀴퀴한 공기가 산소보다 좋았다. 퀴퀴한 공기는 역설적으로 활기를 불어넣었다. 그는 자신이 영국의 심장에 있다고 생각했다.

하반신이 마비된 소설가이자 사업가인 남편이 석탄을 쥐고 승리감을 맛보고 있을 때 불행하게도 코니, 아니 채털리 부인은 나날이 시들어 가고 있었다. 그녀에게 랙비의 저택은 따뜻한 집이라기보다 크고 황량한 토끼장과 다르지 않았다. 석탄 거르는 체가 덜컥거리고 증기 엔진이 수증기를 뿜어내는 소리가 방까지 들려왔다. 석탄을 실어 나르는 기관차의 기적 소리는 일상이 됐다. 통통한 스코틀랜드의 송어 같던 그녀는 뼈만

앙상하게 야위어 갔다. 남편과는 정신적으로 친밀했지만 접촉이라곤 전혀 없는, 육체적으로 서로 존재하지 않는 사이였다.

유황 냄새 나는 공기에 익숙해지는 것처럼 코니와 클리퍼드는 이러한 관계에 점점 무뎌졌다. 클리퍼드는 코니에게 다른 남자의 아이를 가져서 함께 기르자는 제안을 하기에 이른다. 전쟁이 가져다준 클리퍼드의 불행은 코니의 영혼까지 병들게 하고 두 사람의 고통은 외로운 평행선을 그리며 달려갔다. 울타리 안에 갇혀 버린 채털리 부부는 서로 다른 꿈을 꾸고 있었다.

햇볕이 약하게 내리쬐고 서리가 하얗게 내린 2월 어느 날 아침, 클리퍼드와 코니는 수렵장을 지나 숲으로 산책을 나갔다. 클리퍼드는 모터 달린 의자를 타고 털털거리는 소리를 내며 갔고 코니는 그 옆에서 걸어갔다.

쌀쌀한 공기 중에는 여전히 유황 냄새가 묻어났지만 그들은 이미 그 냄새에 익숙했다. 가까운 지평선 주위로 서리와 연기가 뒤섞여 불투명한 휘빛을 띤 실안개가 끼어 있었고 그 위로 자그마한 푸른 하늘이 드리우고 있었다. 그래서 마치 울타리 안에 있는 것 같은, 언제나 그 안에 머무르고 있는 듯한 기분이 들었다. 인생이란 울타리 안에서 일어나는 한낱 백일몽이나 망상에 지나지 않았다.
— D. H. 로렌스, 『채털리 부인의 연인』, 유혜영 옮김,
책읽는수요일, 2016, 97쪽

 작가는 석탄을 태운 유황 냄새와 안개, 서리가 뒤섞인 희뿌연 하늘에서 채털리 부부의 미래를 보았는지도 모른다. 안개 위 꼭대기에 조그마하게 보이는 푸른 하늘을 꿈꾸며 살아가는 게 우리 인생일까. 유황 냄새에 익숙해지듯 우리도 삶의 울타리에 갇혀 손바닥만 한 하늘을 바라보는 데 익숙해지겠지.

 안개의 테두리 위에 낮게 드리웠던 파란 하늘은 순식간에 사라진다. 뚜껑이 덮여 버린 듯 말이다. 사방은 온통 회색빛으로 변한다. 해가 사라지고 쌀쌀한 추위가 몰려온다. 곧 눈송이가 떨어질 것 같다. 온통 회색빛, 사방이 온통 회색빛이다. 작가의 눈에, 아니 코니의 눈에는 세상이 다 낡아 빠져 지친 듯 보였다. 결국 코니는 답답한 세상을 탈출한다.

 영국의 석탄 생산량은 1914년을 기점으로 감소했다. 특히 1918년 항복한 독일이 제1차 세계대전에 대한 배상금으로 석탄을 강제로 수출당하면서 국제 석탄 가격이 추락했다. 영국의 광산 소유주들은 광부의 임금을 줄이려고 했고 그 결과 잦은 파업으로 이어졌다. 소설에도 광부의 파업에 대한 이야기가 자주

등장한다. 광부들이 오래된 탄광을 떠나 현대식 설비가 갖춰진 탄광으로 떠나는 대목도 나온다. 영국의 광부들은 세계 최초로 노동조합을 설립해 열악한 노동 조건과 맞선 것으로 유명하다.

테버설 탄광과 접한 랙비의 저택은 석탄 가루와 매연으로 숨 쉬기 힘든 곳이었을지 모른다. 때때로 매연이 안개를 만나면 독한 스모그로 변해 그녀의 숨통을 조였을 것이다. 채털리 부인은 결국 고립된 회색빛 성을 박차고 자유로운 세상으로 향했다. 모든 것을 내려놓은 뒤였지만 마음만은 홀가분하고 행복했을 것이다. 채털리 부인의 고향은 런던이다. 외딴 랙비의 성에 갇혀 런던을 그리워하던 그녀는 짐작이나 했을까. 30년 뒤 벌어질 런던 스모그 사건을 말이다.

——————— 그저 안개입니다. 폐하 ———————

영국 국왕인 엘리자베스 2세의 일생을 그린 넷플릭스 시리즈 〈더 크라운(The Crown)〉에 흥미로운 장면이 등장한다. '신의 선택'이라는 제목이 붙은 시즌 1의 4화는 1952년 12월 4일 영국 기상청에서 시작된다. 예보관들이 심각한 표정으로 기압 차트를 살피고 곧바로 경보 상황을 알리는 편지를 총리실로 발송한다. 당시 영국의 총리는 윈스턴 처칠이었다.

기상청이 예측한 대로 런던은 짙은 스모그에 포위당하고 병원은 환자들로 발 디딜 틈이 없어진다. 엘리자베스 2세가 처칠을 불러 묻자 그는 "날씨에 관해서요? 그저 안개입니다. 폐하. 사라질 겁니다"라고 대답한다. 보수당이 지은 발전소에 대한 추궁에는 이례적으로 추운 겨울을 보내고 있는 국민을 추위에 떨게 할 수 없다며 발전소와 석탄이 필요하다고 강조한다. 사태가 심각해지자 긴급 소집된 내각 회의에서도 처칠은 안개는 왔다가 사라지는 것이라고 농담처럼 받아친다.

> 날씨는 때론 맑기도 하지. 태양이 너무 내리쬐면 사람들은 가뭄이라고 하지. 그러다 비가 오면, 너무 많이 오면 폭우라 부르고 우리를 비난할 거리를 찾아. 신의 뜻이네. 그냥 날씨네. 좋거나 나쁘거나 영국에는 늘 있는 일이야. 사실 더 시급한 문제가 있네.

시급한 문제는 늘 많다. 다만 생명보다 시급한 문제는 어디에도 없지 않은가. 처칠은 노련한 정치인이었지만 안타깝게도 과학적 경고에는 무지했다. 기상청은 런던의 비상 상황을 총리실에 전하면서 총리가 읽지 않더라도 통보했다는 사실이 중요하다고 말한다. 대기질 경보 등 재난 상황을 미리 경고하는 이유는 미리 대비해 피해를 줄이기 위해서다. 하지만 '통보'가 목적인 경보는 어떤 힘도 지니지 못한다. 종이 쪼가리에 불과하다는 뜻이다. 물론 허구와 상상력이 더해진 대사겠지만 그때의 상황을 엿볼 수 있다.

런던 스모그를 빌미로 처칠을 끌어내리려는 노동당 당사에서는 '도노라'라는 이름까지 소환된다. 얼핏 예쁜 여자아이 이름처럼 들리기도 하지만 미국

펜실베이니아주에 있는 작은 공업 도시다. 도노라는 강을 끼고 있는 분지 지형으로 1900년 윌리엄 도너가 물살이 빠른 강변에 제철소를 짓기 시작하면서 금속 가공과 제철 산업으로 성장했다.

도노라는 1948년 10월 27일부터 10월 31일까지 강력한 고기압의 지배를 받았다. 무풍지대에 기온 역전까지 겹치며 제철 공장과 아연 제련 공장에서 배출된 매연이 축적됐다. 공기는 역한 냄새를 풍기는 노란색으로 변했고 한낮에도 짙은 어둠이 내려앉아 앞이 보이지 않았다.

그러나 주민들은 그저 평범한 안개일 거라고 생각하고 일상생활을 이어 갔다. 심지어 핼러윈 행진까지 예정대로 진행하면서 말이다. 그러는 사이 전체 주민의 40퍼센트가 넘는 6,000여 명이 호흡기 질환으로 고통받았고 그 가운데 20명이 목숨을 잃었다. 도노라에 아메리칸드림을 좇아 몰려든 많은 이민자들은 짙은 스모그에 미래를 빼앗기고 말았다.

미국의 도노라 사건을 통해 교훈을 얻을 법도 하지만 영국에는 1952년 겨울 다시 '킬러 포그(Killer Fog)'가 찾아와 더 큰 희생을 불러왔다. 영국 정부는 1956년 청정 대기법을 제정하고 가정에서 사용하던 석탄을 불순물을 제거한 무연탄이나 천연가스, 전기로 대체해 나갔다. 도시 주변의 발전소를 멀리 이전하거나 굴뚝의 높이를 더 높이는 임시방편을 마련했다. 고층 굴뚝이 설치되면서 주변의 대기 오염은 확연히 줄었지만 연기가 멀리까지 확산하며 뜬금없이 북유럽에 불똥이 튀는 결과를 초래했지만 말이다.

1963년 미국 의회는 대기 오염 방지법 원안을 통과시켰다. 1970년에는 환경보호청(EPA) 창설과 함께 훨씬 더 강력한 대기 오염 방지법 수정안이 의회를 통과했다. 핵심 목적은 공장과 발전소, 자동차, 항공기에 의한 스모그와 연무, 산성비 피해를 막기 위해서였다.

독을 품은 안개가 건강에 치명적인 위협이 된다는 것을 깨달은 인류는 똑같은 실수를 되풀이하지 않기 위해 이번에야말로 대기 오염 문제를 가장 시급한 의제로 상정했다. 음식 없이도 3주는 버틸 수 있고 물이 없어도 3일은 생존할 수 있다. 그러나 공기는 차원이 다르다. 공기 없이는 겨우 3분밖에 버틸 수 없다. 환경보호청에 따르면 인간이 하루 평균 호흡하는 공기는 1만 1356.2리터에 달한다. 깨끗한 공기는 건강과 생존을 좌우한다. 오염된 공기에 갇혀 있는 우리의 모습은 더러운 어항에서 입을 뻐금거리는 금붕어를 떠올리게 한다.

──────── 안개는 샛강 위에 옷을 벗어 놓는다 ────────

런던 스모그와 30년의 시차를 두고 우리나라에도

산업화의 거대한 파도가 닥쳤다. 공장과 검은 굴뚝, 폐수, 공업 단지와 여공의 시대가 찾아온 것이다. 역사는 시간과 공간을 넘어 반복되고 비극도 마찬가지다.

1
아침 저녁으로 샛강에 자욱이 안개가 낀다.

2
이 읍에 와본 사람은 누구나
거대한 안개의 강을 거쳐야 한다.
앞서간 일행들이 천천히 지워질 때까지
쓸쓸한 가축들처럼 그들은
그 긴 방죽 위에 서 있어야 한다.
문득 저 홀로 안개의 빈 구멍 속에
갇혀 있음을 느끼고 경악할 때까지.
(…)

날이 어두워지면 안개는 샛강 위에
한 겹씩 그의 빠른 옷을 벗어놓는다. 순식간에 공기는
희고 딱딱한 액체로 가득 찬다. 그 속으로
식물들, 공장들이 빨려들어가고
서너 걸음 앞선 한 사내의 반쪽이 안개에 잘린다.
(…)

3
아침 저녁으로 샛강에 자욱이 안개가 낀다.

> 안개는 그 읍의 명물이다.
> 누구나 조금씩은 안개의 주식을 갖고 있다.
> 여공들의 얼굴은 희고 아름다우며
> 아이들은 무럭무럭 자라 모두들 공장으로 간다.
> ― 기형도, 「안개」, 『입 속의 검은 잎』, 문학과지성사, 1989, 11쪽

시인은 샛강을 휘감은 안개의 강을 배회한다. 샛강의 배경은 서울 구로에서 경기도 광명을 흐르는 안양천의 지류로 추정된다. 시가 발표됐을 때 안양천 주변에는 많은 공장이 밀집해 있었다. 1965~1974년에 걸쳐 구로공단 등 크고 작은 공장이 강을 끼고 자리 잡았다. 이 시기 인구도 폭발적으로 증가했다. 공장 매연과 폐수, 생활 하수가 쏟아지며 안양천은 환경 오염의 대명사가 됐다.

기형도의 「안개」에는 아침저녁으로 잔혹한 죽음의 강이 흐른다. 욕망으로 가득한 검은 굴뚝이 쏘아 올린 독기를 안개는 망토처럼 품고 놓아주지 않는다. 인간이라는 하찮은 존재는 자욱한 안개 속에 지워진다. 여직공이 겁탈당하고 취객이 얼어 죽고 누군가는 욕을 하며 떠나지만 이것도 잠시뿐, 금세 사람들의 기억 속에서 밀려나고 만다.

안개의 식구가 되면 오히려 맑은 날에 경계심을 품게 된다. 공기를 가득 채운 희고 딱딱한 안개는 눈앞의 존재를 반으로 잘라 버리고 불편한 풍경도 지워 버린다. 안개 속에서는 인간성을 상실하고 탐욕과 손잡아도 무죄다. 사람들은 저마다 안개라는 주식을 가지고 살아간다. 반복되는 욕망의 고리는 아이들 세대로

대물림된다. 이대로라면 기형도의 샛강에는 안개가 결코 걷히지 못한 채 영원한 '명물'이 될지 모른다.

지금은 어떤가. 그 시절의 공장은 눈앞에서 대부분 사라졌다. 하지만 안개 속에 모습을 감춘 것일 뿐, 중국이나 인도 등 저 멀리에서 여전히 매연을 뿜어내고 있다. 욕망은 과거와 비교할 수 없을 정도로 커졌고 더 많이 생산하고 소비하고 버리는 삶에 지배당하고 있다. 편서풍을 타고 중국발 오염 물질이 밀려올 때마다 중국을 욕하지만, 세계의 공장인 중국만을 대놓고 비난할 수 없다. 오늘을 살아가는 우리는 모두 오염된 공기에 어느 정도 주식을 가지고 있으니까.

기형도 시인은 「빈집」에도 안개를 등장시킨다. 욕망을 감추는 눈먼 휘장이었던 안개가 농도 짙은 그리움으로 변신한다. 사랑을 잃은 뒤 이별을 고하는 짧았던 밤과 겨울 안개, 공포와 망설임, 눈물, 열망으로 뒤섞인 감정들, 결국 문을 잠그고 지나간 사랑을 빈집에 영원히 가둬 버린다. 시인의 창밖을 떠돌던 겨울 안개는 어떤 표정이었을까.

사랑을 잃고 나는 쓰네

잘 있거라, 짧았던 밤들아
창밖을 떠돌던 겨울 안개들아
(…)

> 장님처럼 나 이제 더듬거리며 문을 잠그네
> 가엾은 내 사랑 빈집에 갇혔네
> ─ 기형도, 「빈집」, 『입 속의 검은 잎』, 문학과지성사, 1989, 77쪽

우리나라에서 안개는 일교차가 크게 벌어지는 가을철에 가장 잦다. 겨울 안개가 찾아왔다면 예년보다 포근한 날씨가 이어졌을 가능성이 높다. 낮 동안 따뜻하게 달궈진 지면이 밤에도 식지 않은 상태에서 대기 상층의 찬 공기가 밀려오면 수증기가 물방울로 변하며 안개가 빚어진다. 대기가 안정돼 있을 때, 그러니까 역전층이 만들어졌을 때 겨울 안개가 시작되면 지속 시간이 한없이 길어질 수 있다. 런던 스모그 역시 초겨울인 12월 안개였다.

    기형도 시인의 「빈집」에 감도는 겨울 안개는 샛강에 흐르던 독한 안개와 달리 정처 없는 외로움이 서려 있다. 사랑은 영원히 박제돼 빈집에 갇혔지만, 겨울 안개가 끼면 옛사랑의 기억이 불쑥 되살아나 익숙한 손님처럼 찾아올 것이다. 더 이상 내 것이 아닌 줄 알았던 열망이 되살아나고 뜨거운 눈물이 한 줄기 뺨을 타고 흐를지도 모르겠다. 망설여지고 두렵기도 하지만 언젠가 빈집의 문이 열리고 다시 시인이 눈뜰 수 있는 순간이 오길 기도하고 싶다.

── 나만의 무진에 다녀오는 시간 ──

눈앞에 펼쳐진 안개는 두렵고 막막하다. 독기를 품고 있을지 모르니 깊은 호흡도 위험하다. 심장 박동을 줄이고 느리게 안개의 시간을 견디는 동안 아련한 기억이 되살아나기도 한다. 소중한 사람이 떠오르고 아쉬운 관계에 대한 후회와 자책감, 놓쳐 버린 기회에 대한 절망감이 짙어진다. 안개는 우리 모두에게 깊은 사색을 제공한다.

안개의 시간에는 잠시 무진에 다녀오면 어떨까. 무진은 어린 시절 행복한 추억이 서려 있는 장소여도 좋고 동네의 작은 카페나 미술관도 좋다. 하루하루 바쁘고 지친 일상을 살아가는 우리에겐 일부러라도 딴짓을 마음껏 할 수 있는 나만의 무진이 필요하다. 안개가 자욱한데 앞으로 마구 달려 나갔다가는 큰 실수나 착오가 생길 수 있다는 마음으로 당당하게 머물다 가자. 어차피 영원한 안개는 없다.

나 역시 나만의 무진을 찾는 중이다. 바쁜 회사 일에, 주말에는 책이나 기고문을 쓰고 강연 준비를 할 때가 많다. 그토록 좋아하는 글쓰기도 마감을 앞두고 있으면 결코 즐길 수 없다. 아무리 위대한 작가라도 마감 스트레스라는 게 있지 않았을까? 특히 생계가 걸려 있다면 더욱 그랬을 것이다. 미국 연수를 다녀온 뒤에는 스스로 영어 실력을 점검하자는 마음에 토익과 텝스 시험까지 잡았다. 비장한 마음으로 동네 독서실을 시간제로 결제했다. 타이머를 맞추고 문제를 풀다가

어두워질 때쯤 집에 돌아왔다. 나는 내 자신을 끊임없이
들볶고 시험에 들게 하는 아주 피곤한 유형의 사람이었다.

어느 해 봄에 책 세 권의 마감을 거의 동시에 끝냈다.
여름이면 너무 바빠질 것을 알기 때문에 무리해서
밤낮없이 일했다. 허리 디스크가 도질 정도로 힘들었고
몸과 마음 모두 피폐해졌다. 그런데 손에 쥐고 있던
모든 일을 끝내고 나니 갑자기 허탈하고 불안해서 견딜
수 없었다. 하얀 공백으로 비어 있는 주말은 너무나
어색했다. 회사에서 당직을 하거나 아니면 집에서
노트북을 켜고 일하는 데 익숙해진 것이다.

맑게 걷혀야 할 나의 주말은 혼란스러운 안개로
뒤덮였고 정신적인 방황이 찾아왔다. 놀아도 되나 이런
죄책감과 함께 뭔가 새로운 일거리를 찾아야 할 것 같은
마음이 들었다. 나는 완전히 길을 잃었다. 주말이나
연휴 당직을 반기는 선배들을 이해할 수 있게 됐다.
집에 있어도 밀린 청소에, 빨래에, 아이 밥까지 챙겨야
하니 회사가 차라리 천국일지 모른다. 나가서 돈을 벌면
생색이라도 나는데 말이다.

마땅히 할 일이 없어 소파에서 뒹굴다가 우연히
가족과 함께 지하철을 타고 인사동에 갔다. 길을 나설
때는 귀찮고 번거로웠지만 막상 안국역에 도착했을 때는
기대하지 못한 풍경이 기다리고 있었다. 해외 관광객들이
기념품 사러 오는 오래된 장소라고 생각했던 인사동이
힙하게 변신해 있었다. 나이와 성별, 국적을 넘어선
인파로 거리에는 활기가 가득했고 다양한 볼거리와
먹을거리가 5분마다 걸음을 멈추게 했다. 딸은 〈오징어

게임〉의 달고나 만들기에 도전했고 이끼를 이용하는 토피어리 공예에도 참여했다.

인사동에서 조금만 걸으면 낙원상가가 나왔다. 대학 시절 밴드를 처음 시작했을 때 낙원상가에 가서 베이스 기타와 앰프 세트를 샀던 추억이 떠올랐다. 시세를 잘 모르는 초보자에게 바가지를 씌운다는 '낙팔이' 괴담 때문에 밴드 오빠들을 우르르 데리고 갔다. 그 시절은 Y2K 뉴밀레니엄을 맞아 초고속 인터넷과 컴퓨터, 휴대전화, CD플레이어, MD(Mini Disk) 같은 신문명의 파도가 쓰나미처럼 밀려왔다. 미국의 미래학자인 앨빈 토플러가 쓴 『제3의 물결』 같은 책이 여전히 베스트셀러인 시절이었다. 용산전자상가도 호황을 누렸는데 용산에 가면 '용팔이'를 조심하라는 얘기가 불문율처럼 인터넷 게시판에 쏟아졌다.

낙팔이를 물리치고 이것저것 기타를 만져 보고 튕겨 보면서 까다롭게 골랐지만, 어차피 예산이 정해져 있어 선택의 폭은 넓지 않았다. 첫 베이스 기타를 손에 넣었을 때의 기분이란 세상을 다 가진 것만 같았다. 학교 축제는 물론 전 세계적인 음악 페스티벌인 우드스톡이나 후지 록 페스티벌에도 설 수 있을 것 같은 자신감이 몰려왔다. 이후 실력을 쌓아 가면서 연습용 베이스를 처분하고 고가의 베이스로 갈아탔다. 인도 배낭여행을 위해 모으던 적금을 깨서 꿈에 그리던 깁슨 썬더버드를 손에 넣게 된 것이다.

록밴드 생활은 지금 되돌아봐도 대학 생활을 짜릿하게 만들어 준 경험이었다. 무작정 무대에 서는 것이 좋아서 학교 밴드를 하다가 홍대 앞을 기웃거리며 세션도 하고 잠시나마 뮤지션의 생활을 맛봤다. 그러다 직장에 들어가면서 음악과 멀어졌다. 결혼하고 출산한 뒤에는 음악 없는 세상에 살게 됐지만 아직도 베이스는 처분하지 못했다. 언젠가 다시 합주를 하고 무대에 설 수 있는 날이 오지 않을까 하는 기대가 있기 때문이다. 마치 영화처럼 말이다.

옛 생각에 빠져 길을 계속 걷다 보면 저절로 광장시장으로 발길이 향한다. 맛있는 냄새에 우리는 코를 킁킁거리며 각자 먹고 싶은 음식을 골랐다. 남편과 아이의 원픽은 육회와 낙지탕탕이였고 날것을 잘 못 먹는 나는 씨앗호떡 하나면 행복했다. 꿈틀거리는 낙지 다리를 입에 넣고 행복해하는 아이를 보면서 나의 식성을 닮지 않은 것이 신기하다는 생각에 빠졌다.

사회생활을 시작한 뒤 일식집에 자주 가게 되는데 남들은 없어서 못 먹는다는 회에 나는 젓가락이 잘 가지 않는다. 생굴이나 낙지탕탕이, 육회, 생간, 천엽도 마찬가지다. 회를 먹더라도 초장이나 간장, 와사비를 듬뿍 찍어 그 맛으로 먹는다. 살아 있는 살을 씹는 듯한 물컹물컹한 질감이 맘에 들지 않고 회를 아무리 씹어도 맛이 느껴지지 않는다. 사람들은 나에게 강릉 바닷가에서 자랐으면서 어떻게 회를 안 먹냐고 묻는다. 하지만 우리 아버지가 고기 잡는 선장도 아니고 어린 시절에 먹어 본 회라곤 오징어회가 전부였다. 오징어의 질감은 광어나 우럭, 방어 같은 생선들과 다르다.

회 보기를 돌처럼 하는 나 덕분에 회식 때 같은 테이블 사람들이 좋아하듯 우리 가족도 마찬가지다. 아이는 모둠 회 한 접시가 나오면 젓가락을 던지고 손으로 덤빌 정도다. 낙지탕탕이는 혼자서 두 접시를 먹기도 한다. 나는 물회나 가리비, 해삼, 전복 같은 해산물을 시켜 겨우 분위기를 맞추는데, 엄마의 편협한 식성을 초월한 아이를 바라보면 흐뭇한 미소가 나온다.

서울의 봄은 활기차고 아름다웠다. 그다음 주말에는 아이가 그토록 원하던 동대문 완구 거리에 갔고 대학 시절의 추억이 남아 있는 신촌과 홍대 거리도 찾았다. 내가 학교 다닐 때와 달라진 분위기에 놀랄 수밖에 없었다. 엄청난 인파 속에 정신없고 기 빨리는 느낌도 들었지만, 꿈틀거리는 젊은 에너지가 좋았다. 예나 지금이나 홍대에 가면 지금, 이 순간 가장 유행하는 것이 무엇인지 알 수 있었다. 화려한 패션과 신기한 음식, 액세서리 가게가 눈길을 사로잡았다.

어느 날은 한글날 연휴를 맞아 수원 화성에 갔다. 너무 가까워서 오히려 가 보지 못한 곳이었다. 수원의 도심에 걸쳐 있는 과거의 유산은 규모부터 어마어마했다. 아이와 한복을 입고 성곽을 따라 오르락내리락 걷고 또 걸었다. 황금빛으로 쏟아지는 가을 햇살 덕분에 내 안의 축축한 안개가 보송보송하게 말랐다. 해 질 무렵에는 열기구를

타고 하늘로 올라갔다. 어지럽다고 비명을 지르기도
했지만 붉은 저녁 노을이 드리워진 화성은 또 다른
그림으로 그려졌다.

이 시기에 가족과 함께하는 기쁨을 깨닫게 됐다.
안개 속에서 무기력하고 공허하게 널브러져 있던 시간이
따뜻하게 채워졌다. 정신없이 바쁜 시기가 지나고 찾아온
휴식이기에 더없이 귀하게 느껴졌다. 나에게 무진은 바로
이런 것이 아닐까? 소중한 사람들과 잠시 쉬어 가는 시간
말이다.

엄지손가락 두 개를 나란히 붙이고 숫자를 말하며
들었다, 내렸다 하는 우리 시절의 '제로 게임'을 딸과 할
때는 시간 가는 줄 몰랐다. 비록 진 사람의 손목을 세차게
내리치는 벌칙에서 아프다고 소리치고 삐치기도 하지만,
그러는 사이 호떡집의 긴 줄이 줄고 순서가 다가왔다.
인생은 어차피 끝이 정해져 있고 언젠가는 소중한 것들과
이별할 수밖에 없다. 그러니 세상의 속도와 관계없는
나만의 무진을 만들어 행복을 찾는 것이 우선순위다. 딸이
어른이 된 뒤 나와 놀아 주지 않으면 새로운 무진으로
떠나면 된다. 무진은 한자리에 머물러 있지 않는다.
그만큼 우리 삶은 무궁무진한 기회로 가득 차 있다.

D. H. 로렌스는 『채털리 부인의 연인』 도입부를
이렇게 시작한다.

> 우리 시대는 본질적으로 비극적이어서 우리는 이
> 시대를 비극적으로 받아들이려 하지 않는다. 엄청난
> 격변이 일어나 폐허의 한가운데에 서 있는 우리는

새로운 터전을 마련하고 작게나마 새로운 희망도
품어 본다. 그런데 이는 상당히 어려운 일이다. 미래로
나아가는 순탄한 길이 이제는 없기 때문이다. 그러나
우리는 돌아서 지나가든 기어올라 넘어가든 장애물을
지나고야 만다. 하늘이 무너진다 해도 어떻게든 살아
나가야 하는 것이다.
―『채털리 부인의 연인』, 7쪽

마치 다가올 비극, 아니 희망을 암시하는 듯한 문장이다.
채털리 부인은 집도, 직위도, 돈도 버리고 폐허에서 다시
작은 희망을 일군다. 마찬가지로 런던 스모그 이후 인류는
거대한 비극을 넘어 새로운 시대를 맞이했다. 작가는
삶이 비극적이라고 말하면서도 한없는 애정과 희망을
보여 준다. 하늘이 여러 번 무너진다고 해도 살아 나가야
한다는 목소리를 소설의 가장 앞부분에서 들려주고
있으니 말이다.

작가의 말대로 우리는 살아 나가야 한다. 장애물을
돌아서 가거나 기어 넘어가는 한이 있어도 결코 삶을
포기하지 말았으면 좋겠다. 삶이 너무 힘들 때는 무진에
머물며 안개가 걷히길 기다리자. 그렇게 시간이 조금만
흐르면 평생 꿈꾸던 찬란한 순간이 안개를 뚫고 햇살처럼
펼쳐질 것이다. 소설 속이든 현실이든 영원한 안개는
없으니까.

태양을 지워 버린 모래 폭풍

먼지
『분노의 포도』

――――― 욕망이 드리운 재앙의 그림자 ―――――

소설을 펼치자마자 자욱한 흙냄새가 나는 것만 같다. 먼지 폭풍이 거대한 태양을 지우고 세상은 암흑으로 변했다. 숨 쉴 때마다 까슬까슬한 모래가 입과 코로 사정없이 밀려든다. 잿빛 하늘에 지독한 폭염과 가뭄이 작렬하던 시대, 이보다 더 절망적인 상황이 어디 있을까. 미국 작가 존 스타인벡은 대공황과 모래 폭풍으로 암흑의 시대가 돼 버린 1930년대 농민들의 이야기를 소설 『분노의 포도』에서 그리고 있다.

> 오클라호마의 적토 지대와 흑토 지대에 마지막 비가 부드럽게 내렸다. 그러나 상처투성이 대지를 더 파헤치지는 않았다. 빗물이 흘러간 자리를 쟁기가 몇 번 왔다 갔다 했다. 이 마지막 비로, 옥수수는 부쩍 자라고 잡초 더미와 풀은 양쪽 여기저기에 우거져 잿빛 땅과 검붉은 땅이 푸른 덮개 밑에 자취를 감추기 시작했다.
> ― 존 스타인벡, 『분노의 포도』, 맹후빈 옮김, 홍신문화사, 2012, 7쪽

미국 중부의 광활한 땅, 오클라호마가 바로 700페이지에 이르는 대서사시가 펼쳐지는 첫 무대다.

오클라호마가 있는 대평원은 토네이도가 자주 통과하는 골목으로도 유명하다. 비가 내린 뒤 땅이 부드러워지는 시점에 맞춰 농부는 부지런히 쟁기질하고 생명수를 받아먹은 옥수수는 쑥쑥 자란다.

농사의 팔 할이 날씨라고 농부는 매 순간 하늘을 쳐다보지 않을 수 없다. 봄에 씨앗을 심고 비가 내리지 않으면 싹을 제대로 틔울 수 없다. 한창 자라나는 시기에 뜨거운 햇볕이 사정없이 쏟아지면 어린 옥수수 잎사귀가 축 늘어져 버린다. 소설은 시시각각 변하는 날씨와 옥수수의 상태를 주의 깊게 살피는 농부의 시각을 보여 준다.

비구름 뒤에 불어온 산들바람은 구름을 북쪽으로 몰아내 버린다. 말라 가는 옥수수는 사각사각 소리를 낸다. 나는 어린 시절 강원도 산골에서 옥수수밭을 보면서 자랐기 때문에 어떤 소리가 들렸을지 상상할 수 있다. 길쭉한 옥수수 대와 이파리가 바람에 흔들릴 때는 마치 대나무 숲처럼 울부짖는다.

소설 속에서 바람은 시간이 갈수록 더 억세지고 강력한 돌풍이 일상이 된다. 옥수수는 바람을 채찍질하며 메마르고 다급한 소리를 낸다. 밭에서는 진흙 딱지가 부서져 흙먼지로 솟구치고 먼지로 이뤄진 거대한 띠는 거무스름한 연기처럼 느릿느릿 허공에 피어오른다.

마지막 비가 지난 뒤 바짝 메마른 대지에는 거친 바람만 휘몰아친다. 먼지와 섞인 공기는 우유처럼 뿌옇게 흐려졌다. 동이 터도 낮이 찾아오지 않고 잿빛 하늘에 희미한 붉은 덩어리가 간신히 나타났다 사라질 뿐이다. 밤에는 더욱 캄캄한 암흑이 세상을 지배한다. 짙은 모래 폭풍에 별빛조차 가려지고 지척을 분간할 수 없다. 사람들은 집 안에만 모여 있었고 밖에 나갈 때는 수건으로 코를 가리고 먼지막이 안경을 썼다.

    1930년대 미국 중부 대평원에 찾아온 기록적인 모래 먼지는 '더스트 볼(Dust Bowl)'이라고 불린다. 우리말로 '먼지 구덩이' 정도로 이해하면 된다. 우리나라의 황사나 미세먼지를 떠올리면 되는데 먼지 폭풍의 강도와 지속 시간, 영향은 비교할 수 없을 정도였다.

> 아침에 보니 흙먼지가 안개처럼 자욱했고, 태양이 선혈처럼 새빨갰다. 온종일 흙먼지가 체로 친 듯 공중에서 흘러내렸고, 다음 날도 흘러내렸다. 대지가 마치 매끈한 담요를 덮은 것만 같았다. 지붕에도 먼지가 내려앉고 잡초와 나무 위에도 내려앉았다. 옥수수 위에도, 울타리 말뚝 위에도, 가시줄에도 쌓였다.
> ― 『분노의 포도』, 10쪽

1930년대 초부터 중반까지 미 중부에 지속된 극심한 가뭄과 폭염, 인간에 의한 토양 황폐화가 합쳐지면서 최악의 모래 먼지를 불러왔다. 축복의 땅으로 불리던 미국 중남부의 대평원은 사막처럼 변했고 한순간에 버려진 땅으로 전락했다. 더스트 볼 피해를 입은 지역은 약 40만

4,700제곱킬로미터로 한반도 면적의 1.8배에 이르는 것으로 추정된다.

    소설은 더스트 볼로 척박해진 오클라호마를 떠나 캘리포니아로 이주하는 조드 일가의 험난한 여정을 풀어낸다. 캘리포니아에서 농민에게 높은 품삯을 준다는 소문에 고향을 떠났지만, 천신만고 끝에 도착한 곳은 빈농들만 득실대는 지옥이었다. 희망은 박살 나고 예상치 못한 삶의 급류 속으로 휘말리게 된다.

    캘리포니아에선 갑작스럽게 많은 이주민이 몰려들며 사회적인 혼란이 가중되고 있었다. 책에는 "오키란 전에는 본래 오클라호마 출신이라는 뜻이었지만 이젠 더러운 개새끼라는 뜻으로 쓰인다오. 오키는 인간쓰레기라는 뜻이오"라는 대목이 등장한다. 당시 외지에서 온 사람을 출신에 상관없이 '오키(Oki)'라고 부를 정도였는데, 얼마나 많은 오클라호마 사람들이 캘리포니아로 이주했는지 짐작할 수 있다.

    오키들은 떠나올 때의 기대와 달리 캘리포니아의 빈민층으로 전락하고 말았다. '더러운 개새끼'나 '인간쓰레기'로 불리며 멸시당하는 일도 많았을 것이다. 불행한 일부는 이주 과정에서 목숨을 잃었고 운 좋게 살아남았더라도 모래 폭풍으로 심각한 호흡기 질환에 시달리게 됐다. 겨우 몇 센트를 일당으로 받으며 과수원이나 농장에서 고된 노동을 했는데, 그마저도 일감이 부족했다. 이주자에게 쏟아지는 냉혹한 편견도 감당해야 할 장애물이었다.

    소설은 미국 대공황 시기를 배경으로 하고 있다.

1920년대 중반 농업의 기계화가 이뤄지면서 트랙터 한 대면 열두 가구 몫의 땅을 일굴 수 있게 됐다. 밀 생산량이 급증했고 사회 전반에 넘치는 풍요가 찾아오는 것처럼 보였다. 기계화에서 소외된 작은 농장의 주인이나 소작농에게는 암흑기였지만 말이다. 그러나 밀의 과잉 생산은 가격 폭락이라는 역풍을 불러와 대공황의 방아쇠를 당겼다.

    1929년 10월 24일(검은 목요일)과 10월 29일(검은 화요일) 미국 뉴욕 주식 시장은 연이은 대폭락으로 휘청거렸다. 세계 경제는 최악의 파국을 맞는다. 1932년 미국의 총 노동 인구 3분의 1에 해당하는 천만 명이 실업 상태에 놓이게 됐다. 농민들은 땅을 잃고 빈민굴을 떠도는 신세로 전락했다. 여기에 이상 기후까지 겹치면서 비극이 극대화됐다. 작가의 표현을 빌리면 "100만 에이커를 가진 한 사람의 대지주를 위해 10만 명이 굶주리는 시대"였다.

    더스트 볼은 언뜻 자연 재난처럼 보이지만 사회 재난에 가깝다. 우리나라에서 황사는 자연 재난으로 분류돼 기상청에서 예보하고 미세먼지는 사회 재난으로 환경부가 감시한다. 자연 유래 물질인 황사와 달리 미세먼지는 석탄 화력 발전소와 공장, 내연 기관에서 배출되는 인위적인 오염 물질이기 때문이다. 평온했던 미국 대평원에 갑자기 기록적인 더스트 볼이 밀려온 것은 결코 자연의 섭리가 아니었다. 아무리 당시 기후가 이례적으로 고온·건조했다고 가정해도 말이다.

1862년 미국 정부는 미개발 토지를 한 구역당 20만 평씩 제공하겠다는 내용의 '자영 농지법(Homestead Act)'을 제정했다. 미국 서부 영화에서 본 것처럼 수많은 개척자들이 땅을 차지하러 몰려들었고 풀로 가득하던 목초지가 농지로 탈바꿈했다. 탄력을 받은 미 정부는 공짜로 주는 땅을 두 배로 늘렸고 농부들은 앞다퉈 땅을 갈아엎고 농작물을 심었다. 미 중부의 온화한 기후 덕분에 밀과 목화를 1년 내내 수확할 수 있었다.

좋은 시절은 짧았다. 단단한 뿌리로 흙을 잡아 주던 잡초가 모조리 사라진 땅은 뜨거운 폭염과 가뭄에 고스란히 노출돼 점점 메말라 갔다. 불과 몇 년 만에 황무지로 변했다. 사람들도 알고 있었다. 먼지가 일기 전까지는 옥수수 농사가 참 잘됐다는 사실을 말이다. 초기 다섯 해 정도는 풍년이 들기도 했는데 잡초가 무성했을 때였다. 땅을 쉼 없이 몰아붙인 것도 지력을 약하게 만들었다.

다들 땅이 해마다 메말라 간다는 것을 알고 있을 거야. 목화가 땅을 어떻게 만든다는 것을 알고 있겠지. 토지가 점점 나빠진다는 거야. 쭈그리고 앉은 축들은

끄덕거렸다. 알고 있죠. 그건 정말입니다. 농작물을 윤작만 할 수 있어도 다시 땅에 피를 쏟아 넣어 줄 수 있을 텐데요.
— 『분노의 포도』, 51쪽

재난은 여기서 끝이 아니었다. 말라 버린 흙 입자가 돌풍이 불 때마다 공중으로 떠오르기 시작한 것이다. 모래 폭풍은 점점 더 많은 먼지를 빨아들여 규모가 커졌고 무려 수 킬로미터 고도까지 치솟기도 했다. 1935년 4월 14일 미국 역사상 최악의 모래 폭풍이 오클라호마와 캔자스, 콜로라도, 텍사스 일대를 덮쳤다. 남아 있던 마지막 농작지마저 모조리 말라 버렸고 가축들은 질식사했다. 7,000명 넘는 사람들이 목숨을 잃었고 이재민도 50만 명에 달했다.

'검은 일요일(Black Sunday)'로 불리는 이날의 더스트 볼은 소설 『분노의 포도』에 나오는 것처럼 250만 명 이상의 주민들이 대평원을 떠난 결정적인 계기가 됐다. 뉴욕 증권 시장뿐만 아니라 사람들이 사는 마을에도 검은 재앙의 그림자가 드리운 것이다. 어쩌면 대공황과 더스트 볼의 출발점은 모두 인간의 끝없는 욕망이 아니었을까.

사람들의 눈에 패배의 빛이 떠오르고 굶주린 사람들의 눈에 분노가 서린다. 사람들의 마음속에 분노의 포도가 한가득 가지가 휘게 무르익어 간다. 수확의 때를 향하여 알알이 더욱 무르익어 간다.
— 『분노의 포도』, 535쪽

미국인 질식시키는 위험한 스튜?

더스트 볼의 비극은 끝났지만 3억 명이 넘는 인구와 큰 경제 규모를 지닌 미국은 여전히 대기 오염에 시달리는 나라다. 특히 뉴욕이나 로스앤젤레스 하면 엄청난 인파와 차량이 떠오르듯 대도시를 중심으로 지독한 스모그가 이어졌다. 그러나 미국 정부의 적극적인 환경 규제 덕분에 대기질이 뚜렷하게 개선돼 왔다.

1970년 이후 미국에서 강화된 대기 오염 방지법이 의회를 통과하면서 이산화질소를 비롯한 여섯 가지 대기 오염 물질이 최대 50퍼센트 이상 감소했다. 화학 공장과 정유 공장 등 대규모 산업 단지에서 발생하는 독성 물질은 약 70퍼센트 줄었다. 대기 오염 물질 배출을 90퍼센트 이상 저감한 친환경 차량이 출시됐고 오존층을 파괴하는 화학 물질은 대부분 생산이 중단됐다.

같은 시기 미국 국내 총생산(GDP)은 세 배로 증가했고 에너지 소비량은 50퍼센트 증가했으며 차량 사용률은 200퍼센트 증가했다. 경제 규모를 무조건 줄이지 않아도 강력한 환경 규제와 환경 친화적인 경제로의 전환을 통해 대기 오염을 막을 수 있다는 것을 보여 주는 사례다.

미국 환경보호청에 따르면 초미세먼지 평균 농도 역시 장기적으로 줄어드는 경향을 보이고 있다. 2000~2021년 사이 감소 폭이 37퍼센트에 달하는데, 2016년 이후 연평균 농도는 $8\mu g/m^3$(세제곱미터당 마이크로그램) 정도를 유지하고 있다. 환경보호청이

정한 연간 환경 기준치인 12μg/m³을 밑돌고
세계보건기구(WHO)의 권고치 5μg/m³보다는 조금
높은 수준이다.

　　그러나 최근 생각하지 못한 변수가 등장했다. 미
서부에서 대규모 산불이 급증하며 대기질을 악화시키는
문제가 불거지고 있기 때문이다. 2022년 영국의 과학
저널 『네이처』에는 「위험한 대기 오염 스튜가 미국을
질식시키는 방법」이라는 글이 실렸다. 미국 서부 지역의
극심한 산불이 대기를 오염시키고 미국인의 건강을
위협한다는 내용이었다.

　　2020년 9월 미국 서부에 우뚝 솟아 있는
캐스케이드산맥 주위로 수십 건의 산불이 발생했다. 3일
만에 강원도 면적의 4분의 1 정도가 잿더미로 변했고
태평양에 접한 미국 북서부 오리건주의 하늘이 붉게
물들었다. 매캐한 공기가 2주 정도 오리건주를 에워쌌고
응급실 방문이 한 달 전보다 38퍼센트 증가했다.

　　워싱턴주와 캘리포니아주에서도 대기질
지수(AQI)가 300 이상으로 치솟았다. AQI 지수는
0부터 500까지이며 300을 넘으면 모두에게 위험한
수준으로 여겨진다. 오리건주 남동쪽에서는 AQI 지수가
최대 642에 도달하기도 했다. 대기 오염 물질은 미국
서부에만 머물지 않고 동부 해안까지 퍼져 나갔다.

　　자동차도, 공장도, 화력 발전소도 아닌 산불 때문에

미국의 대기질은 지난 5년간 한 번도 들어 본 적 없는 최악의 수준으로 떨어지고 말았다. 기후 위기로 잦아진 산불 때문에 다 잡은 미세먼지를 놓치게 생겼다. 과거에 만들어진 대기 오염 방지법은 달라진 상황에 더 이상 효과를 발휘하지 못하고 있다.

2011~2020년까지 위성 관측 자료를 통해 미국의 대기질이 전반적으로 나빠진 것을 알 수 있다. 특히 미국 서부를 중심으로 심각한 매연 일수가 1년에 최대 4일 증가했다. 초미세먼지 농도 역시 미국 서부와 북서부 아홉 개 지역에서 2016년을 기점으로 다시 고개를 들고 있다.

2022년 캐나다 맥길대 연구 팀이 200만 명을 20년 동안 추적 조사해 산불이 건강에 미치는 영향을 분석했다. 지난 10년 동안 주거지에서 50킬로미터 이내의 산불에 노출된 적이 있는 경우 그렇지 않은 집단보다 폐암 발병률이 10퍼센트 높았다. 뇌종양 발병률도 상대적으로 높게 나타났다. 초미세먼지를 비롯한 대기 오염 물질은 조용한 살인자로 불린다. 미국은 1950년대 로스앤젤레스 스모그를 겪은 뒤 최악의 오염 도시라는 오명에서 벗어났지만 잇따르는 산불로 다시 위기에 봉착했다.

기후 변화로 거세진 폭염과 가뭄, 잇따르는 산불은 모두 미세먼지 등 대기 오염을 악화시키고 건강에 악영향을 준다. 이러한 현상을 '기후 페널티(Climate Penalty)'라고 부른다. 인간에 의해 정상 범주를 벗어난 기후가 결국 다시 인간에게 거대한 '벌칙'으로 되돌아온다는 뜻이다.

2022년 9월 페테리 탈라스 세계기상기구(WMO) 사무총장은 "폭염의 빈도와 강도의 증가는 이번 세기 산불을 증가시킬 뿐만 아니라 대기질 악화로 인간의 건강과 생태계에 해를 끼칠 것"이라고 말했다. 기후 페널티가 지구 수억 명의 사람에게 부과될 것이라고 경고했다. 1930년대 미국을 휩쓸고 지나간 더스트 볼의 악몽이 재현될 수 있다는 의미다. 소설 속 먼지 폭풍은 과거보다 훨씬 파괴적인 위력으로 인류를 위협할 강력한 변수로 떠올랐다.

—— 기후과학 부정론자가 가장 좋아하는 '더스트 볼' ——

2023년 여름 미국인들은 유례없는 폭염의 파괴력을 생생하게 느끼고 있었다. 최장 라니냐가 물러가고 엘니뇨 국면으로 접어들면서 지구의 평균 기온이 날마다 위태롭게 상승하던 시기였다. 미국에선 남부와 서부, 중부를 가리지 않고 강력한 열돔 고기압이 정체하며 극한 폭염을 몰고 왔다. 언론도 재빠르게 움직였다. 『뉴욕타임스』와 『워싱턴 포스트』 같은 진보 매체는 폭염에 미친 기후 위기의 영향을 심층적으로 보도했다.

그러나 보수 진영으로 대표되는 『폭스 뉴스』는 전혀 다른 시각의 뉴스를 무더위가 절정이던 시기에 내보냈다.

미국이 강력한 폭염을 경험하고 있다는 사실에는 의심의 여지가 없지만 전 지구의 기후 변화가 파국으로 돌진하고 있다고 믿을 만한 증거는 어디에도 없다는 주장이었다. 이를 뒷받침하는 근거로 정부와 학자들이 지난 100년 넘게 폭염을 추적한 자료라면서 그래프 하나를 제시했다.

미국 환경보호청이 48개 주의 연간 폭염 지수를 집계한 그래프로 언뜻 보기에도 1930년대가 가장 높게 나타난다. 『폭스 뉴스』는 1930년대는 어느 해라도 지금보다 폭염 지수가 네 배 이상 높았다고 강조한다. 기후 변화가 심각하지 않았던 1930년대의 폭염이 지금보다 더했다는 소리인데, 결국 지금의 폭염이 기후 변화의 결과가 아니라는 뜻이다.

『폭스 뉴스』는 또, 1948년 이래로 미국 전역에서 매일 온도를 관측하는 미 국립해양대기청(NOAA)이 미국 중서부와 북부, 텍사스 동부에서 무더운 날이 비정상적으로 감소하는 징후를 포착했다고 보도했다. 미 국립해양대기청의 데이터를 분석한 기상 전문가의 말을 인용해 캘리포니아와 뉴욕 등 미국의 일부 지역에서 지난 70년 동안 극한 더위가 증가한 것은 맞지만, 전체 기상 관측소의 81퍼센트에서는 의미 있는 변화가 발견되지 않았다고 말했다.

『폭스 뉴스』는 폭염에 의한 위기는 없다며 오히려 다른 언론들이 입맛에 맞는 데이터만 골라서 편협적이고 무책임한 기사를 쓴다고 비판했다. 그러면서 상대적으로 서늘했던 1970년과 비교하면 지금의 기온이 비정상적으로 높게 보이는 착시 효과가 일어날 수밖에 없다고 주장했다. 과연 어느 쪽이 진실일까? 시청자의 입장에선 혼란스러울 수밖에 없다.

『폭스 뉴스』에서 인용한 1930~1936년은 미국 대평원에 역사상 가장 심각한 가뭄과 더위가 찾아온 시기가 맞다. 그 결과 치명적인 더스트 볼이 밀려왔다는 사실을 우리는 알고 있다. 1936년 여름 기상 자료를 들춰 보면 오클라호마와 캔자스에서 45도가 넘는 폭염이 지속되는 등 기록이 속출했는데 당시 극한 폭염은 지독한 가뭄과 연결 고리가 있었다. 1930년대 초 가뭄으로 식물들이 말라 죽기 시작했고 식생이 사라진 대평원은 용광로처럼 달아올랐다.

『폭스 뉴스』의 보도가 있기 1년 전인 2022년 7월 22일 『워싱턴 포스트』는 "더스트 볼이 기후과학을 부정하는 사람들이 가장 좋아하는 일화"라고 비판했다. 실제로 트럼프 대통령을 보좌했던 스티브 밀로이는 2022년 폭염에 시달리고 있던 미국 대평원에 대해 "2022년 7월 20일은 확실히 미국에서 더웠다. 하지만 1934년 7월 20일만큼 덥지는 않았다"고 말했다.

더스트 볼 시기 미국에 기록적인 폭염이 찾아온 것은 맞지만 그 원인이 농경지 개간에 의한 인위적인 가뭄이었고 전 지구적으로 봤을 때 매우 작은 비율에 불과하다고 『워싱턴 포스트』는 반박했다. 당시 이상 고온 현상이 미국 대평원과 캐나다 대초원에 국한됐다는 점을 지적한 것이다.

하지만 지금은 상황이 다르다. 관측 이후 가장 더운 해가 2015년부터 10년 연속 집중됐고 지구가 따뜻해지고 있다는 사실은 더 이상 부정할 수 없다. 인위적인 기후 변화 때문에 최근 극한 폭염의 발생 가능성이 열 배 더 높아졌다는 연구 결과도 있다.

―――――――― 기후 변화는 좌파의 종교다? ――――――――

기후 위기라는 이슈는 흔히 과학의 영역에 놓여 있는 것처럼 보인다. 유엔 산하 세계기상기구나 기후 변화에 관한 정부 간 협의체(IPCC)만 해도 전 세계 저명한 과학자들로 구성된 조직이다. 그러나 숫자와 그래프, 방정식만으로 설명하기에 기후는 너무 광범위하다. 기후는 과학인 동시에 정치이며 문화이고 사회, 경제, 환경, 생명, 재난 등 우리 사회의 모든 영역과 긴밀하게 연결돼 있다. 그만큼 사람들의 관심도 뜨겁고 이해관계도 복잡하다.

산업화 이후 파죽지세로 진행된 지구 가열의 원인이 인위적인 온실가스 배출이라는 점은 2023년 발표된 IPCC 6차 종합 보고서를 통해 마침표를 찍었다. 이제 2050년 탄소 중립을 위해 인류가 다 함께 노력해야 할 때지만 여전히 미국의 보수 정치인과 언론은 기후 이슈를 당파적으로 이용하는 습관을 버리지 못했다. 미국에선 2024년 대선을 계기로 기후 변화 부정론이 다시 고개를 들고 있다.

지구 온난화에 대한 회의론 또는 부정론은 과거 트럼프가 즐겨 사용하던 해묵은 기법이다. 2018년 11월 22일 미국의 추수 감사절을 앞두고 100년 만의 한파가 예보되자 트럼프는 이런 글을 트위터에 올렸다. "무자비하고 긴 한파가 모든 기록을 갈아 치울 수 있다. 지구 온난화는 도대체 어떻게 된 거냐?"

민주당의 의원들은 날씨와 기후는 다르다며 과학을 이해하지 못하는 트럼프의 무지는 미국 전체의 손실이라고 말했다. 과연 트럼프는 날씨와 기후가 다르다는 사실을 진짜 몰라서 이런 발언을 한 걸까. 그의 마음속에 들어가 볼 수는 없지만 기후 회의론이 정치적으로 안겨 주는 이득이 크다고 판단해서 나온 계산된 행동일 수 있다.

과학을 이해하지 못한 듯한 '무지'한 발언을 이어 가던 트럼프는 취임 첫해인 2017년 6월 파리협정에서 탈퇴하겠다고 선언했다. 미국의 경제적 이익과 기업 경쟁력 강화가 이유였다. 미국의 일방적인 탈퇴에 전 세계는 충격에 빠졌다. 파리협정은 2015년 유엔 기후변화협약 당사국총회에서 채택됐으며 지구의 평균 기온 상승 폭을 산업화 이전보다 가급적 1.5도 이하로 제한하는 것을 목표로 한다. 미국은 2016년 4월 오바마 대통령의 서명으로 참여했다.

그러나 중국에 이어 온실가스 배출량이 두 번째로

많은 미국에게 파리협정은 규제로 얼룩진 가시밭길로 비쳤을 것이다. 위대한 미국을 재건하겠다는 구호로 당선된 트럼프는 국익에 해가 된다면 어떤 방해물이라도 제거하겠다는 신념을 밀고 나갔다. 기후 변화를 사사건건 부정하는 언급을 일삼더니 파리협정 탈퇴에, 전임 오바마 행정부의 기후 정책까지 모조리 뒤집어 버렸다. 석탄 화력 발전소의 조기 폐쇄가 백지화되고 자동차 연비 규제는 완화됐다. 반면 재생 에너지에 대한 지원은 줄었다.

엄중해야 할 국제 협정의 가입과 탈퇴가 번복됐고 퇴출 위기였던 화석 연료가 돌연 부활하면서 대기 중 온실가스 배출량을 끌어올렸다. 다행히 바이든 행정부로 오면서 기후 위기 대응의 시계가 되돌아왔지만 안심하기에 너무 일렀던 걸까. 2025년 트럼프가 다시 미국의 대통령으로 돌아오면서 국제 사회는 기후 암흑기에 접어들고 있다. 하필이면 2024년은 전 지구 평균 기온이 산업화 이전과 비교해 처음으로 1.5도 마지노선을 넘어선 해였다. 그럼에도 불구하고 트럼프 행정부는 파리협정을 재탈퇴하고 개발도상국의 기후 재난 피해를 보상하기 위한 '손실과 피해 기금'에서도 철수를 선언했다.

트럼프 대통령의 경제 고문인 스티븐 무어는 2024년 초에도 "기후 변화는 과학이 아니라 종교"라는 발언을 했다. 기후 변화는 좌파의 종교이며 이에 맞서 싸워야 한다는 주장까지 덧붙였다. 화석 연료 기업의 자금을 지원받는 여러 연구소에서 일한 경력이 있는 무어는 기후 변화 부정론자로 유명하다. 전 세계의 기후 위기 대응은 미국의 행보에 좌우될 수밖에 없다.

정치적 상황은 혼란스럽지만, 다행스럽게도 대중의 인식은 오히려 선명해지고 있다. 보수 정당과 수구 언론의 필사적인 공세에도 불구하고 사람들은 극한 기후에 대한 자신의 경험을 점점 더 신뢰하고 있다. AP통신의 여론 조사에 따르면 2023년 여름의 폭염과 극단적인 재난 이후 대다수의 미국인들이 기후 변화의 영향을 느꼈다고 답했다.

미국인 열 명 중 약 아홉 명(87퍼센트)은 지난 5년 동안 가뭄과 폭염, 폭풍, 산불, 홍수 등 극심한 기상 현상을 한 번 이상 경험했다고 답했다. 전체의 75퍼센트는 기후 변화를 원인으로 지목했다. 응답자의 65퍼센트는 기후 변화가 자신의 삶에 큰 영향을 미쳤거나 앞으로 미치게 될 거라고 말했다. 응답자의 92퍼센트가 지난 몇 달 동안 더운 날씨나 폭염의 영향을 받았다고 대답했다. 당시 애리조나 등지에 이어진 장기 폭염이 영향을 준 것으로 보인다. 미국 성인 열 명 중 여섯 명은 산불로 발생한 연기가 자신에게 많은 영향을 미쳤다고 생각했다. 2023년은 캐나다에 유례없는 대형 산불이 잇따랐고 미국 남부까지 대기질 경보가 내려진 해였다.

그러나 정치적인 성향에 따라 답변은 차이를 보였다. 극한 기후를 경험했다고 답한 사람 가운데 민주당 지지자의 93퍼센트는 기후 변화가 원인이라고 확신한 반면 공화당 지지층의 경우 그 비율이 절반 수준인

48퍼센트에 불과했다. 민주당을 지지하는 열 명 중 아홉 명은 기후 변화가 일어나고 있다고 말했지만, 공화당은 의견이 갈렸다. 전체의 49퍼센트는 기후 변화가 일어나고 있다고 답했으나 나머지 26퍼센트는 그렇지 않다고 부정했고 25퍼센트는 확신하지 못했다.

기후 변화 커뮤니케이션을 연구하는 학자들은 과학적 사실만으로 사람들의 마음을 바꿀 수 없다고 말한다. 수치와 그래프로 표현되는 기후 위기는 삶에 직접적으로 와닿지 않기 때문이다. 다만 신뢰하는 언론이나 기관이 기후 위기를 적극적으로 알리고 나선다면 사람들의 마음이 변할 가능성이 높다고 주장한다.

미국의 『뉴욕 타임스』와 『워싱턴 포스트』, 영국의 『가디언』 등 주요 미디어는 기후 관련 뉴스를 심층적으로 꾸준히 보도하고 자사 뉴스의 구독자를 확대하는 일에 적극 나서고 있다. 언론에 대한 신뢰가 높아질수록 기후 위기의 심각성을 인식하고 행동하려는 대중의 의지도 높아질 것이다. 그 말은 기상전문기자인 나의 역할이 얼마나 중요한지 말해 준다.

―― 현재도 진행 중인 사막화, 인터스텔라가 현실로? ――

사하라 사막은 지구에서 가장 거대한 사막이다. 그런데 사하라 사막은 항상 사막이었을까? 약 1만 년 전 신생대

제4기 마지막 빙하기가 끝났을 때만 해도 사하라 사막은 푸른 초원이었다. 비가 많이 오고 열대 지방에 서식하는 하마나 악어 같은 동물들이 있을 정도였다. 그러나 5,000년 전을 기점으로 점점 뜨겁고 건조해지더니 황폐하게 변한 것으로 추정된다.

사하라를 불모지로 만든 것은 지구 자전축의 변화였다. 지구는 하루에 한 바퀴씩 자전하는데, 자전축의 기울기가 약 4만 1,000년을 주기로 21.5도에서 24.5도 사이로 변한다. 세르비아의 수학자였던 밀란코비치는 지구 자전축 기울기의 변화로 지구에 빙하기와 간빙기 같은 주기적인 기후 변화가 찾아왔음을 증명했다. 지구의 자전축이 얼마나 기울여졌느냐에 따라 햇볕이 들어오는 양이 달라지기 때문이다.

1930년대 미국의 더스트 볼이 유례없이 심각했던 것이 사실이지만 지금도 비슷한 광경이 펼쳐진다. 중국 베이징에 몰아친 먼지 폭풍은 한반도까지 바람을 타고 날아온다. 인도에선 코로나19 시기를 제외하고는 짙은 스모그가 떠나지 않고 있다. 인간에 의한 산업화와 기후 위기가 사막화와 대기질 악화를 초래하고 있다. 농작물 생산과 가축 사육을 위해 숲과 초지를 개간하면 황폐해진 땅은 급속히 사막화한다. 그 피해는 우리에게 먼지 폭풍으로 되돌아온다.

최근 우리 주변에선 '사막화의 세계화'가 진행되고 있다. 중앙아시아나 아프리카처럼 건조 기후 지역뿐만 아니라 전 세계에서 사막화가 일어나고 있다는 뜻이다. 더스트 볼이 휩쓸었던 미국은 이제 남서부를 중심으로 해마다 가뭄이 찾아오고 있다. 미국 국토에서 사막화가 진행되고 있는 면적은 전체의 30퍼센트에 이른다.

남부 유럽 역시 폭염과 가뭄, 산불이라는 삼중고에 시달리고 있다. 특히 스페인은 사막화가 진행된 면적이 전체 국토의 20퍼센트에 달할 정도인데, 기후 위기가 심각해지면 2100년에는 나라 전체가 사막으로 변할 거라는 전망도 나왔다.

중국에서도 사막화의 속도가 빨라지고 있다. 중국 내몽골 자치구에 있는 후룬베이얼과 커얼친은 1950년대 이전까지만 해도 풀이 무성한 초원이었지만 중국 정부가 대규모 개간을 하면서 모래사막으로 변했다. 농사를 짓기 위해 무리하게 땅을 일구고 가축을 기른 데다가 기후 변화의 영향까지 더해졌기 때문이다. 1930년대 미국 대평원에서 있었던 일이 지금도 반복되고 있는 것이다.

몽골 역시 국토의 80퍼센트 정도가 사막이거나 사막화에 직면해 있다. 날씨가 나날이 건조해지며 봄철 가뭄과 황사가 잦아지고 여름에는 폭우와 산사태, 겨울에는 혹독한 한파로 가축이 얼어 죽고 있다. 사시사철 거세지는 기상 이변에 정확한 날씨 예보와 재난에 대한 대비가 절실하지만 현실은 열악하기만 하다.

기상청과 함께 몽골에 간 적이 있다. 기상청은 몽골에 자동기상관측장비(AWS)를 설치하고 수치 예보 기술을 지원해 주는 사업을 하고 있다. 이러한 활동을 공적 개발

원조(ODA) 사업이라고 부른다. AWS는 자동으로 기온과 기압, 풍속, 강수량, 습도 등을 관측하는 장비로 우리나라에선 전국 500여 곳에 설치돼 있다. 기상 관측소가 많으면 많을수록 좋겠지만 비용과 인력이 많이 필요하기 때문에 AWS가 유용한 대안이 될 수 있다. 나도 방송을 할 때 관측소가 없는 곳은 AWS 자료를 사용한다.

    한국에선 흔하디흔한 AWS가 몽골에선 귀한 대접을 받고 있었다. 내가 방문했을 때 몽골 전역에 우리 기상청이 설치한 AWS는 30곳이 조금 넘었다. 메마른 사막에 우뚝 서 있는 날씨 관측탑을 보니 국경을 넘어선 기상 협력에 마음이 뭉클했다. 몽골 고비 사막에는 황사 감시탑도 설치돼 있다. 자료는 양국이 실시간으로 공유하고 있다. 몽골은 자기 나라 날씨를 관측할 수 있어서 좋고 우리는 서풍에 실려 다가올 비와 구름, 황사 예측의 정확도를 높일 수 있어 좋다. 일거양득, 누이 좋고 매부 좋고 아닌가. 물론 중국과도 기상 협력이 강화된다면 더 좋겠지만 말이다.

    몽골 테를지 국립공원에서 AWS를 취재한 뒤 몽골 기상청 분들의 대접을 받게 됐다. 야외에 마련된 테이블 위로 허르헉이라는 요리와 보드카가 나왔다. 허르헉은 항아리에 양고기와 감자, 당근 같은 야채를 뜨겁게 달군 돌과 함께 넣어 익히는 음식이다. 처음 먹어 보는 음식이라 경계심이 컸지만 적당히 그을린 고기와 야채가 너무 맛있어서 배가 터질 때까지 먹었던 기억이 난다.

몽골에서는 술 인심이 어찌나 후한지. 보드카를 잔에 따라 준 뒤 원샷하면 술잔이 비워지기가 무섭게 다시 채워졌다. 사막에서 펼쳐지는 바비큐 파티에 온갖 날벌레들이 날아들었다. 냄새에 환장한 파리가 음식에 달려들면 팔을 연신 휘저으며 잘도 먹었다. 내 인생 가장 리얼한 야생의 식사였다. 지금도 몽골 하면 뿌연 모래 먼지와 사막, 그리고 몽골 기상청의 순수한 사람들이 떠오른다.

전 지구적으로 해마다 사막으로 변하고 있는 면적은 600만 헥타르에 이른다. 서울 면적의 100배에 가깝다. 지구 육지 면적의 75퍼센트에서 이미 사막화가 진행 중이고 2050년에는 육지의 90퍼센트 이상이 황폐해질 것으로 보인다. 지구 전체가 사막으로 변하면 시도 때도 없이 먼지 폭풍이 일어 우리 모두의 생존을 위협할 것이다. 어쩌면 지구는 더 이상 거주가 불가능한 곳으로 변할지 모른다.

2014년 개봉한 크리스토퍼 놀란 감독의 영화 〈인터스텔라〉를 기억할 것이다. 2067년 지구는 병든 모습이다. 공기는 뿌옇게 흐려져 있고 극심한 병충해 때문에 인류의 식량은 옥수수밖에 남지 않았다. 영화에 등장한 지구의 미래 모습은 감독의 상상이 아닌, 1930년대 미국 더스트 볼을 참고한 것으로 알려졌다.

영화에서 인류는 지구를 대체할 다른 행성을 찾아 나선다. 그렇다면 우리의 살길은 타 행성 이주밖에 없는 걸까. 조드 일가가 66번 도로를 따라 오클라호마에서 캘리포니아로 향하며 지난한 여정을 겪은 것처럼 우리가 갈 길도 고단할 것이다.

미국 더스트 볼은 1930년대 말에 극적으로 해결됐다. 1937년에 접어들며 가뭄이 끝났고 기다리던 비가 시작됐다. 정부 역시 다양한 정책을 펼쳤다. 연약해진 토양을 회복하기 위해 숲을 가꾸고 잡초를 제거하는 대신 어느 정도 자랄 때까지 내버려두게 했다. 밭고랑의 방향은 주풍(主風)의 방향과 수직으로 만들어 표토가 날아가지 못하게 만들었다. 하늘의 자비와 정부의 노력으로 1940년대 들어서야 더스트 볼은 자취를 감추고 미 중부 대평원은 원래의 비옥한 상태로 돌아왔다. 그러나 중국의 사례에서 보듯 지금도 언제든지 다시 황폐화할 위험이 도사리고 있기 때문에 감시를 게을리하지 않고 있다.

────── 경계 없는 하늘을 넘나드는 모래 먼지 ──────

중국 내몽골이나 만주, 몽골의 사막에서 발생한 황사는 하루나 이틀이 지나면 우리나라로 날아온다. 황사 발원지의 저기압을 따라 상승한 모래 먼지가 3,000~5,000미터 고도에서 강력한 편서풍에 실려 이동한다. 서해를 지나는 동안 무거운 입자는 떨어지고 가벼운 먼지만 한반도까지 밀려온다. 대부분 상층의 바람을 타고 스쳐 지나가지만, 우리나라 상공에 고기압이 자리 잡고 있을 때는 하강 기류를 타고 지면에 떨어진다.

정리하자면 황사를 우리나라로 운반하는 시스템은 저기압과 편서풍, 고기압이라는 순서가 절묘하게 맞아떨어져야 성공할 수 있다. 황사가 가장 잦은 시기는 황사 발원지에 강수량이 적은 봄철이다. 한창 날씨가 좋고 꽃이 만개할 때 누런 흙먼지가 찾아오면 외출하고 싶어도 할 수 없기 때문에 봄의 불청객이라고 불린다.

중국과 몽골의 급격한 사막화는 우리에게 더 많은 불청객을 의미한다. 최근 들어선 봄철뿐만 아니라 한겨울에도 때를 가리지 않고 황사가 날아오고 있다. 황사 발원지에 눈비가 적게 내리고 1년 내내 건조한 상태가 이어지고 있기 때문이다.

그렇다면 황사는 기후 위기로 오늘날 갑자기 생겨난 현상일까? 그렇지는 않다.『삼국사기』에는 '우토(雨土)'가 내렸다는 기록이 남아 있다. 우토는 흙비를 뜻하는데, 바람에 날려 올라간 모래가 비처럼 떨어졌다는 뜻이다. 『조선왕조실록』에도 황사에 대한 언급이 자주 나온다. 태종 11년에는 무려 14일 동안 흙비가 내렸다는 기록이 남아 있다. 성종 9년에는 흙비가 내린 이유가 임금이 정치를 잘못했거나 자격 없는 사람을 벼슬에 앉혔기 때문이라고 전한다. 임금의 부덕이 하늘을 노하게 해서 먼지 폭풍을 몰고 왔다고 생각한 것이다.

황사가 더욱 위험해지고 있는 것은 중국이 산업화하면서 공장이나 발전소에서 배출된 오염 물질이 함께 섞여 날아오고 있기 때문이다. 순수한 흙 성분이라면 몸에 크게 해롭지 않지만, 납이나 카드뮴 같은 중금속이 포함돼 있으면 백해무익하다. 기상청이 황사 경보와 주의보를 내리면 외출하지 말고 실내에 머물러야 한다. 호흡기 질환이나 기저 질환이 있는 노약자와 어린이에게 모래 먼지는 특히 위험하므로 가능한 한 노출을 줄이기 위해 주의해야 한다.

황사의 습격으로 고통을 겪고 있는 나라는 우리나라만이 아니다. 사하라 사막에서 늦봄부터 초여름까지 대기 중에 '사하라 공기층(SAL: Saharan Air Layer)'이라는 거대한 먼지기둥이 만들어진다. 이 먼지기둥은 고도 5~10킬로미터 상공까지 올라간 뒤 북대서양을 건너 4,000킬로미터 떨어져 있는 미국 남부 플로리다 해안까지 도달한다. 이렇게 도달하는 먼지의 양이 해마다 트럭 수백만 대 분량에 맞먹는데 사하라에서 발생하는 전체 먼지의 28퍼센트를 차지한다.

미국 남부에선 사하라 사막의 기류를 예의주시하며 우리의 황사 특보처럼 대기질 경보를 발령한다. 대기 오염 물질이 먼 거리를 이동하는 현상을 장거리 수송이라고 한다. 미국 서부의 경우 태평양을 건너온 황사나 미세먼지의 영향을 받기도 한다.

거대한 사하라 사막의 먼지가 도달하는 곳은 미국에 그치지 않는다. 사하라발 먼지의 60퍼센트는 아프리카 남쪽의 기니만 인근으로 수송된다. 서아프리카에는

11월에서 이듬해 3월까지 '하르마탄'이라고 부르는 먼지 바람이 불어온다. 북아프리카와 가까운 유럽도 먼지 폭풍의 예외는 아니다. 사하라 먼지의 12퍼센트는 유럽으로 이동해 2~6월, 10~12월에 주로 영향을 미친다. 아프리카와 가까운 지중해 국가들은 물론 프랑스 남부와 스위스, 독일까지도 사하라발 모래 먼지로 비상이 걸리곤 한다.

사하라 먼지는 자연에서 유래한 광물 성분이 많지만 절반가량은 크기가 작은 미세먼지로 이뤄져 호흡기 질환이나 사망률을 높이는 것으로 보고됐다. 유럽에서는 대기 오염 수준이 기준치를 초과하면 심장이나 호흡기 질환이 있는 주민들에게 격렬한 신체 활동을 하지 말 것을 권고한다.

외부에서 밀려온 먼지는 일단 건강에 악영향을 미친다. 그뿐만 아니라 태양 복사 에너지를 반사해 지구의 기온을 떨어트리고 강수와 강설 등 날씨를 변화시키는 효과도 무시할 수 없다. 미세한 먼지 입자는 아주 효과적인 응결핵으로 작용하기 때문에 눈비의 양이나 강수 패턴에 직접적인 영향을 준다.

──────── 황사보다 지독한 미세먼지의 습격 ────────

최근에는 황사보다 더 작은 입자인 미세먼지의

습격이 잦아지고 있다. 황사가 자연 상태에서 발생하는 5~8마이크로미터(μm) 크기의 입자라면 미세먼지(PM10)는 공장과 발전소, 자동차에서 나오는 크기 10마이크로미터 이하의 입자를 뜻한다. 초미세먼지(PM2.5)는 크기가 2.5마이크로미터 이하로 더 작고 몸속 깊숙이 들어가 더 해로운 영향을 미친다.

황사는 날씨가 건조한 봄철에 주로 발생하지만, 미세먼지는 인위적으로 배출되는 특징 때문에 계절을 가리지 않는다. 특히 국내에선 중국의 난방이 시작되는 늦가을부터 짙어져 겨울과 이듬해 봄에 농도가 높아지는 경향이 있다.

최근에는 중위도에 부는 바람이 약해지면서 고농도 미세먼지가 찾아오는 날이 늘고 있다. 바람은 기압 차이가 크게 벌어질수록 강하게 부는데 북극이 따뜻해지면 뜨거운 고기압이 정체하고 중위도와 기압 차이가 줄어든다. 먼지를 흩어 주는 동서 방향의 바람이 멈추고 기류가 정체되면서 대기 오염은 나날이 심각해지고 있다. 미세먼지로부터 자유로운 계절은 오직 여름뿐인데 바람의 방향이 남동풍으로 바뀌고 비가 자주 내리는 덕분이다.

미세먼지 문제가 심각해지면서 2019년 봄 사회 재난으로 지정됐다. 행정안전부의 '재난 및 안전 관리 기본법'이 개정됐는데, 환경부 역시 '미세먼지 저감 및 관리에 관한 특별법'에서 미세먼지를 줄이기 위한 사회적 대응 체계를 마련했다.

법을 바꿀 정도로 미세먼지가 우리 삶 깊숙이 들어온 것은 2017년 최악의 미세먼지가 발단이었다.

그해 전국적으로 초미세먼지 '나쁨(일평균 35㎍/㎥ 초과)' 수준이 3일 이상 이어진 경우가 열 차례나 됐다. 하루만 참으면 미세먼지가 걷히는 게 아니라 사흘이나 보건용 마스크를 써야 했는데, 이런 일이 한 번도 아니고 열 번이나 됐다는 소리다. 희뿌연 공기를 들이마시는 사람들의 마음속에 '분노의 포도'가 한가득 가지가 휘게 무르익어 갔을지 모른다.

봄철에 주로 찾아오는 황사와 달리 미세먼지는 계절을 가리지 않는다. 여름을 제외하면 사시사철 활개를 치고 다닌다. 자욱한 미세먼지가 안개에 섞여 밀려오면 도심의 고층 건물도 사라져 버리고 차량은 전조등을 켜야 할 정도로 한 치 앞도 보이지 않는다. 숨 쉬는 것이 고역일 뿐만 아니라 정신적인 우울과 불안도 커진다.

2017년 5월 취임한 문재인 대통령은 미세먼지 공약을 이행하기 위한 행보를 서둘렀다. 대기질이 악화하는 3~6월간 노후 석탄 화력 발전소의 가동 중단과 함께 셧다운(일시적인 가동 중지)을 2025년에서 2022년으로 앞당기기로 했다. 하지만 그 시점은 다시 2025년으로 늦어져 태안을 시작으로 보령과 당진 등지에서 순차적으로 문을 닫게 됐다.

정권이 바뀌고 정책이 바뀌면 하늘이 금세 맑아질 거라고 기대하기 쉽다. 그러나 착각이었다. 2018년에도 우리나라는 2017년만큼 지독한 스모그에 휩싸이고 말았다. 경제 성장의 절정을 달리고 있는 중국의 배출량 증가와 기상 조건 역시 변수였다. 2018년 봄에는 우리나라 서해안에 밀집해 있는 석탄 화력 발전소에,

중국에서 밀려온 오염 물질까지 더해져 고농도 미세먼지가 장기간 기승을 부렸다.

미세먼지에 대한 뉴스를 보도하면 수천 개의 댓글이 달리기 시작했다. 대부분 중국을 욕하거나 중국에 대응하지 못하는 정부를 비난하는 내용이었다. 위성 자료를 활용하면 고농도 미세먼지가 어디에서 왔는지 출처를 대략적으로 분석할 수 있다. 언론은 미세먼지 앞에 '중국발'이라는 수식어를 즐겨 붙였고 제목이 자극적일수록 높은 조회 수와 댓글을 보장받았다.

이동성 고기압의 영향을 받는 봄철과 가을철에는 중국 해안 공업 지대에서 나온 스모그가 서풍에 실려 우리나라로 직행하는 경우가 많다. 겨울에도 북서쪽 대륙 고기압의 세력이 약해지며 추위가 누그러지면 어김없이 미세먼지 농도가 치솟곤 한다. 사흘 춥고 나흘 따뜻하다는 '삼한사온(三寒四溫)' 대신 '삼한사미'라는 말이 생겨났고 사람들은 미세먼지보다 추운 게 낫다고 불평하기도 했다. 미세먼지가 실려 오는 중국에 대한 분노가 커질 수밖에 없었다.

─────── 미세먼지 쫓아 망망대해 찾아간 이유 ───────

가을 기상학회를 앞두고 발표될 논문의 초록을 살펴보고 있었다. 고려대 대기환경연구실에서 나온 논문 하나가

눈에 띄었다. 서해상에 있는 소청초 해양과학기지에서
미세먼지를 측정한 데이터였다. 인위적인 오염
물질 배출이 없는 망망대해라 중국에서 직격하는
미세먼지가 얼마나 되는지 과학적으로 살펴보기에
최적의 장소였다. 그런데 소청초라니 소청도는 들어
봤어도 소청초는 처음이었다. 소청초 해양과학기지는
한국해양과학기술원의 시설이기 때문에 홍보실에 서둘러
연락했다. 그리고 엄청난 일이 성사되고 말았다.

며칠 뒤 나는 인천항에서 소청도로 향하는 여객선
안에 있었다. 파도가 거센 날이었다. 아슬아슬하게 출항이
금지되기 전에 배에 올랐다. 배를 탈 때만 해도 관광객
마인드로 가슴이 뛰었다. 귀밑에 찰떡같이 붙인 멀미약도
있겠다, 한없이 여유로웠다. 그러나 파도에 출렁이는
배 안에서 온몸이 꿀렁대기 시작했다. 소청도까지 가는
세 시간 내내 태어나서 가장 끔찍한 지옥을 경험했다.
화장실에서 멀미를 하고 자리로 돌아오면 또 멀미가
나서 화장실로 뛰어가야 했다. 결국 화장실 앞을 맴돌며
목적지에 도착할 때까지 버텼다.

좀비 같은 몰골로 소청도 숙소에 도착했다.
한국해양과학기술원의 연구팀과 만나 다음 날
소청초에 들어갈 준비를 했다. 소청초는 소청도에서
남쪽으로 37킬로미터 떨어진 곳에 있는 수중 암초로
2014년 해양과학기지가 건설됐다. 이어도와 가거초

해양과학기지에 이어 세 번째였다. 해수면 위 높이만 40미터로 가장 큰 규모. 서해 중부 해상의 대기와 해양을 관측하는 핵심 시설로 일단 무사히 도착하기만 하면 영상은 압도적일 게 분명했다. 다만 문제는 소청도에서 배로 두 시간이나 걸린다는 점이었다.

우리는 작은 어선을 빌렸다. 커다란 여객선을 타고도 그렇게 심하게 멀미를 했는데 추풍낙엽처럼 흔들리는 어선에선 오죽할지 현실적인 공포가 밀려왔다. 여객선에선 취재하거나 촬영할 분량이 없었지만 지금부터는 상황이 달랐다. 어선을 타고 소청초로 가는 여정 자체를 뉴스에 담아야 했기 때문에 내가 정신을 차리지 않으면 안 됐다.

바다에서 베테랑인 한국해양과학기술원 박사님의 조언으로 소청도 보건소에서 멀미약을 지었다. 서해의 파도를 견디려면 육지의 멀미약으론 어림도 없다고 했다. 비장한 마음으로 멀미약을 먹고 공복으로 어선에 올랐다. 선장님은 우리가 머물렀던 숙소의 사장님이기도 했다. 선장님은 칼바람을 피할 수 있는 작은 실내 공간으로 나를 안내했다. 초코파이도 먹으라고 주셨지만 속이 안 좋아질까 봐 그저 아련히 바라볼 수밖에 없었다.

소청초까지 가는 내내 촬영 기자 선배는 드론을 날렸다. 강한 바람 때문에 드론이 중간에 사라졌다가 가슴이 철렁하는 순간 다시 시야로 되돌아왔다. 처음 경험해 보는 극한 취재였다. 내가 왜 사서 이 고생을 할까, 하는 생각이 드는 찰나 저 멀리 검푸른 바다에 소청초 해양과학기지가 모습을 드러냈다. 신화 속 거인 같은 늠름한 자태를 보자 힘든 기억이 물거품처럼 사라졌다. 멀리서 보면 석유 시추 시설처럼 생겼는데, 붉은색의 철골 구조물로 지은 3층 건물이었다.

높은 파도 탓에 배를 기지 아래에 접안하는 것도 쉽지 않았다. 깎아지르는 듯한 계단을 오르고 또 올라 마침내 기지에 도착하자 과학자들이 우리를 기다리고 있었다. 서해 한가운데에 있는 철골 구조물에 사람들이 머물고 있다니 놀라울 수밖에 없었다. 이렇게 소청초 해양과학기지는 언론에 처음 모습을 드러냈다. 가는 길에만 다섯 시간이나 배를 타야 하는 험난한 여정이었기에 누구도 엄두를 내지 못했을 것이다. 나는 관측 데이터만으로는 부족하다고 생각했고 직접 현장에서 뉴스를 전하고 싶었다. 서해의 대기질을 24시간 감시하는 장비들을 직접 촬영했고 연구자들을 만났다. 헬리포트가 있는 옥상에 올라가 마이크를 잡았다.

"이곳 소청초 해양과학기지는 중국에서 편서풍에 실려 날아오는 미세먼지를 관측하기에 최적의 장소로 꼽힙니다. 바다 한가운데라 인위적인 오염 배출원이 없기 때문입니다."

청정한 소청초에서도 초미세먼지 농도가 '나쁨' 단계 이상으로 올랐던 날이 당시(2014~2017) 147일이나 됐다. 먼지 성분을 분석해 발원지를 역추적했더니 양쯔강 등 중국 남부의 영향을 받은 날이 50일로 가장 많았다. 이 지역은 나무를 소각하는 바이오매스 버닝(Biomass Burning)으로 유명한 곳이다. 이어 베이징 등 중국 북부는 33일, 랴오닝성 등 중국 동북부는 21일이었다. 초미세먼지 나쁨 단계였던 147일 가운데 중국의 영향을 받은 날이 104일로 70퍼센트를 차지했다.

험난했던 취재를 마친 뒤 소청도의 마지막 밤에 선장님이 직접 잡은 생선으로 회 파티를 해 주셨다. 우리가 소청초 기지에 올라가 취재하는 동안 선장님은 바다에 그물을 내리고 그득하게 물고기를 끌어 올렸다. 생전 처음 맛보는 홍어회는 삭힌 홍어의 냄새 없이 뼈째 먹는 오도독오도독한 맛이었다.

중국발 미세먼지를 추적하기 위한 나의 도전은 성공적이었다. 무사히 돌아와 단독으로 취재한 내용을 보도했다. 현장을 뛰는 기자는 방송이 무사히 나갈 때 모든 고생이 사라지는 '매직'을 경험한다. 엄청난 모멸감을 선물한 멀미는 힘들었지만, 기지에 도착한 뒤부터는 순조롭게 모든 일이 풀렸다. 이 덕분에 다음 현장이 있고 또 다음 현장이 있는 건지도 모르겠다. 기사는 수많은 중국 혐오 댓글로 도배됐다. 글쎄, 무플보다 악플이 낫다는 말이 있긴 하다.

한국은 중국과 지리적으로 가까이 있다. 우리는 바람이 불어오는 풍하 측에 있기 때문에 중국의 영향을 무시할 수 없다. 중국은 1998년부터 미세먼지가 급증하기 시작했지만 2008년 베이징 올림픽을 계기로 대기질이 점차 개선되고 있다. 중국 정부의 강력한 노력으로 2013년 '대기질 액션 플랜(Airquality action plan)'이 발표됐고 정점으로 치달았던 초미세먼지 농도는 지속해서 감소하고 있다.

중국 베이징 생태환경국의 발표에 따르면 2023년 베이징의 연평균 초미세먼지 농도는 32㎍/㎥으로 대기오염이 절정이던 2013년보다 64퍼센트 줄었다. 이산화황 농도는 2013년 대비 90퍼센트 가까이 줄었다. 중국의 하늘이 깨끗해진 게 수치로 증명된 셈인데 중국 정부의 환경 정책 덕분이다. 신재생에너지를 확대하기 위해 전기차를 적극 보급해 중국에서 팔리는 신차의 40퍼센트는 전기차로 채워지고 있다. 농촌에는 미세먼지를 뿜어내는 석탄 대신 석유 보일러를 보급하고 있다.

그러나 2023년 『네이처』에 실린 칼럼을 보면 아직은 갈 길이 멀어 보인다. 중국의 초미세먼지 연간 기준은 35㎍/㎥으로 세계보건기구 권고치(5㎍/㎥)보다 여전히 일곱 배나 높다.

우리나라는 항상 대기 오염의 문제에선 중국을 탓할 수밖에 없다. 똑같은 원리로 일본은 우리나라의 영향을 받는다. 바람의 방향을 인위적으로 바꿀 수 없는 한 호흡공동체인 한국과 중국, 일본이 함께 노력하는 것밖에 답이 없다. 물론 며칠 동안 갑갑한 마스크를 끼고 살다 보면 화나는 순간은 누구에게나 있다. 『분노의 포도』에 나오는 인물들은 지독한 먼지가 왜 날아오는지 알지 못한 채 거대한 폭풍 속으로 내몰렸다. 그러나 지금 우리는 촘촘하게 깔린 관측망을 통해, 위성을 통해 모든 데이터를 과학적으로 분석하고 미래를 예측할 수 있다.

    미세먼지 농도가 짙어질 때면 불현듯 서해의 망망대해를 지키고 있는 소청초 해양과학기지가 떠오른다. 지금도 연구원들은 파도를 헤치고 기지에 올라 관측 장비를 가동하고 논문을 쓰며 서해상의 데이터를 쌓아 가고 있겠지. 차곡차곡 늘어난 증거로 중국발 미세먼지의 유입을 들여다볼 수 있게 되면 중국 정부를 압박할 수 있게 될 것이다. 그저 욕이나 악플이 아니라 강력한 규제를 통해 대기질을 개선하도록 말이다.

마음을 어지럽히는 살 같은 비

소나기
「소나기」, 「소낙비」

보랏빛으로 물든 첫사랑의 기억

"어서들 집으루 가거라. 소나기가 올라."
　　참, 먹장구름 한 장이 머리 위에 와있다. 갑자기 사면이 소란스러워진 것 같다. 바람이 우수수 소리를 내며 지나간다. 삽시간에 주위가 보랏빛으로 변했다.
　　산을 내려오는데 떡갈나무 잎에서 빗방울 듣는 소리가 난다. 굵은 빗방울이었다. 목덜미가 선뜻선뜻했다. 그러나 대번에 눈앞을 가로막는 빗줄기.
― 황순원, 「소나기」, 『소나기』, 맑은소리, 2010, 26쪽

먹빛같이 시커먼 구름이 질주하듯 몰려오고 길 잃은 돌풍이 몰아치기 시작한다. 세상의 명도가 뚝 떨어지며 짙은 보랏빛으로 물들더니 툭, 투두둑 낙하하는 빗방울 소리가 귓가에 울린다. 소란스럽던 지상의 소음은 모두 묻혀 버리고 이상할 정도로 적막한 상태가 지속된다. 소나기가 잉태되는 순간부터 폭발적인 에너지가 해소되는 과정까지 압축적으로 담겨 있는 단 한 편의 소설. 바로 황순원의「소나기」다. 책을 펼치면 소나기의 성난 호흡을 그대로 담고 있는 날것 그대로의 문장들이 후두둑 쏟아져 내린다.
　　여름이 지난 청량한 햇살 아래 소녀가 단발머리를 나풀거리며 갈밭을 달린다. 소녀의 머리는 갈꽃처럼 반짝이고 하늘은 쪽빛으로 개었다. 들국화와 싸리꽃, 양산처럼 생긴 노란 마타리꽃, 소녀가 좋아하는 도라지꽃까지 들꽃의 축제가 펼쳐지고 어디선가 말라

가는 풀 냄새도 퍼져 간다. 황금빛 햇살로 치장한 이맘때의 세상은 그 어느 계절보다 충만하다.

나는 어린 시절을 강원도 평창에서 보냈다. 전근이 잦았던 아빠를 따라 이 학교에서 저 학교로 전학을 다녔다. 낯선 마을에 접어들면 빛나는 햇살과 바람이 가장 먼저 마중 나왔다. 봄처럼 들뜬 마음이 새로운 시간과 공간에 익숙해질 때쯤 계절은 가을로 깊어지기 시작했다.

한낮의 햇살은 여름을 떠올리게 하지만 아침, 저녁으로 선선해진 공기는 가을이 다가왔음을 알린다. 죽음을 향해 가는 매미의 마지막 울음과 사랑에 달뜬 귀뚜라미의 노랫소리가 오버랩되는 마법 같은 시간. 짙어질 때로 짙어진 녹음은 절정을 지나 권태로운 빛을 띠고 새로운 변화를 갈망하는 마음이 폭발할 것처럼 대기를 그득하게 채운다.

끝없이 나열해 있던 미루나무 사잇길을 걷다 보면 여름이 지나고 그렇게 가을이 찾아왔다. 미루나무는 미국에서 들어온 버드나무라고 해서 처음에는 미류(美柳)나무로 불리다가 발음하기 편한 미루나무로 바뀌었다. 1년에 1미터씩 자라는 미루나무가 넉넉한 그늘을 만들어 주는 동안 어린아이였던 우리도 쑥쑥 자랐다. "미루나무 꼭대기에 조각구름 걸려 있네. 솔바람이 몰고 와서 살짝 걸쳐 놓고 갔어요"라는 노래 가사를 "미루나무 꼭대기에 누구누구 팬티가 걸려 있네"로 바꿔 부르며 데굴데굴 배꼽을 잡고 웃던 시절이었다.

휴대 전화 대신 집마다 유선 전화가 있었다. 친구와 통화하려면 떨리는 마음으로 전화해서 부모님께

자기소개부터 정중하게 하고 바꿔 달라고 해야 했다.
가게가 너무 멀어 군것질은 먼 나라 얘기였다. 숲에서
자라는 산딸기나 시큼한 맛이 나는 식물을 '시금치'라고
부르며 꺾어 먹었다. 들풀이나 자갈 사이로 뱀이 몰래
벗어 놓은 허물도 자주 볼 수 있었다. 남자아이들은 뱀의
허물을 여자아이들에게 던지며 짓궂게 장난을 쳤고
고무줄놀이를 훼방하기도 했다.

   어느 날 아빠가 아파서 동생과 함께 걸어서 30분이
넘게 걸리는 가게에 가야 했다. 식욕이 없는 아빠를 위해
요구르트를 사 오라고 엄마가 심부름을 보냈던 것 같다.
불빛이 거의 없는 시골의 캄캄한 밤길을 동생과 손잡고
걸어가는데 눈앞에 뭔가 희미한 것이 비쳐 오기 시작했다.
눈에 힘을 모아 똑바로 응시하자 메밀밭이 넓게 펼쳐져
있었다.

   9월의 가을밤 하얀 눈이 내린 것처럼, 소금을 뿌려
놓은 것처럼 갓 피어난 메밀꽃이 달빛에 흐뭇하게 빛나고
있었다. 이효석의 소설 「메밀꽃 필 무렵」이 바로 이런
풍경에서 나온 것이구나, 어린 마음에 직감할 수 있었다.
이효석의 고향인 봉평은 평창과 가까웠다. 그 순간 온몸에
깊은 파도가 물결쳤고 어른이 된 지금까지도 그 느낌이
생생하다. 어린 시절의 초가을은 눈부시게 아름다웠다.
덥지도 춥지도 않았고 산과 들에서 뛰어놀기에 딱 좋은
날씨였다.

여름이 지났다고 방심하고 있다가 갑작스러운 소나기를 만날 때도 있었다. 먹장구름이 몰려오며 주위가 순식간에 어두컴컴해지고 툭툭 소리를 내며 떨어지는 우박을 신호로 굵직한 빗방울이 땅으로 추락했다. 시골 아이들에게 우산은 거추장스러웠다. 일부러 흙탕물 웅덩이만 골라서 점프하며 옷이 엉망이 된 채 집에 돌아가면 엄마의 고함 소리가 자동으로 들리곤 했다.

당시 〈추락하는 것은 날개가 있다〉라는 영화가 있었다. 원작은 이문열 작가의 장편 소설로 1990년 장길수 감독이 영화로 만들었다. 어린 시절이라 영화의 내용은 전혀 몰랐지만, 웬일인지 그 제목은 영화보다 더 유명했다. 어쩌면 구름에서 추락하는 빗방울에도 날개가 있을지 모른다.

뜨거운 햇살에 지면이 달궈지면 수증기가 증발하면서 폭발적인 힘으로 상승한다. 높은 고도까지 올라간 뒤에는 주변이 차가워지며 팽창하고 매우 작은 물방울로 응결해 구름을 만든다. 수많은 물방울로 이뤄진 구름은 무게가 수 톤에 달할 정도로 무겁다.

지구에서 추락하는 모든 물체는 질량과 관계없이 1초에 9.8미터씩 증가하는 중력 가속도의 지배를 받는다. 구름을 이루는 물방울도 마찬가지다. 고층 아파트에서 실수로 떨어트린 화분이 지나가던 사람에게 중상을 입힐 정도이니 구름 속 물방울도 땅으로 떨어질 때쯤이면 어마어마한 가속도가 붙을 것이다. 그러나 빗방울에 맞아서 크게 다쳤다는 소식은 들어본 적이 없지 않은가. 바로 공기의 저항 때문이다.

만약 1킬로미터 높이에 있는 물방울이 중력 가속도로 떨어지면 위치 에너지가 운동 에너지로 전환되면서 지면에 도착할 때 속도가 시속 500킬로미터에 이른다. KTX의 최대 속도가 시속 300킬로미터 정도이니 얼마나 위협적인지 알 수 있다. 다행히 공기의 저항도 물방울이 떨어지는 속도에 비례해 증가한다. 구름과 이별한 물방울의 속도는 점점 빨라지다가 어느 순간 물방울에 작용하는 중력과 저항력이 평형 상태에 도달한다. 바로 이때 추락하는 물방울은 날개를 단 것처럼 공중에 살포시 떠 있는 상태가 된다. 지구의 중력과 공기의 저항력에서 벗어나 자유로운 상태가 된 것이다.

이후 물방울은 더 이상 가속되거나 감속되지 않고 일정한 속도로 떨어지게 된다. 이때의 속도를 종단 속도라고 하는데 땅에 떨어지는 빗방울의 평균적인 종단 속도는 초속 4미터, 시속으로 바꾸면 14킬로미터 수준이다. 공기의 저항 덕분에 시속 500킬로미터에서 시속 14킬로미터로 빗방울이 품은 파괴력이 줄어드는 것이다. 빗방울이 KTX처럼 무겁지 않아서 다행이다.

구름은 지상 2킬로미터 미만의 낮은 고도에 뜨는 적운과 층운, 5킬로미터 안팎의 중간 고도에 뜨는 고적운과 고층운, 10킬로미터 부근의 높은 고도에 만들어지는 적란운, 권운, 권적운, 권층운으로 분류할 수 있다. 구름의 고도나 형태를 통해 얼마나 많은 비를 뿌릴지 예측하는 작업은 다가올 날씨를 내다보는 데 매우 중요하다.

구름은 하늘이라는 무대의 주인공이다. 변화무쌍한 구름과 함께 인류는 저 멀리 상상력을 확장했다. 구름은 비의 고향이기도 하다. 나는 가끔 쏟아지는 비를 보면서 어느 구름에서 출발했을까 추측해 본다. 대류권과 성층권의 경계인 대류권 계면의 적란운에서 오랜 시간 혼자 여행한 소나기, 태양을 가릴 정도로 낮고 두터운 난층운에서 태어난 보슬비까지 비의 얼굴은 다채롭다.

비가 품은 냄새도 다르다. 도시의 비는 시멘트 식는 냄새가 나고 시골 비는 싱그러운 흙냄새와 풀 냄새를 품고 있다. 비의 시작은 모두 하늘이지만 지상 어느 곳으로 향하느냐에 따라 전혀 다른 냄새가 밴다. 코스모스에 떨어진 비는 은은한 향을 남기고 소년과 소녀의 머리카락을 적시는 비는 아련한 들꽃 냄새를 풍긴다. 어떤 비는 그립고 또 어떤 비는 정겹지만 어떤 비는 애달프기도 하다.

―――――― 불안정한 대기가 잉태하는 소나기 ――――――

소나기는 '심히', '몹시'라는 뜻의 '쇠'와 접미사 '나기'가 합쳐진 말로 '심히 내리다'라는 뜻을 지닌다. 현대로 오면서 쇠나기가 소나기로 변했다. 지금은 잘 쓰지 않지만, 소낙비라는 말도 있다. 『조선왕조실록』에는 '취우(驟雨)'라는 이름으로 소나기의 기록이 남아 있다. 말이 빨리 달리는 것처럼 세찬 비를 뜻한다. 1428년

11월 18일과 1434년 10월 26일 『세종실록』에는 천둥번개와 함께 취우가 내렸다고 적혀 있다. 10월과 11월이면 여름을 지나 가을이 깊어지는 시기다. 가을 소나기는 우박을 동반해 수확을 앞둔 농작물 피해를 불러오곤 한다.

소나기가 벼락과 우박을 거느리고 나타나는 이유는 대기가 불안정하기 때문이다. 고요하고 평화로운 하늘에선 결코 소나기가 태어날 수 없다. 소나기는 냉탕과 온탕을 오가는 대기의 충돌과 거친 격동에서 만들어진다. 하늘에 뭉게뭉게 피어오르는 '적운'은 맑은 날 가장 흔하게 볼 수 있는 구름이다. 적운보다 더 강한 상승 기류가 고도 10킬로미터의 대류권 끄트머리까지 치솟으면 '적란운'이 생성된다. 구름 가운데 가장 키가 크고 두꺼운 적란운이 바로 소나기를 낳는 거인 구름이다.

적란운의 상부는 항공기가 운항하는 대류권 계면까지 뻗쳐 있다. 항공기의 창밖으로 흔히 볼 수 있는 구름이 적란운이다. 새하얀 솜사탕처럼 부드러울 것 같지만 실제로 만진다면 까슬까슬한 작은 얼음 알갱이로 가득해 깜짝 놀랄 것이다. 적란운의 상부는 영하 50도를 넘나들 정도로 차가워 물방울이 모두 얼음으로 변한다.

하늘을 위협하는 거인 적란운은 평온해 보이지만 그 안에선 성질이 다른 공기가 만나 격렬한 전쟁이 벌어지고 있다. 차가운 것과 따뜻한 것, 건조한 것과 습한 것이

맞부딪히고 대기는 불안정에서 안정을 되찾기 위해 몸부림친다. 이때 나타나는 현상이 바로 소나기와 강풍, 우박, 벼락이다.

미국 중부에서는 '슈퍼셀(Super Cell)'이라고 부르는 적란운이 토네이도를 몰고 온다. 보통 국지적으로 발달하는 적란운은 지름이 30킬로미터 미만이지만 슈퍼셀은 최대 200킬로미터에 이른다. 집을 통째로 들어 올리는 토네이도의 위력에는 이유가 있었던 셈이다.

소설 속 소년과 소녀가 어둡고 좁은 수숫단 속에서 비를 피하는 사이 소란하던 비는 뚝 그치고 햇빛이 눈부시게 내리붓는다. 적란운의 이동 속도는 매우 빠르다. 적란운 한 개가 한 곳에 비를 퍼붓는 시간은 길어야 20~30분에 불과하다. 세상에 대홍수를 불러올 것 같던 소나기의 심술은 금세 누그러지고 하늘은 구름 한 점 없이 쪽빛으로 개어 버린다. 흙탕물로 불어난 물웅덩이를 보고서야 조금 전에 소나기가 왔다는 사실을 알 수 있을 정도다. 토네이도 역시 시속 50킬로미터 안팎의 속도로 빠르게 이동하며 순식간에 지상을 휩쓸어 버린다.

――――― 먹물 같은 짙은 밤이 내리다 ―――――

음산한 검은 구름이 하늘에 뭉게뭉게 모여드는 것이 금시라도 비 한 줄기 할 듯하면서도 여전히 짓궂은

> 햇발은 겹겹 산속에 묻힌 외진 마을을 통째로 자실
> 듯이 달구고 있었다. 이따금 생각나는 듯 살매들린
> 바람은 논밭간의 나무들을 뒤흔들며 미쳐 날뛰었다.
> 뫼 밖으로 농군들을 멀리 품앗이로 내보낸 안말의
> 공기는 쓸쓸하였다. 다만 맷맷한 미루나무숲에서
> 거칠어 가는 농촌을 읊는 듯 매미의 애끊는 노래….
> 매-음! 매-음!
> ― 김유정, 「소낙비」

소나기 하면 파블로프의 개처럼 황순원 작가가 떠오른다. 그런데 「봄봄」, 「동백꽃」 등으로 유명한 김유정 작가의 문단 데뷔작이 「소낙비」였다는 사실을 아는 사람은 많지 않다. 1935년 『조선일보』 신춘문예 1등 당선작으로 신문 지면에 6회까지 연재됐다. 그러나 7회부터는 조선총독부의 검열 때문에 연재가 중단되면서 소설 후반은 미공개로 남았다. 그 시절에 검열이라니 농촌의 향토적 정서와 해학을 담은 작품을 많이 낸 작가에게 무슨 일이 있었던 걸까.

작품은 일제 강점기 식민지 농촌의 현실을 배경으로 한다. 원래 제목은 '따라지 목숨'이었다고 하는데 좀 더 은유적인 '소낙비'로 바뀌었다. 따라지는 보잘것없거나 하찮은 처지에 있는 사람을 뜻한다. 작가는 이 단어에 대한 미련을 버리지 못했는지 1937년 2월 『조광(朝光)』 3권 2호에 「따라지」라는 제목의 단편 소설을 발표했다. 도시 변두리에서 셋방살이하는 가난한 인물들과 방세를 받아 내려는 주인의 수작과 음모를 그린 작품이다. 김유정 작가는 가장 비참하고 슬프고 고달픈 순간까지도 반어적으로, 희화적으로 그려 내며 그 어이없음에 독자가 배시시 웃음 짓게 만드는 능력을 타고났다. 재치의 달인이라고 할까. 그 시절 김유정 작가와 친구였다면 이야기를 나누는 것만으로도 깔깔깔 웃음이 터졌을 것 같다.

「소낙비」는 「따라지」와 반대로 전형적인 농촌에서 이야기를 시작한다. 흉작으로 고향을 등지고 빚쟁이의 눈을 피해 밤도주를 한 춘호 부부가 주인공이다. 농사를 다시 지어 보려 해도 땅도 밑천도 없이 낯선 곳에서 녹록지 않다 보니 춘호는 자꾸 노름판으로 눈을 기울인다. 애꿎은 아내에게 폭력을 휘두르며 투전으로 쓸 돈을 마련해 오라고 내몬다.

이들의 이상향은 서울이다. 열아홉 살 먹은 어린 아내는 아직 서울에 가 본 적이 없기에 서울의 화려한 거리와 후한 인심에 대해 환상을 품고 있다. 춘호 역시 딱 한 번 가 본 처지지만 아내 앞에서 으스대며 빚을 다 갚으면 서울에 가자고 다독인다. 사투리를 절대 쓰면 안 된다고 교육까지 시키면서 말이다. 작가는 이어지는 작품인 「따라지」에서 도시 빈민의 냉혹한 현실을 다뤘는데 「소낙비」의 주인공들은 그저 꿈처럼 서울 생활을 동경한다. 「따라지」는 「소낙비」의 주인공들이 서울에 가서 실제로 겪게 되는 이야기를 다룬 속편일지도 모른다.

김유정의 「소낙비」는 폭염이 이글거리고 매미 소리가 가득한 한여름을 배경으로 한다. 음산한 검은 구름이 모으드는 동안에도 대지는 불가마처럼 달아오른다. 남편의 무지한 매를 피해 나온 아내는 보리라도 꿔 볼 작정으로 내키지 않았지만 쇠돌 엄마를 찾아간다. 쇠돌 엄마는 부자 양반인 이주사와 정을 통하며 치맛바람에 팔자 고쳤다는 얘기를 듣는 인물이다.

아내는 쇠돌 엄마의 호강하는 모습에 마음이 흔들린다. 천한 농부의 계집인 것은 똑같은데 이주사 덕분에 밥걱정도 안 하고 치장도 하며 금방석에 뒹구는 팔자가 됐으니 질투가 나지 않을 수 없다. 사실 세상이 모르는 비밀이 하나 있었다. 지난 늦봄 춘호가 늦도록 돌아오지 않은 밤이었다. 춘호 아내가 자려고 누웠는데 난데없이 황소 같은 놈이 뛰어들었다. 소리를 지르자 달아나 버렸는데, 나중에 보니 이주사의 소행이라는 직감이 들었다.

춘호 아내는 시골 아낙네치고는 용모가 반반했고 몸매도 야윈 듯 호리호리했다. 쇠돌 엄마에게 결코 뒤지지 않았다. 자기도 쇠돌 엄마처럼 호강할 수 있었는데 스스로 기회를 걷어차 버린 게 후회되고 쓰라렸다. 하필 기다리는 쇠돌 엄마는 오지 않고 음산한 검은 구름이 빗방울을 떨구기 시작하더니 세차게 소낙비를 토해 낸다.

감사나운 구름송이가 하늘 신폭을 휘덮고는 차츰차츰 지면으로 처져 내리더니 그예 산봉우리에 엉기어 살풍경이 되고 만다. 먼 데서 개 짖는 소리가 앞뒷산을 한적하게 울린다. 빗방울은 하나둘 떨어지기 시작하더니 차차 굵어지며 무더기로 퍼부어 내린다.

춘호 아내의 몸이 비에 젖으며 예기치 못한 일이 벌어진다. 숨어 있던 욕망이 분출되듯 소나기에 젖은 그녀의 몸이 육감적으로 변한 것이다. 추레한 옷에 밴 퀴퀴한 냄새는 비에 씻겨 사라지고 춘호 아내는 전혀 다른 사람으로 변신한다. 김유정 작가는 생동하는 빗줄기가 젊은 육체에 스며들며 에로티시즘을 강화하는 과정을 섬세하게 묘사한다. 지금 읽으면 그다지 수위가 높지 않지만, 그 시절에는 외설이라고 말이 나왔을 것 같기도 하다.

> 나뭇잎에서 빗방울은 뚝뚝 떨어지며 그의 뺨을 흘러 젖가슴으로 스며든다. 바람은 지날 적마다 냉기와 함께 굵은 빗발을 몸에 들이친다.
> 　비에 쪼르르 젖은 치마가 몸에 찰싹 휘감기어 허리로, 궁둥이로, 다리로, 살의 윤곽이 그대로 비쳐 올랐다.

빗속에 무던히도 기다렸지만 쇠돌 엄마는 오지 않는다. 하필 그때 발자국 소리가 들리더니 이주사가 거침없이 쇠돌네 집으로 들어간다. 춘호 아내는 빗물에 푹 젖어 점점 떨리기 시작하는 몸으로 위험한 모험에 뛰어든다.

소설 속 소나기는 아내의 육체적인 매력을 드러내는 장치이자 부정을 감춰 주는 도구다. 춘호 아내가 쇠돌 엄마 집에서 이주사와 시간을 보낼 때 소나기의 거칠고 요란스러운 음성과 침침한 낯빛은 세상을 침묵시키는 실없이 고마운 존재로 묘사된다.

> 밖에서는 모진 빗방울이 배춧잎에 부딪히는 소리, 바람에 나무 떠는 소리가 요란하다. 가끔 양철통을 내려 굴리는 듯 거푸진 천둥소리가 방고래를 울리며 날은 점점 침침하였다.

아내는 이주사에게 돈 2원을 약속받고 남편의 미션에 성공한 기분으로 집에 돌아간다. 돈이 된다는 말에 춘호 역시 아내를 추궁하지 않는다. 그 대신 비에 젖은 아내가 측은하게 여겨져 감자를 삶아 주고 그날 밤 부부는 모처럼 사이좋게 잠자리에 든다.

먹물같이 짙은 밤 빗줄기가 부부가 누운 방 벽을 울리며 쏟아진다. 천장에서 비가 새지는 않지만, 도배를 못 한 방 안에는 축축한 물기가 스며든다. 사방에서 벼룩이 스멀거린다. 덩그러니 거적 두 닢만 깔아 놓고 잠을 청하는 부부. 돈을 위해서라면 아내의 매춘 따위는 문제 삼지 않는 남편. 오히려 돈을 벌어 오는 아내가 세상 귀하게 느껴지는 남편. 석윳불도 없이 캄캄한 그 방이 바로 부부가 살아가는 생지옥이었다.

다음 날 아침 드디어 비가 그쳤다. 눅눅한 두려움과 죄책감에 희망의 볕이 들고 춘호는 이주사에게 돈을 받으러 가는 아내를 정성껏 단장해 준다. 마음속 근심은 소나기에 모두 씻겨 가고 즐거운 빛이 가득하다. 호랑이 같던 남편이 다정하게 굴자 아내의 얼굴에도 웃음이 떠오른다. 그렇게 소설은 해피 엔딩으로 마무리된다.

> 밤새도록 줄기차게 내리던 빗소리가 아침에 이르러서야 겨우 그치고 점심때에는 생기로운 볕까지 들었다. 쿨렁쿨렁 논물 나는 소리는 요란히 들린다. 시내에서 고기 잡는 아이들의 고함이며, 농부들의 희희낙락한 메나리도 기운차게 들린다.
> 비는 춘호의 근심도 씻어 간 듯 오늘은 그에게도 즐거운 빛이 보였다.

이후 이어지는 7회에는 아내와 이주사의 격정적인 이야기가 담겼겠지만 우리는 결말을 알 수 없다. 그 시대 김유정의 「소낙비」는 D. H. 로렌스의 『채털리 부인의 연인』이었던 걸까. 로렌스의 이 마지막 소설은 1928년 출판됐지만 외설을 이유로 검열받으며 산산이 조각났고 1960년에야 원본이 세상에 나올 수 있었다. 영국의 출판사인 '펭귄 북스'가 외설물 출판법에 대한 소송에서 승소한 결과였다. 힘든 과정이 있었지만, 독자들이 원본을 볼 수 있게 됐으니 로렌스는 행운이다.

『채털리 부인의 연인』을 지금의 시각에서 읽으면 별로 파격적이라는 생각이 들지 않는다. 남작 부인과 사냥터지기의 신분을 뛰어넘는 사랑은 조선 시대 마님과 돌쇠의 로맨스와 닮아 있다. 오히려 산업화와 석탄 문명, 신분 제도, 가식적인 부부 관계를 바라보는 로렌스의 비판적인 시각에 동시대 사람들이 더 불편함을 느꼈겠다는 생각이 든다.

김유정의 「소낙비」 역시 일부가 조선총독부의 검열을 받은 금서가 됐지만 그다지 적나라한 표현이 담겨 있을 것 같지는 않다. 하지만 세상에 공개된 적이 없으므로 더 호기심을 자극한다. 원래 보지 말라고 하면 더 보고 싶은 게 사람의 심리니까.

김유정 작가가 '따라지 목숨' 대신 '소낙비'라는 제목을 사용한 것은 사건 전개에 소나기가 그만큼 중요한 역할을 했기 때문이다. 불안한 먹구름이 드리워지고 소나기가 무더기로 퍼부은 뒤 밤을 지새운 빗줄기가 멈추기까지 소나기는 모든 사건과 갈등을 전개하고 풀어 가는 중재자다.

만약 그때 그곳에 소나기가 내리지 않았다면 결말은 달라졌을까? 소나기는 춘호 아내의 가슴속에 숨어 있던 욕망에 불을 지폈고 소리 없는 목격자이자 동조자로 남았다. 황순원 작가의 「소나기」가 그 시절 풋풋한 들꽃 내음으로 가득하다면 김유정 작가의 「소낙비」는 가난한 부부가 '2원'을 구하는 과정을 적나라하게 보여 준다. 결과가 좋으면 다 좋은 「소낙비」에는 그리움도, 슬픔도,

죄책감도 없다. 그저 날것 그대로의 욕망만 이글이글 달아올라 머나먼 대기의 소나기를 잉태하고 있다. 그 여름 소낙비는 춘호 부부에게 은인이자 기회였던 걸까. 시간이 흐른 뒤 부부가 빚을 다 갚고 서울에 간다면 과거의 소낙비를 회상하며 어떤 생각에 잠길지 몹시도 궁금하다.

────────── 시인의 낭만은 왜 재난이 되었나 ──────────

번개, 뇌성, 왁자지근 뚜다려
머-ㄴ 도회지에 낙뢰가 있어만 싶다.

벼루짱 엎어논 하늘로
살같은 비가 살처럼 쏟아진다.

손바닥만한 나의 정원이
마음같이 흐린 호수되기 일수다.

바람이 팽이처럼 돈다.
나무가 머리를 이루 잡지 못한다.

내 경건한 마음을 모셔드려
노아 때 하늘을 한모금 마시다.
— 윤동주, 「소낙비」

윤동주 시인은 정적인 시를 많이 썼다. 시인의 우물에는 달이 밝고 구름이 흐르고 하늘이 펼쳐지고 파아란 바람이 분다. 계절이 지나가는 하늘은 가을로 가득 차 있다. 그 풍경 안에서 조용히 고개를 숙이고 참회하는 시인. 그런데 우리에게 널리 알려지지 않은 「소낙비」라는 시에는 예외적으로 역동적인 상황이 펼쳐진다.

고요한 소나기란 원래 존재하지 않듯 번개와 뇌성을 동반한 요란스러운 소나기가 벼룻장을 엎어 놓은 듯 시커먼 하늘에서 화살처럼 퍼붓는다. 빗방울이 땅을 뚫을 듯 맹렬한 기세로 쏟아지고 작은 정원은 흐린 마음처럼 어질러진다. 회오리바람이 몰아쳐 나무도 중심을 잡기 힘들다. 대기 불안정이 극에 달한 하늘을 소나기가 휩쓸고 가는 과정을 한 폭의 수채화처럼 이토록 명징하게 표현할 수 있다니.

소나기의 징후는 하늘만 유심히 보면 알 수 있다. 여름철 갑자기 짙은 먹구름이 몰려오고 하늘이 컴컴해지면 경험상 곧 소나기가 내릴 것을 직감할 수 있다. 강한 상승 기류에 의해 폭이 두터운 적란운이 발달하고 하늘이 쪼개질 듯 요란한 천둥번개를 몰고 온다. 이러한 기상 현상을 '뇌우'라고 부른다. 윤동주 시인의 「소낙비」는 그냥 소나기가 아니라 뇌우가 쏟아지는 모습을 그리고 있다.

시인은 소나기가 일으킨 혼란에서 노아의 방주를 떠올린다. 하늘에 구멍이라도 뚫린 듯 사십 주야 비가 쏟아졌다는 『창세기』 7장의 대홍수 말이다. 시인은 타락한 인류를 벌한 그때 그 노여운 하늘을 바라보며 또다시 경건함에 젖는다.

    소나기는 짧고 굵게 내리는 비다. 한 줌의 빛도 없이 캄캄해진 하늘은 인류 최후의 날을 떠올리게 한다. 쩌렁쩌렁 울리는 천둥은 노여운 신의 함성처럼 들린다. 그러나 먹구름은 금세 개어 버리고 대기를 갈기갈기 찢어 놓던 벼락의 기세도 길지 않다. 한바탕 소나기가 지나면 혼탁했던 세상이 해맑고 보송보송해진다. 대기에 폭발적으로 쌓여 있던 에너지가 사라지고 어디 하나 모난 데 없이 완벽한 균형에 도달하게 되는 것이다.

    노아의 대홍수 이후에 찾아온 세계도 그랬을까? 하나님은 노아의 대홍수 이후 다시는 인류를 물로 심판하지 않겠다고 약속했다. 하지만 알고 있었다. 언젠가 우리가 다시 타락해 심판이 다가온다고 알려도 듣지 않을 것임을. 하나님의 심판 대신 지금은 기후 위기가 잉태한 강력한 폭우가 찾아오고 있다. 뜨겁게 데워진 육지와 바다에서 엄청난 양의 수증기가 솟구치며 위협적인 소나기구름과 대홍수를 불러온다. 역사는 되풀이된다. 우리는 여전히 자연의 경고에 귀를 기울이지 않고 있는지 모른다.

    소나기가 그저 낭만에 젖은 빗방울이면 좋았겠지만, 최근에는 국지성 폭우 또는 집중 호우라고 불리는 흉포한 얼굴로 자주 목격되고 있다. 예고 없이 짧은 시간에 기습적으로 매우 세찬 비가 쏟아진다는 의미로 과거에는 '게릴라성 호우'라고 표현하기도 했다. 동에 번쩍, 서에 번쩍 신출귀몰한 게릴라를 연상시켰기 때문일까. 서울을 예로 들면 강남에는 폭우가 오는데 강북은 비가 한 방울도 오지 않는 경우를 떠올리면 된다.

　　기상청은 시간당 강수량이 30밀리미터를 넘으면 매우 강한 비 또는 호우라고 정의한다. 시간당 강수량이라고 하면 감이 잘 안 오는데, 시간당 5밀리미터의 비만 내려도 바닥에 제법 빗줄기가 떨어지고 차량도 와이퍼를 작동시켜야 한다. 시간당 10밀리미터가 넘으면 우산을 써도 옷이 젖기 시작하고 시간당 20밀리미터 이상의 비에는 우비와 우산도 소용없다. 시간당 30밀리미터 이상의 폭우는 퍼붓는 듯한 비를 떠올리면 된다. 차량에서 시야 확보가 어렵고 하천이나 하수구의 범람이 시작된다.

　　최근 기상 뉴스를 보도하다 보면 시간당 50밀리미터를 지나 100밀리미터를 넘나드는 폭우도 잦아지고 있다. 현대판 노아의 대홍수를 떠올리면 된다. 2022년 8월 8일 저녁 9시 5분 기상청이 있는 서울 신대방동에서 시간당 141.5밀리미터의 비가 관측됐다. 2024년 7월 10일 새벽에는 어청도에 시간당 146밀리미터에 이르는 기록적인 비가 퍼부었다. 그해 장마철에는 어청도를 포함해 군산과 익산, 서천, 부여, 진도, 부산, 의정부, 파주 등 아홉 개 지점에 시간당 100밀리미터 이상의 비가 쏟아졌다. 극한 강수가 이렇게 빈번했던 장마철은 처음이었다.

　　극한 폭우는 넘치고 무너지고 휩쓸려 가는 처참한

풍경을 남긴다. 아련한 첫사랑도, 천금 같은 돈도 끼어들 여지를 두지 않고 냉혹한 심장으로 대지를 할퀴고 지나간다. 소나기의 몸집을 키운 것은 비구름의 재료가 되는 수증기의 양이 폭발적으로 늘었기 때문이다. 우리나라를 포함해 전 세계적으로 대기 중의 수증기량은 1980년대 이후 40년간 꾸준히 증가했다.

수증기가 늘어난 배경에는 지구의 평균 기온 상승이 도사리고 있다. 기온이 1도 오를 때마다 대기가 포함할 수 있는 수증기량은 7퍼센트 정도 늘어난다. 뜨거워진 바다에서 증발하는 수증기량도 예외가 아니다. 우리나라 주변의 해수면 온도는 전 세계적으로 봐도 유례없이 빠르게 상승하고 있는데, 서태평양에서도 수증기가 끓어오르는 '웜풀(Warm Pool)'이 점점 확장하고 있다.

소나기의 변신은 실제 통계로도 확인할 수 있다. 1970년대 시간당 30밀리미터 이상 전국 평균 강수일수는 21.6일에 불과했지만, 2010년대에는 33.7일로 늘었다. 시간당 50밀리미터 이상 폭우의 증가세는 더욱 가파르다. 1970년대 평균 6일에서 2010년대 들어 13.9일로 두 배 넘게 증가했다. 시간당 100밀리미터가 넘는 극한 폭우는 사례가 드물어 추이를 비교하기 어렵지만 최근 잦아지고 있는 것은 부정하기 힘들다.

게릴라전을 펼치듯 빠르게 공중으로 피어올랐다가

순식간에 폭우를 토해 내고 유유히 사라지는 소나기구름. 소나기가 지난 뒤에 어김없이 하늘은 눈부신 맑음을 자랑하지만, 소나기가 엎질러 놓은 세상은 한동안 충격과 공포에서 벗어나지 못한다. 21세기판 소나기의 후폭풍은 과거보다 강력해졌다. 낭만의 소나기를 두려운 존재로 만든 것은 우리가 무책임하게 대기에 쏟아 놓은 뜨거운 온실가스다.

──────── 소나기 같은 악플로 상처받은 마음 ────────

짧고 강렬한 사랑의 기억을 남겨 준 소나기. 소나기가 없었다면 소년과 소녀는 호감이 싹트지 못했을 것이고 소녀의 죽음도 벌어지지 않은 사건이 됐을 가능성이 높다. 소설에서 소나기는 우연이 아니라 필연에 가깝다. 생의 흥분과 죽음의 절망이 수렴하는 아슬아슬한 경계에 소나기가 놓여 있기 때문이다.

　소나기가 가지고 있는 예측 불가능성과 즉흥성은 첫사랑이라는 감정과 닮아 있다. 물론 오래 지속되는 장맛비나 부드럽게 스며드는 이슬비 같은 첫사랑도 있겠지만 거센 소나기에 한 번이라도 몸을 적신 기억이 있다면 평생 잊지 않으리라. 굵은 빗방울이 대지로 추락하며 피아노 건반을 눌러 대듯 굉음을 쏟아 내고 무채색으로 물들어 버린 낯선 세상이 주는 시각적 충격은 심장을 뛰게 한다. 소나기는 질주하는 야생마처럼 우리의 영혼을 휘몰아친다.

　소나기는 벗어나고 싶은 위협이자 공포다. 갑자기

쏟아지는 소나기에 모자를 뒤집어쓰고 거리를 내달린 경험이 한 번쯤은 있을 것이다. 도로에서 험악한 소나기를 만나면 시야가 잘 확보되지 않는다. 와이퍼를 최대로 작동시키고 얼른 비상등을 켠다. 핸들을 쥔 두 손에 절로 힘이 들어가고 브레이크를 밟은 다리에 경련이 일 것 같다. 와이퍼가 힘겹게 왕복하는 소리만 차 안에 퍼져 나간다. 무시무시한 폭포의 터널을 통과할 수 있기를, 저 너머에 안전하게 도착할 수 있길 기도하게 된다.

이런 경험도 있었다. 여행 중에 휴게소에 들러 허기를 채우고 나가려는 순간 거센 폭우가 쏟아지기 시작했다. 험상궂은 하늘을 보니 금방 그칠 비처럼 보이지 않았다. 남편은 우산을 사자고 했다. 차까지 뛰어가기에 좀 멀었기 때문이다. 편의점으로 발길이 향해 가던 중에 나는 휴대 전화를 꺼내 레이더 영상과 초단기 예보를 확인했다. 소나기 구름을 이루는 아주 작은 셀이 우리가 있는 지역에 머물고 있었다. 하지만 곧 동쪽으로 이동할 것으로 보였다.

나는 자신 있게 소나기가 곧 그칠 거라고 말했다. 남편의 얼굴에 미심쩍은 표정이 떠올랐지만, 집에 우산도 많고 더 사기 아까우니 조금만 기다려 보자고 말했다. 5분 정도 지났을까. 거짓말처럼 비가 뚝 그치고 경쾌한 하늘이 눈앞에 펼쳐졌다. 그 순간 나는 바람과 날씨를 읽는 제갈공명이 된 듯 우쭐한 기분이 들었다. 서당 개 삼 년이면 풍월을 읊는다더니 기상청 출입 오래 했더니 예보를 하는 경지에 이르렀을까.

소나기는 영원하지 않다. 이 또한 지나가리라는

것을 우리는 경험으로 알고 있다. 하지만 무섭게 비가 휘몰아치는 그 순간은 끝이 보이지 않을 정도로 길고 더디기만 하다. 누구에게나 모골이 송연해지는 소나기의 시간이 찾아온다. 나는 방송 기자 생활을 하면서 그런 순간을 경험했다.

어떨 때는 그냥 소나기가 아니라 무시무시한 집중호우가 퍼붓기도 했다. 뉴스와 기사에는 항상 많고 적은 댓글이 달린다. KBS 뉴스 홈페이지도, 포털도 마찬가지다. 중국발 미세먼지에 대한 기사에는 수천 개의 댓글이 달렸다. 중국을 욕하고 정부를 욕하고 그것도 부족하면 기자를 욕하는 내용이다. 시시때때로 일상을 덮치는 미세먼지에 대해 분노가 극에 달하면서 댓글 창은 피 터지는 전쟁터 같았다.

여론의 흐름을 읽기 위해 기자는 댓글을 읽고 시청자와 소통해야 한다고 생각한 적도 있었다. 그러나 얼마 가지 않아 그 교과서적 신념은 사라졌고 무조건 댓글 창을 열지 않는 방향으로 마음을 고쳐먹었다. 내가 살기 위해서였다. 거짓이나 과장된 기사를 쓰는 것도 아니고 전문 기자로서 최선을 다해 보도하는데 애먼 댓글로 상처받는 일이 많아졌다.

선플 사이에서 예고 없이 툭툭 튀어나오는 악플은 천둥번개와 우박을 동반한 소나기 같았다. 찬비에 온몸이 젖어 부들부들 떨리고 수억 볼트의 전기와 날카로운 얼음덩어리가 쏟아지며 마음에 생채기가 났다. 무조건적인 욕설 말고도 악플의 유형은 다양했다. 말투나 속도, 호흡에 대한 것도 있었고 외모에 대한 것도 있었다. 다큐 편집하느라 며칠 밤새고 겨우 출연한 사내 유튜브 방송에선 "화장 좀 하라"면서 초췌한 얼굴을 문제 삼는 댓글도 숨어 있었다. 외모 지적은 특히 여성 기자를 대상으로 하는 경우가 많다. 남자 기자들이 출연하면 댓글이 거의 달리지 않을 정도로 무관심한데, 여자 기자는 '얼평(얼굴 평가)'이나 몸매 평가로 도마 위에 올려지곤 한다.

　　방송 기자로 이직한 뒤 처음 겪어 보는 경험이었다. 한때 인터넷 게시판에는 아나운서 갤러리뿐 아니라 여기자 갤러리가 있었다. 입사 초기에는 수시로 캡처한 얼굴 사진이 올라왔다. 눈을 감고 있거나 머리가 산발인 굴욕 사진도 많았다. 당시 빼어난 미모로 유명해진 몇몇 방송사 여기자가 인기몰이를 하고 심지어 팬 카페가 생겨나기도 했다. 누굴 추종하든 뭐라고 하고 싶진 않지만, 여기자를 얼굴로 판단하는 분위기는 솔직히 불편했다. 여성성을 감추기 위해 일부러 짧은 머리에 바지 정장을 고집하고 화장도 하지 않는 여기자도 생겨났다. 이런 분위기는 시간이 지나면서 많이 사라졌지만, 여전히 남기자의 외모를 평가하는 갤러리는 존재하지 않는다.

혼밥족 보도하고 경찰서에 전화한 이유는?

10년 전쯤 혼자 밥을 먹는 '혼밥족'이 늘면서 관련 취재를 했다. 지금은 1인 가구가 급증하며 '나혼산(《나 혼자 산다》)'이라는 예능 프로그램까지 인기를 끌고 있지만 당시는 혼밥족 태동기였다. 혼자서도 눈치 보지 않는 식당 리스트가 공유되고 혼밥 레벨 테스트가 등장했다. 1단계 편의점에서 시작해 푸드 코트와 패스트푸드점, 일반 음식점, 패밀리 레스토랑으로 단계가 올라간다. 최종 단계는 술집과 고깃집이었다.

한국건강증진개발원이 수도권 대학생과 직장인 1,300여 명을 대상으로 조사한 결과 1인 가구가 아니더라도 하루 한 끼를 혼자 먹는 비율이 전체의 30퍼센트를 차지했다. 주부나 은퇴 후 노인 인구까지 더하면 혼밥족은 더 많을 수밖에 없었다. 그런데 문제가 있었다. 혼자 먹을 때와 함께 먹을 때의 모습이 확연히 달랐기 때문이다.

대한지역사회영양학회 심포지엄에 〈혼자 식사의 건강 위험 요인〉 세션이 마련됐다. 발표 자료를 봤더니 혼자 먹을 때는 인스턴트식품 위주로 식사를 대충하는 것으로 나타났다. 주로 먹는 음식은 라면과 빵, 김밥, 샌드위치순이었다. 그러나 가족과 먹을 때는 밥과 고기, 찌개, 해산물, 중식 등을 먹는다는 대답이 많았다.

식사 시간도 차이를 보였다. 혼자 먹을 때는 5~15분이 가장 많았다. 가족과 함께 식사를 할 때는 15~30분으로 식사 시간이 늘었다. 혼밥일 경우 대화

상대가 없어 텔레비전을 보거나 스마트폰을 보는 비율이 높아졌다. 영양의 불균형과 소화 불량을 초래할 수 있고 타인의 시선이 없기 때문에 과식을 할 우려도 컸다.

1인 가구 증가로 혼밥을 피할 수 없다면 건강하게 먹을 수 있는 환경을 조성해야 한다는 뉴스와 디지털 기사를 내보냈다. 제목은 「'혼밥' 비만 부른다…영양 불균형에 성인병까지」였다. 혼밥족의 건강 문제와 함께 편의점은 인스턴트식품 위주가 아닌, 영양이 풍부하고 신선한 식품을 다양하게 판매해야 한다고 지적했다. 또 스마트폰을 쥔 채 후다닥 먹지 말고 15분 이상 천천히 먹는 습관이 중요하다고 조언했다.

그런데 보도가 나가고 무서운 이메일이 도착했다. 아무 생각 없이 메일을 열었더니 욕설이 가득했다. 짜증 나는 회사 사람들이랑 밥 먹는 것보다 혼자 밥 먹는 게 훨씬 행복하다며 근거도 없는 거짓말을 하지 말라고 공격했다. 공부 좀 하고 기사를 쓰라면서 인신공격을 퍼부었다. 뉴스에는 분명 연구의 출처를 밝혔지만 제대로 보지 않은 게 분명했다. 그리 길지 않은 이메일이었지만 머리통을 두들겨 맞은 듯한 충격을 느꼈다. 내 뉴스가 이렇게 욕먹을 만큼 잘못된 뉴스인가? 사회적 이슈에 맞게 발 빠르게 발굴한 아이템이었는데 말이다.

결국 혼자 감당할 일이 아니라는 생각에 용기를 내서 영등포경찰서 사이버수사대에 전화를 걸었다. 이메일을 보낸 사람을 찾아내 처벌할 수 있는지 묻기 위해서였다. 아무리 생각해도 낯선 누군가에게 정신이 얼얼할 정도로 모욕당할 만큼 잘못한 것이 없었다.

정보통신망법 제70조에는 "사람을 비방할 목적으로 정보통신망을 통해 다른 사람의 명예를 훼손한 자는 3년 이하의 징역 또는 3천만 원 이하의 벌금에 처한다"고 명시돼 있다. 댓글 내용이 허위일 경우 7년 이하의 징역 또는 5천만 원 이하의 벌금으로 처벌받는다. 사이버 명예 훼손죄뿐 아니라 악플만으로도 현행법상 모욕죄가 성립돼 1년 이하 징역이나 2백만 원 이하의 벌금에 처해질 수 있다.

그러나 뉴스 홈페이지나 포털처럼 공개된 공간이 아니라 개인적으로 이메일을 보낸 경우는 상황이 달랐다. 경찰은 비슷한 사건들이 엄청나게 밀려 있고 시간이 한참 지난 뒤 범인을 잡더라도 처벌이 경미한 벌금 수준에 그칠 거라고 만류했다. 차라리 변호사를 선임해 민사 소송으로 가라고 했다. 피해자는 나인데 해결은 첩첩산중이었다. 아무도 도와줄 사람이 없었다. 그저 나 혼자 누군가가 퍼부어 놓은 악플의 소나기에 갇힌 기분이었다. 산사태가 일어나고 제방이 터지며 홍수가 난 것처럼 내 마음은 진흙탕이었다. 트라우마가 얼마나 컸던지, 혼밥족 사건 이후 모르는 이메일이 오면 무조건 열지 않고 미리 보기를 통해 슬쩍 보는 습관까지 생겼다.

기자들은 흔히 '일희일비'하지 말아야 오래 산다는 말이 있다. 어떤 날은 특종 보도로 세상을 다 가진 듯 호기롭지만 크고 작은 방송 사고나 악플에 내몰리면 하늘에서 땅으로 자존감이 추락한다. 힘들 때일수록 단단하게 마음을 잡아야 하건만 말처럼 쉽지 않다. 악플로 자살하는 연예인들의 마음을 이해할 것 같았다. 최근에는 방송 뉴스뿐만 아니라 외부의 유튜브에 출연할 기회도 있었는데 댓글을 보고 상처를 받은 적이 종종 있다. 가끔은 무플이 낫다고도 느껴진다.

그러나 악플을 읽는 것은 필수가 아니라 옵션이다. 댓글 창을 열지만 않는다면 모르는 게 약이라는 말처럼 피해 갈 수 있다. 굳이 소나기를 온몸으로 맞으면서 고통스러워할 필요는 없다. 스스로에게 가학적인 성격을 지닌 게 아니라면 말이다.

가끔은 악플러에게 묻고 싶다. 인터넷 댓글 창이 아닌 나와 정면으로 눈을 마주 보고 섰을 때도 같은 말을 할 수 있는지 말이다. 어쩌면 댓글은 분노와 혐오, 원망 같은 감정을 일방적으로 쏟아 내는 배출구일지 모른다. 악플러는 자신이 쓴 댓글을 제대로 기억하지 못할 것이다. 그 짧은 한마디에 누군가 밤새 잠 못 자고 죽음에 이를 수도 있다는 사실에 공감하지 못할 것이다. 그러니까 댓글 하나하나에 예민하게 반응할 필요는 없다.

댓글을 보지 않고 살아가는 일상에 익숙해질 무렵 변수 하나가 등장했다. 초등학생이 된 아이가 유튜브에서 엄마를 찾아보다가 악플을 발견하게 된 것이다. 누가 엄마한테 안 좋은 얘기하던데 엄마 괜찮냐고 아이는 조심스럽게 말을 꺼냈다. 그 순간 가슴이 턱 하고 막히는 기분이 들었다. 미세먼지처럼 유해한 댓글은 절대 안 보겠다고 결심했는데 생각지도 못하게 아이가 판도라의 상자를 열어 버린 것이다. 아이에게 세상에는 다양한 사람들이 있다고 설명하고 너는 다른 사람 마음에 상처 주는 악플을 달면 안 된다고 대화를 마무리했다.

악플이라는 소나기를 건디게 해 준 것은 역설적으로 선플이었다. 2022년 여름 북극에 다녀온 뒤 〈시사기획 창〉 '고장 난 심장, 북극의 경고'를 제작했을 때는 선플이 가진 힘을 느낄 수 있었다. 2주간 북극 스발바르 제도를 취재한 뒤 한 달 만에 밤을 새며 만든 다큐가 방송되는 순간 오늘 밤에는 푹 잘 수 있겠구나 하고 안도감을 느꼈다. 자고 일어났더니 유튜브 댓글 창에 1,000개에 달하는 댓글이 달려 있었다. 모든 고생이 한순간에 날아가는 기분이었다.

물론 삐딱한 댓글도 드물게 있었다. 기후 위기가 허구라거나 기자가 왜 북극의 멸종 위기 식물을 막 먹냐는 등등. 그러면 누군가가 대댓글을 달아 나를 방어해 줬다. 고마움에 왈칵 눈물이 쏟아졌다. 댓글 창을 여는 게 공포스럽던 나에게 완전히 새로운 경험이었다. 이런 댓글들은 밤새 읽어도 행복할 것 같았다. 물론 앞으로 어떤 기사를 쓰더라도 댓글이 달리고 가끔은 욕설도 난무할 거다. 하지만 위로와 공감을 안겨 준 단비 같은 댓글들을 경험한 이후 악플이 그다지 두렵지 않게 됐다.

악플은 짧은 소나기처럼 지나간다. 악플이 몰려올 때는 그 세상에 머물지 말고 노트북과 휴대전화를 잠시 외면하면 된다. 너무 아플 걸 알면서 소나기를 홀로 맞을 필요는 없다. 나를 지키고 보호하는 게 인생을 살아가는 훨씬 지혜로운 길이다. 어차피 세상은 바쁘게 움직이고 새로운 화젯거리가 실시간으로 등장한다. 악플을 품은 험상궂은 한랭전선이 다가오면 나를 알아주고 사랑하는 이들이 훨씬 더 많다는 믿음으로 나 자신을 무장하자. 그것이 현명한 악플 생존법이다.

세상에 악플은 많다. 굳이 온라인이 아니더라도 누군가는 대놓고 악담을 퍼붓고 뒤에서 조용히 험담을 퍼트리기도 한다. 그러한 모욕에 누구나 충격을 받겠지만 일단 내가 우선이다. 모든 사람이 나를 좋아할 수는 없지 않은가. 아이스크림 가게에 가도 종류가 서른 한 가지나 되듯 사람들의 취향은 제각각이다. 모두를 만족시키는 일은 불가능하다. 꺾이지 않는 단단한 마음으로 소나기가 물러갈 때까지 숨을 고르며 기다리자. 소나기가 지난 뒤 강철 같은 무지개를 맞이할 준비를 하며.

인생의 지독한 우기를 만나다

장마
「비 오는 날」

―――――― 비에 젖어 있는 인생들 ――――――

장마철 빗줄기가 그칠 줄 모르고 계속되면 나도 모르게 우울함에 젖게 된다. 기상전문기자에게 장마는 1년 중 가장 고단한 시간이다. 평온했던 날들과 작별하고 밤낮없이 재난 특보를 하며 '시간 외 수당'을 쌓아 간다. 장마가 길어지면 집 안 곳곳에 곰팡이 냄새가 피어오르고 눅눅한 빨래가 서랍 속에 켜켜이 쌓인다. 아이는 수건 냄새를 맡더니 인상을 찌푸린다. 쨍한 햇살이 한 번만 나 주면 좋으련만. 빨래 좀 보송보송하게 말리게. 시원한 바람이 부는 가을날을 하루만이라도 빌려 오고 싶다.

장마철 우울함에 습기를 더하는 소설이 있으니 바로 손창섭의 「비 오는 날」이다. 소설은 비와 함께 시작한다.

> 이렇게 비 내리는 날이면 원구의 마음은 감당할 수 없도록 무거워지는 것이었다.
> ― 손창섭, 「비 오는 날」, 『비 오는 날』, 조현일 엮음, 문학과지성사, 2005, 51쪽

원구는 우연히 소학교 시절 친구인 동욱을 만나 곤궁한 형편을 알게 된다. 동욱은 기독교 가정에서 성장해 목사가 되겠다는 꿈을 품고 자랐다. 하지만 동생 동옥과 함께 1.4 후퇴 때 남한으로 내려온 뒤 극심한 가난에 시달리고 있다. 장애가 있는 동옥은 그림에 소질이 있었고 동욱은 동옥이 그린 초상화를 미군 부대에 팔아서 생계를 이어 가고 있다. 원구는 대여섯 살 시절부터 자신을 졸졸

따라다니던 동옥에 대한 애잔한 마음을 지울 수 없다.
    빗소리를 들을 때마다 원구의 뇌리에는 동욱 남매의 음울한 생활이 떠올라 영사막처럼 흘러간다. 어두운 방과 쓰러져 가는 목조 건물의 음산한 풍경이 비의 장막 저편에서 우울한 흑백 영화처럼 떠올랐다. 비가 그치고 날이 개도 예외는 아니었다.

> 비록 맑은 날일지라도 동욱 오뉘의 생활을 생각하면, 원구의 귀에는 빗소리가 설레고 그 마음 구석에는 빗물이 스며 흐르는 것 같았다. 원구의 머릿속에 떠오르는 동욱과 동옥은 그 모양으로 언제나 비에 젖어있는 인생들이었다.
> ―「비 오는 날」, 51쪽

지루한 장맛비 속에 원구는 무언가에 중독된 것처럼 동욱 남매를 찾아갔다. 줄기차게 쏟아지는 비에 우산도 소용없이 흙탕물투성이가 되고 힘들게 도착한 그곳에는 낡은 목조 건물이 원구를 기다리고 있었다. 두 개의 통나무 기둥이 무너지려는 집을 간신히 버티고 있었다. 원구는 만화책에 나오는 도깨비 집을 떠올린다. 무성한 잡초에, 유리창이 하나도 남아 있지 않아 가마니때기로 들이치는 비를 겨우 피하고 있었다.
    비 오는 날인 데다가 창문까지 거적때기로 가려서 방 안은 굴속같이 침침하다. 천장에서 쉴 새 없이 빗물이 떨어진다. 양동이에 빗물이 떨어지는 소리가 소란스럽게 방 안을 울린다. 원구는 문득 원피스 아래로 드러난 동옥의 다리를 보고 놀란다. 어릴 때 소아마비를 앓은 동옥의 왼쪽 다리가 어린애의 손목같이 가늘고 짧았다.

원구의 방문이 잦아질수록 동옥은 조금씩 마음을 열기 시작했다. 두 번째 만났을 때는 얼굴을 붉히고 고개를 숙이더니 세 번째에는 해죽이 웃어 보였다. 비록 우울한 미소지만 원구는 동옥의 태도가 찾아갈 때마다 달라지는 걸 느끼며 반가움을 감출 수가 없다. 그러던 어느 날 동욱의 집에서 잠을 청하게 되고 동욱이 잠꼬대처럼 내뱉은 "동옥과 결혼할 용기는 없는가?"라는 말에 마음이 흔들린다.

한 달 가까이 길어지는 장마에 원구도 장사를 못 하고 놀다 보니 밑천만 축내고 있었다. 장마철 습기로 방이 눅눅해져 이부자리에까지 곰팡이가 퍼져 나갔다. 마음 깊은 곳까지 시커먼 곰팡이가 침투해 들어올 것 같은 음산한 방에 처박혀 원구는 동욱과 동옥 남매를 떠올린다. 결국 어느 날 퍼붓는 비를 무릅쓰고 또다시 그들에게 향한다. 손에는 술과 통조림이 들려 있었다.

쓰러질 듯한 집에선 처음 보는 우락부락한 사내가 기어 나왔다. "당신이 정(丁) 뭐라는 사람이냐"고 묻더니 동욱 남매의 소식을 전해 준다. 외출한 뒤에 갑자기 소식이 없는 동욱은 군대에 끌려갔을 것이고 오빠가 사라지자, 어머니를 부르며 밤중에 울던 동옥도 자취를 감췄다. 동옥이 마지막 편지를 원구가 오면 전해 달라고 남겼지만, 간수를 잘못해서 사라졌다는 얘기도 듣게 된다.
동옥은 얼굴이 반반하니 몸을 팔아서라도 굶어 죽지는
않을 거라는 말에 원구의 마음속에는 분노와 함께 자신이
동옥을 팔아먹었다는 자책의 목소리가 들려온다.

> 후두둑 후두둑 유리 없는 창문으로 들이치는
> 빗소리를 들으며 사십주야를 비가 퍼부어서
> 산꼭대기에다 배를 묶어 둔 노아네 가족만이 남고
> 세상이 전멸을 해버렸다는, 구약성경에 나오는
> 대홍수를 원구는 생각해 보는 것이었다.
> ―「비 오는 날」, 64쪽

소설에는 시작부터 끝까지 비가 내린다. 소설의 주인공이
'비'라고 해도 과언이 아닐 정도다. 기나긴 장마에
접어들며 6.25 전쟁을 겪은 사람들의 마음속에는
가난과 절망, 무기력이 곰팡이처럼 퍼져 나간다. 책을 읽고
나면 더 우울해지지만 이보다 장마와 잘 어울리는 소설은
없다. 비 오는 날 원구가 동욱 남매를 떠올리는 것처럼
장마철이 되면 이 소설을 나도 모르게 펼치게 된다.

지금은 세상이 나아졌다고는 하지만 속절없는 비로
피해를 입게 되는 건 여전히 동욱 남매 같은 이들이다.
폭포수처럼 빗물이 들이치는 도심의 반지하 주택은
안락한 보금자리가 아닌 죽음의 장소로 변했다. 아름다운

섬진강 변에 살던 사람들은 기록적인 장맛비로 제방이 무너지자 집을 잃고 떠도는 신세가 됐다. 하늘이 뚫린 것 같은 빗줄기에도 쉬지 못하고 야외에서 일하는 사람들이 존재한다. 우리는 뉴스에서 전하는 비극적인 소식을 들으며 원구가 그랬던 것처럼 안타까워하고 자책감을 느끼며 살아가는지도 모른다.

────── 과거 장마는 잊어라, 장마의 흉포한 변신 ──────

2020년 여름 끝이 보이지 않는 장마로 모두가 애를 태웠다. 중부 지방에서 54일간 최장 장마가 이어지며 비가 멈추지 않았다. 전국에서 홍수와 산사태가 끊이질 않았고, 설상가상으로 장마가 끝나자마자 태풍 세 개가 연이어 한반도를 강타했다. 장마와 태풍으로 인한 인명 피해는 46명에 달했다. 재산 피해도 1조 2,585억 원으로 과거 10년 평균의 세 배를 넘었다.

장마는 정체전선의 영향으로 비가 자주 오는 시기를 의미한다. 열대 지방의 우기와 비슷한 개념이다. 예로부터 '오뉴월 장마'라는 말이 있다. 음력으로 5, 6월, 그러니까 양력 6월과 7월에 장마철에 접어들어 많은 비가 내리는데 보통 6월 20일을 전후해 제주도부터 장마가 시작돼 7월 중하순쯤 끝난다.

『삼국사기』나 『고려사』, 『조선왕조실록』 등의 역사서에도 장맛비 기록이 남아 있다. 장마와 가을장마로 민가가 떠내려가거나 압록강의 물이 넘쳐 병선(兵船)이 표류했다는 내용도 나온다. 이 시기에 찾아오는 장마가 그만큼 우리와 오랜 세월 함께했다는 뜻이다. 그런데 최근 장마가 달라지고 있다. 더 변동성이 크고 흉포해진 얼굴로 종횡무진 우리 삶을 위협하고 있다.

장마는 기상학적으로는 정체전선에 의해 내리는 비를 뜻한다. 우리나라 북동쪽에는 차고 습한 오호츠크해 고기압이, 남동쪽에는 덥고 습한 북태평양 고기압이 위치한 가운데 기온 차이에 의해 그 경계에 정체전선(장마전선)이 발달한다. 성질이 다른 두 공기 덩어리가 맞부딪치면 정체전선에 강한 비구름이 발달하며 폭우가 퍼붓는다. 장마를 포함해 여름에 내리는 비는 연평균 강수량의 50~60퍼센트를 차지한다.

정체전선은 장마 초기에 제주와 남부 지방에 머물다가 중부 지방으로 북상하는데 보통 남북을 오르락내리락하며 비를 뿌린다. 가끔은 중부 지방이나 남부 지방에만 정체전선이 머물며 반쪽 장마를 불러오기도 한다. 장마의 패턴은 해마다 조금씩 달라도 남쪽 북태평양 고기압이 한반도 전체로 확장하면서 정체전선이 북쪽으로 밀려나고 길었던 장마가 끝나는 것이 공식이었다.

그러나 손창섭 작가가 지금의 장마를 겪는다면 전혀 다른 소설이 나올지 모른다. 장맛비 대신 땡볕 더위와 가뭄이 극성일 때도 있고 두 달 가까이 폭우가 퍼붓는 변칙 장마도 찾아오기 때문이다. 사십 주야가 아니라 오십 주야 퍼붓는 비로 바뀐 것이다. 54일의 최장 장마를 겪으며 우리는 한반도에서 장마의 공식이 더 이상 통하지 않는다는 것을 깨달았다.

2020년 장마는 두 가지 기록을 남겼다. 중부 지방을 기준으로 가장 길었고, 가장 늦게 끝났다. 서울을 비롯한 중부 지방에선 6월 24일부터 8월 16일까지 54일간 장마가 지속돼 역대 1위였던 2013년의 49일보다 5일 길었다. 장마가 끝난 시기도 광복절을 넘기면서 이전 기록인 1987년 8월 10일보다 6일 늦었다.

　　장마 초기에는 제주와 남해안에 주로 비가 내렸다. 그러다가 장마전선이 저기압과 콤비를 이루며 한반도를 통과하는 경우가 많아졌고 특히 동해안에 폭우가 잦아졌다. 저기압의 중심에서 불어 나오는 시계 반대 방향의 바람이 태백산맥과 부딪히면서 강수대를 발달시켰기 때문이다. 열대 저기압인 태풍과 유사한 구조다.

　　7월 하순부터는 장마전선이 좀 더 북상해 중부 지방까지 비를 몰고 왔다. 4호 태풍 '하구핏'과 5호 '장미'가 수증기를 공급해 비의 양을 엄청나게 늘렸다. 장마의 끝자락에는 기상청 예보마다 시간당 최고 100~120밀리미터의 폭우가 오겠다는 말이 등장했다. 간담이 서늘해지는 순간이었다.

　　7월 23일 부산에 시간당 87밀리미터의 강한 비가 집중돼 초량 지하 차도가 물에 잠기며 인명 피해가 발생했다. 7월 30일에는 대전과 완주에서 시간당 100밀리미터가 넘는 폭우가 관측됐다. 시간당

100밀리미터의 벽을 너무 자주 넘다 보니, 코앞까지 닥쳐온 기후 위기의 심각성을 체감할 수 있었다. 그해 장마를 계기로 우리 사회가 어떻게 재난에 대처해야 할지 논의하고 대비해야 한다는 목소리가 커졌다.

2020년 장마철 전국 평균 누적 강수량을 보면 700밀리미터가 넘는 비가 내렸다. 보통 장마 기간 평균 강수량인 350밀리미터의 두 배에 이른다. 강원 산지의 향로봉과 미시령에선 누적 강수량이 2,000밀리미터가 넘었고 수도권과 남해안 곳곳에도 1,300밀리미터 안팎의 많은 비가 왔다. 우리나라 연평균 강수량이 1,400밀리미터가량이니 얼마나 많은 비가 짧은 기간에 쏟아졌는지 알 수 있다.

그동안 장마는 기상학계에서 애물단지 취급을 받았다. 과거처럼 비가 길게 이어지는 장마가 아니라, 마른장마니, 반쪽 장마니 하는 변칙적인 현상이 많았기 때문이다. 사람들은 장마인데 왜 비가 안 오냐며 불만을 터뜨렸고 장마라는 용어를 다른 말로 대체하거나 아예 없애야 한다는 주장도 나왔다. 장마가 끝난 뒤에도 국지성 호우가 잦아졌는데, 장마가 끝나면 비도 끝난다는 인식이 남아 있는 것도 문제였다. 하천과 계곡에서 캠핑을 하던 사람들은 폭포 같은 비에 고립되곤 했다.

최근 장마철 강수량 추이를 보면 들쭉날쭉하다. 2011년에만 600밀리미터에 가까운 많은 비가 왔을 뿐 나머지 해에는 평년(350밀리미터)보다 대부분 적었다. 2014년에는 특히 장마 소멸이라는 말이 나올 정도로 장마의 존재감이 없었다. 그러나 2020년 장마는 기상청 예보관들도 처음 겪어 보는 일명 '찐장마'였다. 북쪽의 차고 건조한 공기가 너무 강해서 남쪽 북태평양 고기압이 확장해 올라오지 못한 것이 원인이었다.

정체전선이 북태평양 고기압의 세력에 밀려 북쪽으로 올라가야 장마가 종결되는데, 그해 장마는 팽팽하게 대치하는 북쪽 찬 공기와 남쪽 더운 공기 사이에 강한 비구름대가 만들어졌다. 특히 한반도를 주기적으로 통과한 저기압이 비구름의 세력을 키웠다는 점에 주목해야 한다.

2020년 장마 초반(6월 23일~7월 28일)의 기압계를 분석해 보면 저기압이 우리나라를 지날 때마다 남쪽에 위치한 정체전선을 끌어 올렸다. 저기압은 우리나라 서쪽에서 건조한 공기를 몰고 왔고 습한 북태평양 고기압과의 경계면에서 대기 불안정이 커지며 거센 비가 쏟아졌다.

저기압이라는 물 폭탄을 장착한 정체전선에는 한반도가 뒤덮일 만큼 거대한 구름대가 발달했다. 비구름은 마치 도깨비처럼 움직였고 시간당 100밀리미터를 넘나드는 집중 호우를 뿌렸다. 차고 더운 공기의 온도 차이뿐만 아니라 습도 차이에 의한 대기 불안정으로 강한 비구름이 발달했기 때문이다.

저기압을 동반한 장마전선은 전통적인 장마처럼 비를 길게 뿌리지는 않았다. 저기압이 빠르게 동쪽으로 이동하며 폭발적으로 비를 쏟아부은 뒤 정체전선이 남하하는 형태를 보였는데, 장마철 초반에 이런 패턴이 반복됐다.

반면 장마 중후반에는 전통적인 장마철에 발달하는 비구름 형태를 보였다. 남쪽 북태평양 고기압과 북쪽 차고 건조한 공기 사이에 동서 방향의 정체전선이 발달한 것이다. 장마철 전반의 남북으로 서 있는 비구름대가 아닌, 가로 방향으로 폭이 좁은 구름대였다.

정리하자면 2020년 장마는 시기에 따라 다른 얼굴로 우리나라에 찾아왔다. 기상청 베테랑 예보관조차 수치 예보 모델에서 누적 강수량이 400~500 밀리미터가 넘는 것으로 모의될 때마다 이대로 예보를 내야 하는 건지 당혹스러웠다. 그 예측이 현실이 됐을 때는 두려웠다고 고백한다. 기상청은 피해를 줄이기 위해 최대한 보수적으로 예보를 하기에 오보 논란도 잦다. 2020년 장마철에 기상청이 중부 지방에 시간당 120밀리미터의 폭우가 오겠다고 호우 예비 특보를 내렸는데 비구름대가 더 북쪽으로 올라간 적이 있었다. 그러자 왜 서울에는 비가 안 왔냐는 대중의 비난이 쏟아졌다.

───────── 해마다 다른 얼굴로 찾아오는 장마 ─────────

2020년 장마는 기상청 예보관에게도 역대 가장 힘든 장마였다. 저기압과 콜라보한 남북 방향의 비구름대와 중부 지방에 정체해 끝 모를 비를 뿌리던 동서 방향의 비구름대 모두 위협적이었다. 기후학자들은 장마의 형태가 최근 들어 더욱 예측 불허로 변하고 있다고 입을 모은다.

과거 장마가 북태평양 고기압과 오호츠크해 고기압이라는 두 가지 변수로 이뤄진 방정식이라면, 최근 장마는 다양한 변수가 작용하는 고차 방정식이다. 건조한 공기를 몰고 오는 중규모 저기압에 티베트 고원에 발달하는 뜨겁고 건조한 고기압, 열대 몬순의 덥고 습한 공기, 북극과 적도 역시 장마의 정체성을 변화시키고 있다.

기상청의 변명처럼 들릴 수도 있겠지만, 장마 예측은 어려워진 게 사실이다. 매년 체감할 수 있지만, 마른장마에서, 최장 장마로 롤러코스터를 타듯 변동성도 커졌다.

비가 적게 내리면 마른장마, 남부나 중부 중 어느 한쪽에만 비를 뿌리면 반쪽 장마, 중부에서 먼저 장맛비가 시작되면 거꾸로 장마, 평년보다 늦게 시작되면 지각 장마, 새벽에만 비가 퍼부으면 야행성 장마 같은 장마의 별명도 늘고 있다. 장마의 특징이 그만큼 변화무쌍하게 변하고 있다는 뜻이다. 어느 해는 장마가 길고 비도 많이 오지만, 이듬해는 반대의 현상이 나타나기도 한다. 해마다 들쑥날쑥하고 일정한 경향성을 찾기도 어렵다.

장마의 패턴을 나날이 예측하기 어려워진 이유는

될까. 해마다 차이는 있겠지만 과학자들은 그 이유로 기후 위기를 지목한다. 2020년 여름에는 북극발 고온 현상이 전 지구를 뜨겁게 달궜다. 6월 20일 러시아 극동부에 위치한 베르호얀스크에서 최고 기온이 38도까지 올라갔다. 평년보다 20도나 높은 기록이었다.

안정된 고기압이 북극권에 장시간 머물며 대기 순환을 꽉 막아 버렸고 7월 들어서는 고기압의 시계 방향 순환을 따라 북극의 찬 공기가 우리나라로 밀려왔다. 장마철 후반에 북태평양 고기압의 확장이 번번이 가로막힌 것도 이례적으로 강했던 북쪽 한기의 영향이었다. 결국 2020년 최장 장마를 불러온 배경에 북극의 이상 고온 현상이 있었던 셈이다.

우리나라에서 북극의 영향은 겨울에 지배적인 것으로 알려져 있지만, 그 공식은 깨지고 있다. 2018년 여름에는 북극발 온난화가 중위도 동서 방향의 대기 순환을 막아 버려 한 달 넘는 장기 폭염이 지속됐다. 2020년에는 역대 가장 긴 장마라는 변수로 찾아왔다. 비단 북극뿐만 아니라 지구 어디라도 이상 기후가 발생하면 다른 지역에 예상치 못한 날씨가 찾아온다는 것은 이제 상식이 됐다. 기후 위기의 나비 효과는 때와 장소를 가리지 않는다.

2023년 여름에도 우리는 흉포한 장마와 맞서야 했다. 7월 15일 충북 청주 오송에서 미호강이 범람하면서 인근 궁평 지하 차도가 침수됐다. 호우 경보와 홍수 경보에도 불구하고 차량이 통제되지 않았고 결국 열네 명이 사망했다. 전국에서 폭우로 산사태도 잇따라 인명 피해가 누적됐고 그해 여름 수해로 목숨을 잃거나 실종된 사람은 50명이 넘었다.

   2024년 장마철에는 폭우 기록이 속출했다. 7월 10일 새벽 군산 어청도에서 시간당 146밀리미터라는 강수량 기록이 나왔는데, 우리나라에서 관측을 시작한 이후 가장 강한 비였다. 기존 최고 기록은 1998년 7월 31일 순천의 시간당 145밀리미터였다. 이 정도 비는 파괴력이 어떨까? 당시 어청도의 이장님이 KBS에 제보한 영상을 보면 섬 전체에 마치 나이아가라 폭포 같은 빗줄기가 흙탕물로 쏟아지는 모습이었다.

   2022년 여름에는 일찍 찾아온 2차 장마가 충격과 공포로 새겨졌다. 8월 8일 밤 서울 동작구 신대방동에 시간당 141.5밀리미터의 비가 퍼부었다. 이전 기록인 1942년의 118.6밀리미터를 80년 만에 넘어선 건데, 1907년 서울에서 기상 관측을 시작한 이후 최대 강수량이었다. 강남이 물바다로 변하면서 도시의 기능이 한순간에 마비됐고 맨홀에서, 반지하 주택에서 안타까운 희생이 이어졌다.

   해마다 다른 얼굴로 찾아오는 장마는 우리 삶에 그 무엇보다 강력한 위협이 됐다. 북극의 숨은 한기가 장마의 생명력을 늘리고 중국에서 다가온 중규모 저기압이 정체전선의 위력을 키운다. 장마철을 안전하게 보내기 위해서는 급변하는 장마의 정체성을 파악하고 정확히 예측해 철저하게 대비해야 한다. 특히 재난에 대한 대비와 대응이 부족한 취약 계층을 보듬는 일에 적극적인 노력을 기울여야 한다.

──────── 10년 만에 나온 『장마백서』 봤더니 ────────

2022년 기상청은 10년 만에 개정된 『장마백서』를 공개했다. 장마와 가을장마(2차 장마) 두 차례의 피크로 나타나던 과거의 특징이 사라지고 6월 하순부터 9월까지 석 달 정도 네다섯 개의 피크가 이어지는 우기의 특징이 나타나게 됐다.

특히 최근에는 시간당 30밀리미터가 넘는 집중 호우 빈도가 과거보다 20퍼센트 늘면서 장마의 체질도 바뀌고 있다. 변화된 장마의 가장 큰 특징은 한 번 비가 올 때 짧은 시간에 집중되는 경향이 통계적으로도 유의미하게 증가하고 있다는 점이다.

기후 위기로 장맛비가 내리는 패턴이 크게 달라지며 기상청은 여름철 비를 장마만으로 설명할 수 없는 난감한 상황에 처했다. 2022년에는 여름 강수량의 절반이 장마가 끝난 뒤에 집중됐다. 중부 지방과 남부 지방의 강수량 격차도 400밀리미터 넘게 벌어졌다. 그러나 2020년처럼 그 반대의 여름도 있으니, 한쪽으로 가고 있다고 섣불리 예단할 수 없는 노릇이다.

한 가지 확실한 점은 장마철을 6월 말에서 7월 중순까지 국한할 게 아니라 여름철 전체를 비가 많이 오는 시기로 받아들이고 재난에 대비해야 한다는 점이다. 기상청은 변화하는 기후에 맞게 한국형 우기를 재정의하고 국민과 소통하는 일에 적극적으로 나서야 한다. 지자체는 비 오는 날 가장 취약한 사람들이 누구인지 따져 보고 미리 대비해야 한다.

　기상청의 예보도 달라져야 한다. 단기 예보에서 국지성 강수에 대한 예측 정확도를 끌어올리는 동시에 장기 예보도 개선해야 한다. 다가오는 여름에 극한 더위가 심할지, 아니면 극한 폭우가 심할지 정도만 알 수 있어도 대책을 세우는 데 도움이 될 것이다.

　장마는 그 자리에 머물러 있지 않는다. 오히려 생명력을 지닌 것처럼 기후 변화에 맞물려 역동적으로 변하고 있다. 장마의 원인은 대기 중에 존재하는 성질이 다른 공기 덩어리들의 충돌이고 그 결과는 불안정 해소다. 지구의 공기가 더 뜨거워진다거나 차가워지고 건조해지는 변화가 생겨나면 장마도 변할 수밖에 없다.

　대기 중에 온실가스를 끝없이 배출하면서도 장마가 과거에 머물러 있기를 바라는 것은 허황된 욕심이다. 소설 속 장마는 과거의 향수가 됐고 앞으로의 장마는 예측하지 못한 또 다른 모습으로 불쑥 닥칠 것이다. 온순한 장마를 조금이라도 우리 곁에 붙들어 두기 위해서는 기후 위기를 막아야 한다. 그것만이 소설 속 주인공 '원구(元求)'의 이름이 암시하는 것처럼 우리에게 구원이 될 것이다.

― 엄마, 비처럼 쏟아지는 그리움 ―

살다 보면 한 뼘의 희망도 비추지 않는 암울한 우기가 찾아온다. 생각해 보면 나에게도 화살같이 뾰족한 빗방울이 온몸에 내리꽂히던 때가 있었다. 엄마가 암 환자가 된 순간이었다. 처음 엄마에게 암이 선고됐을 때는 믿을 수 없었다. 건강하던 엄마가 한순간에 벼랑 끝에 내몰린 신세가 된 것이다. 병원 순례를 하는 사이 놀라움은 사그라들고 안타까움만 속절없이 길어졌다. 우리 가족은 폭우처럼 절규했다. 햇살이 반짝 들다가도 눅눅한 절망이 마음속에 피어나 실낱같은 희망을 파먹었다.

엄마는 충무 여자였다. 지금은 통영이란 이름으로 바뀌었다. 외할아버지는 선장이었고 엄마는 6남매의 막내였다. 집은 부유한 편이었다. 어려서부터 영리해 네 명의 딸 가운데 유일하게 충무 시내로 유학까지 갔지만 은행원의 꿈을 이루지 못했다. 집에선 오빠들만 공부를 시켜 줬다. 둘째 오빠는 고려대 법대에 들어가 가문의 소원을 이뤄 주나 했지만 사법 고시에 실패했다. 엄마는 그저 멀리서 들려오는 오빠의 소식에 한숨지을 수밖에 없었다.

그런 엄마가 아빠를 만났다. 아빠는 경북 김천이 고향이지만 할아버지를 따라 강릉으로 갔다. 해군에서 군

복무를 할 때 아빠는 엄마를 소개받았고 진해 군항제가 계기가 돼 처음 만났다. 흩날리는 벚꽃 아래 얼마나 설렜을까. 사랑에 빠진 청춘 남녀의 모습이 눈에 선하게 그려진다. 지금으로 치면 버스커 버스커의 〈벚꽃 엔딩〉이 흘러나왔을 것 같다. 그 시절 데이트 맛집은 충무김밥 집이었다. 지금은 멍게비빔밥도 있고 도다리쑥국도 유명하지만 옛날에는 충무김밥이 최고였다. 속이 들어 있지 않은, 손가락 크기의 민짜 김밥을 새콤달콤한 오징어무침과 곁들여 먹으니 얼마나 맛있었을까.

이 시절 아빠와 엄마가 나눈 연애편지는 안방 자개장 안에 소중하게 보관돼 있었다. 어린 시절 글을 깨친 나와 동생은 마치 추리 소설의 주인공처럼 비밀 편지를 몰래 읽는 재미에 푹 빠졌다. 특히 아빠가 편지를 시작할 때 자주 쓰던 관용구 같은 표현이 웃겨서 깔깔거렸다. 나의 태양 두아에게, 내 마음 깊은 곳의 두아에게, 보고 있어도 보고 싶은 두아에게…. 엄마 이름만 그대로인 채 온갖 수사가 동원됐다. 30년간 경찰 공무원 생활을 하고 퇴직한 엄격한 아빠에게 이렇게 말랑말랑하던 시절이 있었다. 엄마 뱃속에 있는 나에게 쓴 편지도 있었다. 아빠의 편지를 읽는 엄마의 가슴은 단물을 가득 머금은 햇복숭아처럼 설렜을 것이다.

충무 여자인 엄마는 강릉 남자에게 시집왔다. 몹시 추운 1월이었다. 경상도 여자에게 강원도 한파는 처음 겪어 보는 험한 것이었다. 마치 오 헨리의 「마지막 잎새」에 나오는 캘리포니아 아가씨 존시가 뉴욕에 와서 처음 매서운 한파를 경험한 것처럼 말이다. 엄마가 강원도로 떠날 때 가족들은 몹시 걱정했다. 가장 무서운 건 북한의 무장 공비였다. 말도 안 된다고 엄마는 가족을 안심시켰지만, 말도 안 되는 일은 현실이 되고 말았다.

결혼 15년 뒤인 1996년 9월 18일 북한 무장 공비가 탄 잠수함이 강릉 해안가에 숨어들었다. 최초 신고자는 택시 기사였다. 바다에 돌고래 같은 물체가 보이면서 불빛이 번쩍하는 것을 눈썰미 좋게 발견한 것이다. 현장을 확인한 군과 경찰은 국가 비상사태를 의미하는 진돗개 하나를 발령하고 대대적인 수색에 돌입했다. 북한의 잠수함에는 무장 공비 26명이 타고 있었다. 무장 공비라는 말에서 알 수 있듯 무기를 가진 북한군이 강릉 곳곳에 침투하고 멀게는 평창, 인제까지 이동했다.

언제 어디서 공비를 만날지 모른다는 생각에 두려웠다. 결국 야간 통행금지령이 내려졌다. 공비 사살 소식과 함께 우리 군과 민간인 희생 소식도 계속 들려왔다. 북한이랑 전쟁 나서 다 죽을지도 모른다는 공포감에 공부는 해서 무엇하나 절망했던 기억이 난다. 무장 공비 소탕 작전이 종료된 것은 11월 7일, 무려 50일이 흐른 뒤였다. 엄마의 고향인 남쪽 나라에서는 무장 공비 뉴스를 보며 얼마나 엄마를 걱정했을까.

엄마는 강원도에 와서 만두라는 음식을 태어나서 처음 먹어 봤다. 잘게 다진 김치와 고기, 으깬 두부를 섞어 밀가루 피에 넣고 싸서 먹는 만두는 강원도 사람들이 즐겨 먹는 음식이다. 특히 김장 김치가 적당히 익어 가는 한겨울에 손만두를 빚어 뜨끈한 국물과 먹으면 앉은 자리에서 만두 열 개는 기본이다. 밀가루 반죽을 밀대로 밀고 주전자의 뚜껑으로 눌러서 동그란 만두피를 만들던 기억이 난다. 손으로 만들면 마트에서 파는 만두피보다 두툼하고 더 쫄깃쫄깃하다. 주변에는 돼지고기 대신 직접 잡은 꿩이나 토끼고기로 만두를 빚는 집도 있었다.

감자도 지독하게 많이 먹었다. 뽀얗게 분이 오른 감자를 하얀 쌀밥에 올리고 강판에 갈아서 바삭한 감자전을 부쳐 먹었다. 감자는 강원도 사람들의 소울 푸드였다. 엄마는 고향 바닷가에서 나는 신선한 생선과 굴, 멍게의 맛이 그리웠지만 친정이 너무 멀어서 갈 수 없었다. 세 딸을 키우는 사이 충무 아가씨는 억척스러운 강원도 아줌마로 변해 있었다. 국물이 일품인 만둣국과 바싹한 감자전의 달인이 됐다.

엄마가 암 투병을 하게 된 건 코로나19가 막 퍼져 나가던 불안한 시기였다. 암 환자가 되기에 엄마는 아직 젊은 나이였고 그래서 억울했다. 검사를 거듭할수록 좋지 않은 징후들이 드러났다. 결국 전이가 일어난 4기 진단이 나왔다.

아빠는 자꾸 '말기' 암 환자라고 했고 나는 말기가 아니라 4기라고 고집스럽게 정정했다. 어디든 전이가 일어나면 무조건 4기라고 부르는 것이다, 말기와는 전혀 다른 개념이라고 말이다. 말기 암 환자라는 말로 엄마를 절망으로 몰아넣는 아빠가 무신경하게 느껴졌다. 엄마의 마음속에서는 4기건, 말기건 이미 아무 상관 없었지만 나는 항암 치료를 잘 받으면 엄마가 완치할 수 있다는 희망을 품었다. 그러나 그것은 나만의 소망이었다.

　　엄마는 무서운 속도로 야위었다. 병원에 검진을 갈 때마다 엄마가 체중계 앞에 서는 게 두려웠다. 아빠는 식욕이 없는 엄마에게 소리를 쳐서라도 강제로 먹이려고 했다. 엄마는 죽 한 숟가락을 넘기는 것도 힘겨웠다. 식탁에서 지난한 싸움이 이어졌다. 먹이려는 사람과 먹지 못하는 사람의 전쟁이었다. 이긴 사람도, 진 사람도 없이 그저 깊은 한숨으로 마무리되는 몸부림이었다. 엄마는 끝없는 불안과 불면에 시달렸고 신경 안정제와 수면제를 처방받았다. 먹어야 하는 약의 종류는 한없이 늘어 갔다. 지친 엄마는 약을 거부하며 베개 밑에 숨겨 버려 아빠를 당황하게 했다. 결국 정신과 치료를 받기 위해 입원까지 하게 됐다.

　　평생 순하고 착하게 살았던 엄마는 지독하게 못된 우기를 만났다. 우리 가족 모두의 우기이기도 했다. 엄마는 비에 갇혀 앞으로 한 걸음도 나아가지 못했다. 기존 항암제에 내성이 생긴 순간 삶에 대한 용기를 모두 꺾어 버렸다. 자식들 모두 키우고 이제 좀 살 만하니 찾아온 갑작스러운 폭우였다. 한 번도 암 환자가 될 거라는 상상을 하지 못했는데 왜 이런 천벌을 받았는지 원망스러웠다. 동시에 건강을 소홀히 한 자신이 밉기만 했다. 분노와 슬픔, 자책의 감정이 무한 반복 됐다. 엄마는 커다란 파도에 휩쓸려 갔고 눈물에 젖은 우리는 엄마를 바라보면서도 구하지 못했다.

    병원 진료 때문에 엄마는 아빠와 함께 우리 집에 머무는 날이 많았다. 엄마가 국물이라도 넘길 수 있을까 해서 그 시절 나는 장금이가 됐다. 몸에 좋다는 전복죽의 달인이 됐고 어린 시절 엄마가 해 주던 사골곰탕의 맛을 더듬어 우족과 소꼬리를 사서 열 시간 넘게 끓였다. 두세 번 고아 나온 농축된 뽀얀 국물에 엄마가 밥 한 숟가락이라도 말아서 먹는 모습을 보기 위해서였다. 엄마는 큰딸을 고생시킨다며 늘 미안해했고 정성껏 만든 음식을 먹지 못해 눈물을 삼켰다.

    암 환자가 된 뒤로 엄마는 늘 미안해했다. 아무 효용 가치가 없어진 자신이 가족에게 피해가 된다고 생각했다. 섬망 증상이 나타날 때면 자기가 뭘 잘못했냐고, 아프니까 버리려고 한다며 울부짖었다. 가슴이 찢어지고 피눈물이 쏟아지는 날들이었다. 아빠 역시 아픈 엄마 곁에서 그을린 시간을 보냈다. 혹시라도 엄마에게 코로나19를 전염시킬까 두려워 친구를 만나는 것도, 모임에 나가는 것도, 결혼식에 가는 것도 포기했다. 아빠는 24시간 엄마만 바라보고 있었다.

    나 역시 정상이 아니었다. 반차를 내고 새벽부터 올림픽대로를 달려 엄마, 아빠를 병원에 데려가 진료를 받은 뒤 오후에 회사에 출근했다. 2020년의 길고 긴 장마철, 재난 특보는 그치지 않았다. 생방송을 마치고 돌아오면 휴대 전화에 부재중 전화가 수북이 쌓여 있었다.

엄마가 중환자실로 옮겨졌다는 아빠의 음성을 들은 뒤에도 나는 병원으로 달려갈 수 없었다. 눈물을 삼키며 또 방송에 들어가고 방송이 끝나면 억지로 쓰디쓴 밥알을 씹으며 버텨야 했다.

결국 엄마를 돌보기 위해 두 달간 휴직을 냈다. 추운 겨울이었다. 지친 아빠에게도 휴식이 필요하다는 생각이었다. 어린 딸을 데리고 내려가 엄마와 지내게 됐다. 마음을 굳게 먹었는데도 그 시간은 빛이 들지 않는 터널 같았다. 엄마는 나날이 쇠약해졌고 신경이 날카로워졌다. 엄마를 위해 만든 음식은 내가 거의 먹는 것 같았고 시간만 속절없이 흘러갔다.

평소 과묵한 성격의 나에게 가장 힘든 일은 엄마와 이야기를 나누는 것이었다. 동생은 재잘재잘 엄마와 수다도 잘 떠는데 나에게는 그게 쉽지 않았다. 딸만 있는 집의 장녀로서 어린 시절부터 장남 역할을 해야 한다는 부담을 안고 자라서일까. 차라리 음식이나 집안일은 하겠는데 다정한 말로 엄마를 위로하고 보듬는 일에는 전혀 재능이 없었다. 어쩌면 노력도 제대로 기울이지 못했다. 지금 생각하면 정말 안타깝다.

겨울 햇볕이 드는 쌀쌀한 베란다에 엄마는 초점 없는 눈으로 앉아 있곤 했다. 어느 날은 갑자기 머리카락을 쥐어뜯으며 비명을 질렀다. 몸이 너무 아프고 자신의 신세가 답답해서 참을 수 없는 분노가 쏟아져 나온 것이다. 엄마는 내가 쓴 새 책을 보면서 통곡했다. 이렇게 자식을 잘 키웠는데 왜 내가 지금 죽어야 하냐고, 자식이랑 손주 더 보다 가면 안 되냐고 서럽게 울었다.

그 시절 엄마와 우리는 거센 빗줄기를 뚫고 걷고 또 걸었다. 하늘이 뚫린 것 같은 폭우였다. 우산을 써도 아무 소용이 없었다. 엄마가 주저앉으려 하면 누군가 달래고 다그치면서 앞으로 나아갔다. 우리에게 후퇴는 없었다. 그 끝에 무엇이 있는지 모두 알고 있었다. 하지만 아무도 말하지 않았다. 찬란한 기적이 펼쳐지길 조용하게 기도하면서 하루하루 지독한 우기를 견뎠다.

엄마는 가을 태풍이 북상하던 칠흑 같은 밤에 떠났다. 엄마의 고통으로 가득했던 비는 멎었다. 우리 가족의 우기도 끝났다. 엄마가 암 환자가 된 지 1년 반 만이었다. 처음 암 진단을 받았을 때 엄마가 2년만 넘길 수 있게 해 달라고 기도했다. 4기라는 단어가 주는 공포감 때문이었다. 엄마는 새처럼 앙상해진 몸으로 길다면 길고, 짧다면 짧은 시간을 버텼다. 엄마에게는 고통에 휩쓸려 표류했던 가혹한 시간이었겠지만 나에게는 소중한 엄마가 이 세상에 마지막으로 존재한 시간이었다.

지금은 엄마라는 존재가 곁에 없다. 앞으로도 영원히 없을 것이다. 나는 알고 있다. 고운 무지개가 뜨는 날 우리가 다시 만나게 될 거라는 사실을. 삶의 길목에 또다시 예기치 못한 장맛비가 등줄기를 서늘하게 두드릴 날이 분명 올 것이다. 그것은 나의 질병일 수도 있고 이별이거나 죽음일 수도 있다. 인생에 우기가 찾아와도 너무 슬퍼하거나 노여워하지 말자. 언젠가 흩어지는 먹구름처럼 끝나지 않는 폭우도, 영원한 시련도 없다. 그저 그 시간을 불안과 원망으로 얼룩지게 두지 말고 따스하게 끌어안으며 소중하게 살아 내자. 지금도 엄마라는 말을 입에 올리면 미처 말로 전하지 못한 안타까움과 그리움이 비처럼 쏟아진다.

이글대는 폭염과 부조리한 죽음

태양
『이방인』

―――― 총구에 내려앉은 아찔한 햇볕 ――――

나는 소설을 읽을 때 첫 문장에 굉장히 집중한다. 원고지 수백 매에서 수천 매에 이르는 새로운 세계의 시작을 작가가 어떻게 시작할지 너무나 궁금하기 때문이다. 어떤 소설은 첫 문장부터 시선을 빼앗고 어떤 소설은 간결한 문장만으로도 책장을 넘기게 만든다. 강렬하고 매혹적인 소설의 첫 문장은 독자의 가슴에 종소리가 울리게 한다.

아름다운 첫 문장으로 유명한 소설들이 있다. 책을 읽지는 않았어도 어디선가 들어본 기억이 날 것이다. 워낙 유명하다 보니 인터넷에는 원문까지 떠돌 정도다. 이런 문장들은 너무나 근사해서 언젠가 써먹어야지 생각하지만, 나의 미천한 기억력은 늘 배신을 안긴다. 차라리 주문처럼, 아니 구구단처럼 반복해서 외우는 게 나을지도 모르겠다.

"국경의 긴 터널을 빠져나오자, 눈의 고장이었다. 밤의 밑바닥이 하얘졌다. 신호소에 기차가 멈춰 섰다." (가와바타 야스나리, 『설국』, 유숙자 옮김, 민음사, 2002, 7쪽)

"행복한 가정은 고만고만하지만, 불행한 가정은 그 불행의 모양이 저마다 다르다." (레프 니콜라예비치 톨스토이, 『안나 카레니나』)

"나를 이스마엘이라고 불러 줘." (허번 멜빌, 『모비 딕』)

개인적 취향에 따라 매력적인 첫 문장은 많고

많을 것이다. 얼마나 행복한가. 고르고 또 고르면 밤을 새울지도 모른다. 언어를 매개로 시간과 공간을 초월해 무한한 감동이 전해질 수 있다는 점은 경이롭다. 고전을 읽을 때마다 이렇게 오래된 작품인데도 여전히 살아 숨 쉬는 생명력에 놀랄 수밖에 없다. 국적과 시대가 모두 다른 가와바타, 톨스토이, 멜빌 작가의 손을 붙들고 멋진 문장을 써 줘서 고맙다고 외치고 싶은 마음이다.

내가 찐으로 감사하고 싶은 작가는 또 있다. 그의 첫 문장 역시 앞선 작품들에 뒤지지 않을 만큼 강렬하다.

> 오늘, 엄마가 죽었다. 아니 어쩌면 어제인지도, 모르겠다.
> — 알베르 카뮈, 『이방인』

이렇게 무미건조하면서도 압도적인 첫 문장이 또 있을까. 책을 다 읽은 뒤에 다시 첫 문장으로 돌아간다면 카뮈가 왜 이런 첫 문장을 선택했는지 깨닫게 된다. 엄마가 죽은 날이 오늘인지 어제인지 헷갈리는 주인공에겐 도대체 어떤 일이 벌어진 걸까.

어머니의 죽음을 알리는 전보를 받고 이틀간 휴가를 낸 뫼르소는 어머니가 사망한 양로원으로 향한다. 소설의 배경은 알제다. 프랑스의 식민지였던 알제리의 수도이자 북아프리카의 아름다운 항구 도시다. 지중해성 기후가

태양

나타나 여름이 뜨겁고 건조한 특징을 지닌다. 그래서인지 소설을 처음부터 끝까지 관통하는 일관된 이미지는 강렬한 태양이다.

　어머니의 죽음으로 시작된 소설은 주인공 뫼르소의 여정을 따라간다. 3년 전 어머니는 양로원에 입소했다. 주인공은 어머니를 부양할 수 없는 형편이었고 간병인을 고용하기에도 수입이 넉넉하지 못했다. 어머니는 양로원에 처음 도착했을 때 종종 울었지만, 아들은 어머니가 양로원에 있는 편이 더 좋았을 거라고 말한다.

　소설이 세상에 나온 지 80년 넘게 흘렀다. 지금은 나이가 들고 병에 걸리면 요양원에 가는 것이 자연스럽다. 대가족에서 핵가족이 되면서 세대 간 유대 관계가 줄었다. 1년에 한두 번 얼굴 볼까 말까 한 자식과 며느리, 사위의 간병을 받느니 요양원이 편할 수 있다. 일과 육아로 바쁜 자식에게 돌봄의 부담까지 지울 수 없다는 부모도 많다.

　하지만 여전히 요양원에 가는 것을 기피하는 부모와 요양원에 부모를 보내는 것에 죄책감을 느끼는 자식들이 존재한다. 시대가 바뀌었다고 하지만 전통적인 가족 제도와 효에 대한 무의식이 남아 있기 때문이다. 최후의 선택으로 요양원을 알아보는 자식은 부모를 '고려장'하는 기분이 든다. 요양원에 가는 부모는 다신 집에 돌아오지 못하고 요양원에서 죽음을 맞을 거라는 슬픈 예감에 사로잡힌다. 자식과 부모 모두 아직은 편치 못하고 쿨하지도 못하다.

　하물며 지금도 이런데 뫼르소의 시대는 어땠을까. 뫼르소는 80년 전 인물이지만 지나치게 개인적이고 주변 일에 무관심하며 냉담하기까지 하다. 심지어는 장례식에서 일반적으로 기대되는 슬픈 표정이나 눈물도 보이지 않는다. 어머니의 얼굴을 마지막으로 보겠느냐는 제안을 두 차례나 거절하고 어머니의 나이에 대해선 정확하게 대답하지도 못한다. 누구라도 생전 어머니와 친밀하지 않았던 것은 물론 불효자로 여길 수밖에 없는 모습이다.

주변의 시선을 의식한 걸까. 장례 절차가 진행되는 내내 뫼르소는 자신을 심판하기 위한 자리에 있는 것처럼 불편함을 느낀다. 밤샘을 하는 동안에는 졸리고 피곤하고 허리가 아픈 기분에 사로잡힌다. 어머니의 죽음이 주는 충격보다 일상적인 고통이 더 심각하게 다가온 것이다. 뫼르소는 정말 어머니를 사랑하지 않은 걸까. 아니면 모자 관계에 어떤 문제라도 있었나. 소설을 읽는 내내 의문에 사로잡혔다.

아스팔트를 녹여 버릴 듯한 태양의 열기 속에 장례 행렬이 계속된다. 해가 쏟아지는 빛나는 들판을 걷는 동안 땀이 흐르고 손수건으로라도 부채질을 해야 했다. 소설 속 간호사의 말대로 천천히 걸으면 일사병의 위험이 있고 그렇다고 빨리 걸으면 땀이 많이 나면서 오한이 날 수 있는 위험한 날씨였다. 발자국이 푹푹 박혀 들어간 아스팔트는 마치 번들거리는 죽처럼 뭉개졌다. 주인공은 폭염이 빚어 낸 비현실적인 풍경 속에서 약간은 정신이 나가 버린다.

어머니의 장례식을 마치는 순간 뫼르소는 안도감에 사로잡힌다. 그것은 열두 시간 동안 잘 수 있다는 뜻이었다. 다시 집으로 돌아온 주인공은 해수욕장에서 수영하고 여자 친구 마리와 데이트를 하는 평범한 주말의 일상을 되찾는다. 그리고 생각한다. 어머니는 땅속에 묻혔고 나는 다시 일터에 나갈 것이고 어쨌든 아무것도 바뀐 건 없다고….

지나칠 만큼 감정적 동요가 없는 뫼르소는 다른 사람과 어떠한 정서적 연결도 느끼지 못한다. 마리가 자기와 결혼하고 싶은지 묻자 원한다면 결혼할 수도 있다고 대답한다. 그러나 사랑은 아무 의미가 없고 전혀 중요하지 않으며 아마도 마리를 사랑하지는 않는 것 같다는 대답이 먼저 나온 뒤였다. 뫼르소는 어머니에게도 비슷한 말을 건네지 않았을까.

뫼르소는 결국 이방인이었다. 타인에게 무관심하고 감정적으로 고립된 그를 사람들이 이해하지 못하고 거부하면서 그는 더욱 외롭고 떠도는 존재로 전락하고 말았다. 지금이라면 지독하게 쿨한 개인주의자이거나 MBTI의 'F(감정)' 대신 'T(사고)'가 우세한, 무미건조한 사람으로 존중받았겠지만, 과거에는 다른 방식으로 세상을 바라보는 이방인의 시각이 허락되지 않았다. 그리고 그는 해변에서 운명적인 태양을 마주한다.

햇볕은 모래 위로 거의 수직으로 떨어졌고, 바다에서 반사되는 빛은 견디기 힘들었다. 해변에는 이제 한 사람도 남아 있지 않았다.

(…)

우리는 오랫동안 해변을 걸었다. 이제 햇볕은 찍어 누르는 듯했다. 햇살이 모래와 바다 위에서 잘게 부서졌다.

(…)

아마 얼굴 위에 드리운 그늘 때문이었는지, 그는 웃고 있는 것처럼 보였다. 나는 기다렸다. 햇볕이 내 뺨을 불태웠고, 눈썹에 땀방울이 느껴졌다. 그 햇볕은 엄마를 묻던 날과 똑같은 것이었다. 나는 그때처럼 이마가 지근거렸고 피부 밑에서 모든 정맥이 고동쳤다.

평온한 해변의 고요는 귀를 찢는 듯한 소리와 함께 파괴되고 말았다. 바다와 하늘에서 실려 온 뜨거운 숨결이 비 오듯 쏟아지고 존재를 뒤흔들었다. 방아쇠에 힘을 주고 당기는 순간 뫼르소는 깨달았다. 땀과 태양을 떨쳐 버렸다는 사실을. 동시에 낮의 균형을, 스스로 행복감을 느꼈던 해변의 그 예외적인 고요를 파괴했다는 것을 말이다. 꼼짝하지 않는 아랍인의 몸에 또다시 네 발의 총알이 깊숙이 박혔다. 주인공은 그 네 발의 총성이 불행의 문을 두드리는 네 번의 짧은 노크와 같았다고 읊조린다.

경찰에 체포돼 조사와 재판을 받는 과정은 신기루처럼 비현실적이다. 사람을 죽였다는 사실을 망각한 듯 주인공의 눈에는 모든 일이 장난처럼 비친다. 아랍인을 죽일 의도는 없었다. 차라리 그 사건은 태양 때문에 벌어진 일이었다. 뫼르소는 진짜로 후회하고 있다기보다 일종의 지긋지긋함을 느꼈다.

『이방인』에서 주인공의 정서를 꿰뚫고 있는 한 단어를 선택하라면 바로 지긋지긋함일 것이다.

어머니의 사망으로 이틀간 휴가를 낼 때도 사장의 눈치를 봐야 하니 밥벌이가 지긋지긋할 수밖에 없다. 갑작스럽게 세상을 떠난 어머니의 장례 절차 역시 지루하기 그지없다. 장례식에서 보인 태도가 무심해 보였다며 자신을 평가하는 타인들, 살인 의도가 없었다고 해도 살인마로 몰아가려는 재판부 모두 뫼르소의 마음속에 지겨움을 증폭시킨다.

이 모든 지겨움이 부조리한 상황 속에 폭발하면서 주인공은 결국 진실을 위한 죽음을 받아들이고 만다. 작열하는 태양 아래 한 점 그림자도 남기지 않은 뫼르소, 이 소설은 아무 감정 없이 어머니의 장례를 치르고 사람을 죽이는 소시오패스에 대한 이야기일까.

소설은 이글대는 태양과 눈부신 바다로 채워져 있다. 소설의 배경인 알제는 북위 36.7도에 위치한다. 아프리카니까 적도에 가깝지 않을까 싶지만 서울(북위 37도)과 위도 차이가 거의 나지 않는다. 지중해를 접하고 있어 연중 온화한 기후가 나타난다. 겨울은 따뜻하고 비가 자주 오고 여름에는 건기가 이어지며 매우 건조하고 무덥다. 알제의 집들은 햇볕을 반사하고 시원하게 하기 위해 흰색으로 칠한다. 두껍게 만든 벽과 작은 창문도 따가운 햇살을 막아 준다.

『이방인』에는 지중해의 여름이 살아 숨 쉬고 있다. 햇볕을 그리워하는 유럽인들이 오롯이 태양을 누리기 위해 찾아오는 곳. 그러나 비 오듯 불을 내리붓는 하늘과 바다에서 실려 온 짙고 뜨거운 숨결에, 눈물과 소금의 장막 뒤에서 뫼르소는 눈이 멀어 버렸다.

소설 속 태양은 알제의 무더위와 여름의 일상을 보여 주는 배경일 뿐 아니라 주인공의 심리를 지배하는 장치이기도 하다. 끓어오르는 태양은 뫼르소의 불안과 절망, 고통을 부채질하고 내면의 갈등을 표출하게 만드는 기폭제가 된다. 만약 뫼르소가 어머니의 부고를 받은 계절이 여름이 아니었다면 어땠을까. 차분히 장례를 치르고 돌아와 보통의 일상을 보내지 않았을까. 주말에 마리와 만나 영화를 보고 항구를 산책하면서 말이다.

지긋지긋함을 느끼면서도 마리가 원하는 평범한 결혼을 하고 아빠가 될 수도 있었다. 자신의 인생을 바꿔야만 할 이유를 찾을 수 없다고 했지만, 인생은 가끔 이유 없이 흘러간다. 우연의 파도에 휩쓸리고 길을 잃어버려 새로운 운명과 맞닥뜨리기도 한다. 꼭 결혼해야지, 꼭 아이를 낳아야지, 꼭 해외 파견 근무를 가야지, 철저한 결심과 계획을 하지 않아도 어느 날 갑자기 선택지가 날아든다.

인생을 바꿀 생각이 없었던 뫼르소는 이런 운명을 상상이나 했을까. 엄마의 장례를 치르던 날과 똑같은 태양이 머리를 쿵쿵 때리자 우발적으로 살인을 하고 재판을 받고 결국은 인생이 저 멀리 흘러가 버렸다. 작가는 치밀하게도 뫼르소(Meursault)라는 주인공의 이름을 살인(meurtre)과 태양(soleil)을 뜻하는 프랑스어의 앞 글자를 조합해 만들었다고 한다. 1947년에 출판한 소설 『페스트』에는 "알제에서 한 상사의 직원이 바닷가에서 아랍인을 죽였다"라는 구절을 비밀처럼 숨겨 두기도 했다. 뫼르소에 대한 작가의 애정이 작지 않았음을 알 수 있다.

    한 가지 다행스러운 부분은 무한 쳇바퀴 같은 일상을 살았을 그가 감옥에 있는 동안 비로소 어머니에 대한 기억을 다시 떠올리고 마리와의 관계에 대해서도 되짚어 본다는 점이다. 감옥의 고독과 고립 속에서 인생을 다르게 바라볼 수 있는 여유를 얻게 될 것이다. 사형이 아닌, 다음 기회가 주어졌다면 또 다른 인생을 살게 됐을지도 모른다.

    지나치게 냉소적이고 정 없는 뫼르소지만 만약 그와 친구였다면 마리가 그랬던 것처럼 가녀린 애정을 놓지 않았을 것 같다. 뫼르소는 현대를 살아가는 우리 자신의 모습이기도 하다. 회사에 다녀도 늘 월급은 통장을 스칠 뿐 마이너스에 허덕인다. 휴가 낼 때마다 눈치가 보이고 각박한 현실에 사랑도, 결혼도 피곤한 게 사실이다. 아픈 부모가 요양원에 있어도 면회 한번 가기가 마음처럼 쉽지 않다.

'삼위일체(三位一體)'라는 신학 용어로 유명한 로마의 철학자 테르툴리아누스는 "오직 태어나는 것만 죽으니 탄생은 죽음에 진 빚이다"라고 말했다. 시공을 초월한 철학자의 깨달음처럼 삶과 죽음은 동전의 양면처럼 맞닿아 있다. 그렇기에 누군가는 죽음을 통곡과 오열 대신 담담하게 바라볼 수 있다. 뫼르소를 인정머리 없는 냉혈한이라고 비난할 필요는 없다. 오히려 거짓과 위선, 겉치레로 포장된 가짜 감정들을 경계해야 하지 않을까. 어머니의 죽음으로 시작한 소설은 아랍인의 죽음으로 이어지고 사형 선고를 받은 뫼르소의 독백으로 끝난다.

> 모든 것이 완성되도록, 내가 덜 외로울 수 있도록, 나에게 남은 소원은 다만 내 사형 집행일 날 많은 구경꾼들이 찾아와 증오의 함성으로 나를 맞아 주었으면 하는 것뿐이다.

온라인과 오프라인을 넘나드는 무한한 관계에 지친 우리는 가끔 뫼르소처럼 이방인이 돼 잠시 고립되고 싶어진다. 누군가의 아들, 딸, 남편, 아내, 엄마, 팀장… 이런 이름이 버거울 때가 있다. 그럴 때는 새파란 지중해의 바다와 하늘에 잠겨 혼자 질리도록 수영을 하고 싶다. 맛있는 레스토랑에 가서 여유 있게 식사하고 나만의 시간을 원 없이 실컷 보낸 뒤 다시 세상으로 돌아오는 거다. 누구에게나 이방인의 시간이 필요하다. 처절한 태양 앞에 나를 놓아두고 녹아내릴 듯한 자아와 투명하게 마주하는 시간 말이다.

───────── 추석에 떠난 엄마와 장례식 ─────────

아빠의 목소리가 떨리고 있었다. 나는 거듭 물었다. 아닐 수도 있잖아. 아빠. 병원에 가 봐야 하는 것 아니야? 잠든 걸 수도 있어. 추석 연휴를 앞둔 어느 9월이었다. 다음 날 이른 새벽 어둠이 가시기도 전에 차를 몰고 강릉에 내려갔다. 사방이 칠흑처럼 어두웠다. 태양이 사라진 것 같은 날이었다. 눈물이 멈추지 않았다.

더 이상 살아 숨 쉬는 엄마가 없었다. 집에 도착했을 때 엄마는 이미 병원 장례식장으로 떠났다. 엄마가 누워 있던 안방 침대와 이불에 쓰러져 울었다. 엄마 냄새가 아직 머물러 있었다. 엄마의 마지막을 함께하며 눈을 맞추고 볼을 비비고 손을 잡을 수 있었다면, 사랑한다는 목소리를 들려줄 수 있었다면 좋았을 텐데. 엄마는 기다려 주지 못했다.

엄마의 빈소가 차려졌다. 세 딸 중 장녀인 나는 검은색 상복을 입고 장례식장에 섰다. 그동안 엄마를 돌보느라 수척해진 아빠는 금방이라도 쓰러질 것 같았다. 조문객들이 분주하게 오가고 절을 하고 인사를 나누고 잠깐 앉았다가 울고 또 조문객을 맞았다. 엄마를 떠나보낸 날이지만 애도의 시간은 길지 않았고 손님을 맞느라 정신이 없었다.

그러다 엄마의 영정 사진을 보면 와락 눈물이
터지기를 반복했다. 사진 속 엄마는 웃고 있는 것
같기도 하고 무표정한 것 같기도 했다. "방실아" 이렇게
금방이라도 부를 것처럼 느껴졌다. 항암 치료를 받느라
괴로웠던 엄마의 마지막 순간이 아프게 맴돌았다.
지금이라도 집에 돌아가면 엄마가 반겨 줄 것만 같았다.
모든 게 꿈이었으면 좋겠다는 생각만 들었다.

엄마와 마지막 인사를 하는 입관 절차가 기다리고
있었다. 눈을 감은 채 곱게 수의를 입고 있는 엄마. 엄마,
눈 떠 봐. 엄마. 큰딸이 왔어. 엄마는 믿을 수 없을 만큼
차가웠다. 항상 따뜻하던 엄마의 손이 얼음 같았다. 어릴
때부터 손발이 차가웠던 나는 엄마의 품을 파고 들곤
했다. 엄마는 넌 왜 이렇게 손발이 차냐고 걱정하며
엄마의 온기를 나눠 줬다. 하지만 지금은 엄마의 온기가
사라지고 냉기만 감돌았다. 엄마가 더 이상 이곳에
존재하지 않음을 실감할 수 있었다. 살아 있는 나의
온기를 엄마에게 나눠 주고 싶었다.

투병에 지친 엄마의 몸은 너무나 작았다. 수의로 감싼
엄마의 몸을 안고 얼굴을 비비며 엄마의 숨을 다시 지필
수만 있다면 하고 기적을 바랐다. 우리 가족은 마지막까지
엄마를 보내지 않으려고 발버둥 치고 있었다. 모든 고통을
내려놓은 엄마의 얼굴은 오히려 편안해 보였다. 엄마에
대한 각자의 감정이 폭발하며 통곡했다. 엄마. 미안해.
오래 함께 있지도 못하고 엄마가 힘들 때 도와주지도
못하고 다정한 이야기 상대가 돼 주지도 못하고…. 그저
못 한 것투성이였다.

엄마는 늘 딸들이 부럽다고 했다. 서울에서 대학을 다니고 맘껏 공부도 하고 여행도 다닐 수 있어서. 엄마도 우리처럼 살아 보고 싶다고 했다. 엄마가 김치며, 반찬이며 보따리를 싸들고 서울에 와도 고마운 줄 모르고 당연하게 생각했다. 바쁘다는 핑계로 오붓한 시간을 보낸 적이 별로 없었다. 나중에 엄마는 지나가는 소리로 이렇게 말했다. 방실이 너는 잔정이 없다고.

엄마가 떠나고 일상으로 돌아왔다. 그러나 예기치 못한 순간 엄마는 나를 찾아왔고 폭풍처럼 눈물이 쏟아졌다. 회사 가는 길에 여의도 파천교를 건너며 엉엉 울었다. 코로나19로 마스크를 쓸 때라 다행이었다. 뺨을 타고 눈물이 줄줄 흘렀다. 마스크는 금세 축축하게 젖어 버렸다. 엄마의 손길이 그대로 남아 있는 강릉 집에 가면 더했다. 아빠는 엄마가 쓰던 물건을 하나도 치우지 않았다. 닳아 버린 은수저와 손잡이가 녹아 버린 국자, 그릇, 컵, 냄비 같은 엄마의 손때 묻은 살림살이를 볼 때마다 눈물이 났다. 엄마의 영정 사진은 식탁 위에 놓여 있었다. 아빠는 차마 혼자 밥을 먹지 못하고 항상 엄마와 함께 했다.

젊고 건강하던 엄마가 한순간에 암 환자가 됐다. 긴 공직 생활 끝에 퇴직하고 취미로 농사를 짓던 아빠가 엄마를 돌보게 됐다. 엄마의 상태가 점점 나빠지고 식사하는 양이 줄었다. 우리는 걱정스러웠다. 아빠 혼자가 아니라 전문적인 기관의 도움을 받아야 하는 것이 아닌지

백방으로 수소문했다. 살림을 해 본 적 없는 아빠가 혼자서 매끼 엄마의 밥을 준비하는 것도 버거웠을 것이다. 엄마가 잘 먹지 못하면 아빠는 힘들고 괴로워서 호통을 치기도 했다. 정성껏 차린 음식이 그대로 쓰레기통으로 향할 때의 기분은 누구나 알 수 있다. 아빠의 속상함을 알지만, 숟가락 들어 올릴 기운마저 사라진 엄마의 마음은 또 어땠을까.

　　항암제로 약해진 엄마의 체력을 끌어올리기 위해 서울 강남의 고급 요양 병원을 예약했다. 여기저기 알아보고 물어본 결과였다. 일주일 단위로 입원해서 각종 치료를 받게 되는데 비용이 어마어마했다. 실비 보험이 있는 사람들은 지원을 받는다고 하지만 엄마는 실비 보험이 없었다. 그러나 우리 가족은 자비를 들여서라도 엄마의 기력을 보충하고 입맛을 찾아 주고 싶었다. 요양 병원에는 호텔 조리사가 상주하고 있다고 했다.

　　엄마는 거절했다. 그냥 집에 있겠다고 말이다. 자기가 귀찮으니까 버리려고 한다고 아빠를 비난했다. 이대로 있는 것은 아빠에게도, 엄마에게도 좋은 길이 아닌 것 같다고 나는 엄마를 설득했다. 시설 좋은 곳에서 몇 주만 쉬다가 오면 엄마 건강도 좋아지고 아빠도 잠시 쉴 수 있지 않냐고 달랬다. 결국 엄마는 비장한 얼굴로 우리의 제안을 받아들였고 아빠는 떠나는 엄마를 보며 눈물을 삼켰다.

사설 구급차를 불렀다. 엄마는 서울까지 세 시간 거리를 도저히 앉아서 갈 수 있는 상태가 아니었다. 동생이 엄마와 구급차에 타고 나는 차를 몰아 구급차를 뒤쫓았다. 구급차의 속도가 얼마나 빠른지 운전하는 것이 이렇게 무서웠던 적은 처음이었다. 영동고속도로는 익숙한 길이었지만 구급차는 내 시야에서 사라지기를 반복했다. 마치 첩보 작전을 펼치듯 동생과 연락하며 가속 페달을 밟았다.

요양 병원에 도착한 엄마는 낯선 장소가 불안한 듯 보였다. 동생이 엄마와 남기로 하고 나는 집에 돌아갔다. 그날 밤 울음 가득한 동생의 전화가 걸려 왔다. 엄마가 집에 가겠다고 소리를 질러 간호사가 달려오고 소란이 벌어졌다고 했다. 엄마의 심리 상태가 극도로 불안해진 것이다.

다음 날 나는 회사에 출근했다. 점심을 먹으러 홍대 쪽에 있는 중국집에 갔다. 갑자기 전화가 걸려 왔다. 동생이었다. 동생 목소리 뒤로 엄마가 비명을 지르며 내 이름을 부르는 소리가 들렸다. 당장이라도 달려가고 싶었지만 폭우 때문에 오후에 갑작스럽게 출연이 잡혔다.

내 인생은 번번이 이렇다. 하늘도 무심하지, 한 치 앞도 내다볼 수 없고 엄마가 위중할 때 곧장 달려갈 수 없는 신세였다. 나는 매번 무기력한 딸이었다. 전화로는 엄마를 더 이상 설득할 수 없었다. 결국 하룻밤 만에 사설 구급차가 다시 병원에 가서 엄마를 실었고 강릉으로 돌아갔다. 뜬눈으로 밤을 새운 아빠는 엄마를 맞았다. 다시는 요양 시설에 보내지 않겠다고, 눈을 감는 순간까지 집에서 함께하기로 아빠는 엄마와 약속했다.

　　엄마에게 요양 병원은 죽음과 같았다. 나이 들고 병들었을 때 돌봐 줄 배우자나 자식이 없어 끌려가는 곳. 어떤 사람들은 이러한 시설에서 같은 병과 싸우는 친구를 만나 힘을 얻는다. 영양가 풍부한 식단에 입맛을 회복하고 다양한 프로그램에 참여하며 재미를 느끼기도 한다. 새롭게 도입된 치료 요법과 약으로 도움을 받을 수도 있다. 내가 찾아본 후기들은 달콤한 효과로 가득했다. 그러나 엄마는 달랐다. 나의 잘못도, 그렇다고 엄마의 잘못도 아니었다.

　　엄마는 가족의 품을 떠나고 싶지 않았다. 살가운 정으로 가득한 보금자리를 하필 가장 아프고 약한 순간에 떠나야 한다면 누구나 비슷한 심정일 것이다. 엄마의 마음을 제대로 헤아리지 못했다. 시설 좋은 곳에 1~2주 치료받으면서 머물다 오는 건데 왜 저렇게 완강하게 고집을 부리는지 이해할 수 없었다. 나는 요양 병원을 마치 호텔처럼 생각했던 것이다. 누군가에게는 고급 호텔보다 집이 더 편안한 장소일 텐데.

　　언젠가 회사 동기들과 점심을 먹고 이런저런 이야기를 나눴다. 입사한 지 15년 차가 되어 가던 우리는 초등학생 아이를 키우느라 정신이 없었다. 우리 나이쯤 되면 이제 양가 부모님들이 편찮으실 때가 찾아오고 장례를 치르고 아이 뒷바라지하다 보면 금방 나이를 먹는다는 얘기였다. 그냥 일상적인 대화라고 생각했지만 바로 다음 날 엄마가 아프다는 전화를 받은 뒤에야 우리가 나눈 이야기가 현실이 됐다는 사실을 깨달았다.

엄마의 혹독한 겨울이 가고 봄과 여름, 그리고 가을이 찾아왔다. 엄마의 계절은 흑백 사진처럼 빛을 잃었다. 엄마는 어렸을 때 생일이 추석 직전이어서 싫었다고 했다. 통영 바닷가에서 6남매의 막내로 태어난 엄마의 생일은 명절의 어수선함에 묻혀 그냥 지나가기 일쑤였다. 결혼한 뒤에도 상황은 달라지지 않았다. 종가집 큰 며느리로 들어와 추석 차례 준비로 생일을 잊고 지냈을 우리 엄마.

　　엄마는 65번째 생일이 지난 다음 날 떠났다. 투병 1년 차 생일에는 내가 차린 갈비찜과 미역국에 입이라도 댔지만 2년 차에 접어들자 거의 먹지 못했다. 나는 엄마의 생일에 집에 내려가지 못했다. 곧 있을 추석 연휴에 만나면 된다는 핑계로 미루고 있었다. 결국 엄마의 마지막 생일도 챙기지 못하고 엄마의 마지막 순간도 놓치고 말았다. 추석 연휴에 차려진 엄마의 장례식장에 동기들이 찾아왔다. 우리는 아픔과 슬픔을 함께 나누며 그렇게 나이 들어 가고 있었다. 질병과 죽음은 머지않아 우리를 겨냥해 찾아오겠지.

　　엄마가 아프기 시작하면서 흔들리는 몸과 마음을 다잡기 위해 요가를 등록했다. 바쁠 때면 일주일에 겨우 하루 갈까 말까인데도 그 시간이 그렇게 소중할 수가 없었다. 착하게만 살아온 엄마가 왜 저렇게 고통받아야 하는지 하늘에 대고 소리치고 싶었다. 주변의 누군가가 조금이라도 뾰족한 얘기를 하면 물어뜯을 것 같은 심정이었다. 다행히 요가를 하고 명상을 하는 동안 세상에 잔뜩 화가 난 나의 독기는 누그러지고 풀어졌다.

 엄마가 떠난 뒤에는 더 자주 요가원을 찾았다. 태양 경배 자세라고 부르는 '수리야 나마스카라'를 반복하며 정신없이 움직이다 보면 체온이 오르고 온몸에 피가 돌기 시작했다. 인도의 수련자들이 매일 아침 태양이 뜨는 시간에 하는 동작으로, 떠오르는 태양을 마주하며 무사히 하루를 맞을 수 있음에 감사하고 경건하게 몸과 마음을 다잡는 것이다. 내게 가장 큰 효과는 잡념이 사라진다는 점이었다. 명상 수업을 해도 잡념이 멈추지 않아 괴로웠던 나는 수리야 나마스카라를 통해 생각의 굴레에서 잠시 도피할 수 있었다.

 오랫동안 요가를 하다 보니 요가 동작들이 이 세상을 살아 나가는 것과 비슷하다는 생각이 든다. 나는 요가를 하면서 문턱에도 가 본 적 없는 철학자가 되곤 한다. '비라바드라 아사나'라는 요가의 기본 자세가 있다. '비라'는 영웅이라는 뜻으로 우리나라에선 전사 자세라고 부른다.

 전사 1번은 한쪽 무릎을 직각이 되게 구부린 뒤 두 손을 합장하고 하늘로 뻗는 동작이다. 시선은 하늘을 향한다. 전사 2번은 몸을 틀어 팔을 양옆으로 뻗고 시선은 한쪽 손끝으로 보낸다. 전사 3번은 가장 난이도가 높다. 두 팔을 합장한 채 상체를 직각이 되게 숙이고 한쪽 다리는 몸과 수평이 되게 차올린다. 나머지 다리는 마치 나무의 뿌리가 된 것처럼 중심을 잡으며 버텨야 한다.

요가의 전사 자세 세 가지 동작을 하다 보면 맨몸으로 전쟁터에 선 것 같은 기분이 든다. 마지막 해전을 이끌고 죽음을 맞은 이순신 장군도 이런 비장하고 고독한 마음이었을까. 세상과 맞서는 나란 존재는 갑옷도 무기도 없이 연약하기만 하다. 살면서 기쁘고 즐거운 순간도 있지만 부서진 인간관계에서 상처받고 가족을 떠나보내며 슬퍼하는 시간이 얼마나 길고 긴지. 희로애락의 거센 파도에서 나란 존재를 굳건히 지켜 주는 힘은 무엇일까.

나는 전사 자세를 반복할 때마다 허벅지와 종아리, 팔에 단단한 근육이 움트는 것을 느꼈다. 틀어진 골반이 정렬을 되찾고 뭉툭한 시선은 다시 날카롭게 빛났으며 이 세상을 살아갈 수 있는 용기가 솟아났다. 온몸이 균형을 되찾고 시선까지 완벽하게 처리했을 때 거울로 본 나의 모습은 그저 한 사람의 비루하고 초라한 전사가 아니라 빛나는 영웅으로 변해 있었다.

가끔은 턱 밑까지 숨이 차오르고 포기하고 싶을 만큼 힘든 순간도 있다. 그러나 수련을 마친 뒤 매트 위에 누워 '사바아사나'로 고요하게 마지막 호흡을 하다 보면 모든 집착과 번뇌가 비워진다. '사바'는 시체를 뜻한다. 복부 깊은 곳으로 호흡을 가득 보냈다가 다시 힘을 주고 숨을 뱉어 내는 사이 다시 태어난 것처럼 마음이 평온해진다. 요가를 마치고 이 세상에 나가면 마치 내가 선계(仙界)에서 온 사람처럼 느껴진다. 덕분에 모진 풍파를 견디고 그날 하루를 살아 낼 수 있는 힘을 얻는다.

사바아사나를 할 때는 진짜 죽은 사람이 된 것 같다. 팔과 다리를 편안하게 펼쳐 놓고 손바닥은 하늘로 향하게 한다. 온몸이 이완되고 아무 상념 없이 마지막 호흡으로 치달을 때면 나도 모르게 눈물이 터져 나왔다. 10월의 마지막 날인 할로윈에 죽은 자와 산 자가 만날 수 있듯 나를 엄마와 이어 준 것은 요가의 마지막 동작인 사바아사나였다.

코로나19 기간이라 요가원에서도 마스크를 써야 했다. 마스크 덕분에 실컷 울어도 감출 수 있었다. 누운 자세에서 펑펑 울면 눈물이 모두 귓속으로 흘러 들어간다. 그러면 나는 귀에 자그마한 물 항아리가 생기고 언젠가 우물이 될 것 같다는 상상을 했다.

한 숨, 한 숨 들이쉬고 내쉬고 코와 폐를 통해 천천히 오가는 숨결을 느끼며 삶이 얼마나 소중한지 되새겼다. 심장이 터질 것처럼 가빠 오는 호흡은 살아 있다는 증거였다. 가슴이 아프고 쓰라린 것은 내 몸에 따스한 피가 흐른다는 증거였다. 호흡이 사라진 엄마의 마지막 얼굴도 떠올랐다. 다시 호흡이 돌아온다면 굳어진 심장이 뛰고 온기가 되살아날 텐데.

엄마가 떠나자 엄마의 목소리가 사무치게 그리웠다. 엄마가 유난히 사진 찍는 것을 싫어해서 제대로 된 동영상을 찾을 수 없었다. 아픈 뒤로는 카메라 렌즈를 대는 것만으로도 미안하게 느껴졌다. 지금 생각하면 아쉽기만 하다. 그런데 아빠가 엄마의 목소리가 담긴 동영상 하나를 찾아서 보내 줬다. 내가 회사에 복직하면서 아이를 강릉에 석 달 맡겼을 때였다. 엄마는 아이에게 크리스마스 캐럴을 불러 주고 있었다. 엄마의 노랫소리에 맞춰 아이는 춤을 추고 있었다. "울면 안 돼, 울면 안 돼, 산타 할아버지는 우는 아이에게 선물을 안 주신대요." 오랜만에 엄마의 목소리를 들으며 나는 펑펑 울었다.

 차디찬 죽음이 두렵지 않은 것은 저 높은 곳에 엄마가 있기 때문이다. 다시 만나면 얼마나 반가울까. 엄마를 꼬옥 안고 떨어지지 않을 거다. 다음 생이라는 게 있다면 엄마에게 받은 것을 조금이라도 갚을 수 있으면 좋겠다.

──────── 기분 좋은 햇살이 폭염이 된다면? ────────

카뮈의 『이방인』에 빠져 있던 어느 날 갑자기 뉴스가 귀에 들어왔다. 지중해 연안국인 알제리가 기록적인 폭염과 산불에 고통받고 있다는 소식이었다. 최고 기온이 48도까지 치솟았고 뜨거운 열기 속에 100건에 가까운 산불이 발생했다. 주민들은 긴급히 대피했지만, 산불을 진화하던 군인을 비롯해 30명 넘게 목숨을 잃었다.

 강렬한 햇볕으로 상징되는 알제리의 여름이지만 기후 위기로 이방인의 여름은 나날이 견디기 힘든 것이 되어 가고 있다. 극한 폭염의 빈도와 강도, 지속 시간이 점점 길어지고 있다. 소나기라도 쏟아지면 좋겠지만,

장기 폭염을 몰고 오는 고기압은 저기압인 비구름의 발달을 억제한다. 폭염의 또 다른 얼굴은 지독한 가뭄과 산불이다. 토양의 수분이 증발하면서 숲은 물기 가득한 이파리와 작별하고 바싹 메마른 불쏘시개로 돌변해 불길을 키운다.

폭염은 사람과 동물, 식물을 가리지 않고 살아 있는 모든 존재를 위협한다. 산불은 숨이 깃든 터전을 한순간에 잿더미로 만든다. 폭염과 가뭄, 산불로 이어지는 삼중고는 해마다 우리 눈앞에서 벌어지는 실존하는 비극이며 인류가 감당해야 할 대표적인 기후 페널티로 불린다. 미국 서부의 캘리포니아주는 온화한 기후 덕분에 전 세계적으로 가장 살기 좋은 곳이지만 최근 연례행사처럼 발생하는 산불 때문에 고초를 겪고 있다.

우리나라도 예외는 아니다. 동해안을 중심으로 대형 산불이 반복되는 것도 모자라 2025년 3월에는 영남 지방이 막대한 피해를 입었다. 대형 산불은 영향 면적 100헥타르 이상을 기준으로 하는데, 당시 의성과 안동, 청송, 영양, 영덕 등 경북 다섯 개 시군으로 산불이 확산하며 산불 영향 면적이 4만 5,000여 헥타르에 달했다. 대형 산불을 넘어, 초대형 산불이라는 이름이 붙어야 할 정도였다. 경북 북부 산불의 영향 구역은 2025년 1월 미국 LA 산불의 두 배에 이를 정도로 광범위했다. 건조한 대지에 태풍급 강풍이 불며 역대 최악의 산불을 불러온 것이다. 이런 산불이 일상이 된다면 어떨까. 산불 위험이 높은 지역에선 봄철을 아예 대피 기간으로 정해야 할지 모른다.

인위적인 탄소 배출이 증가하면서 2024년을 기점으로 지구의 평균 기온은 산업화 이전과 비교해 1.5도 넘게 상승했다. 그 결과 우리는 통제 불가능한 기후 속에 살아가고 있다. 한 번도 경험한 적 없는 기상 이변이 속출하고 비정상적인 기후가 일상이 되는 뉴 노멀 시대가 도래했다. 빠르게 변화하는 기후 앞에 우리 모두는 이방인일지 모른다. 새로운 기후에 적응하는 동시에 탄소의 순 배출량이 제로가 되는 탄소 중립을 달성하지 못하면 생존이 불가능하다는 경고가 나온 지 오래다.

한반도 역시 거센 폭염의 공격을 받고 있다. 2018년에는 한 달가량 지속되는 장마가 이례적으로 16일 만에 일찍 끝났다. 이후 뜨거운 열기가 누적되며 한 달 넘는 최장 폭염이 찾아왔다. 8월 1일 강원도 홍천의 최고 기온이 41도까지 올라가 관측 역사상 가장 높았다. 이전까지는 1942년 8월 1일 대구의 40도가 최고 기온이었다. 폭염 도시가 '대구'에서 '홍천'으로 바뀐 순간이었다.

같은 날 서울 역시 39.6도까지 올라가 근대 기상 관측을 시작한 1907년 이후 111년 만에 가장 더웠다. 그날 밤에도 기온이 떨어지지 않아 8월 2일 서울의 최저 기온은 30.3도로 역시 111년 만에 가장 높았다. 아열대 지역에서나 관측되는 '초열대야' 현상이 처음으로 서울에 나타난 것이다. 극한 폭염과 초열대야가 더 잦아진다면 더 이상 온대 기후대에 살고 있다고 말할 수 없을 것이다. 대한민국의 기후는 아열대 기후로 변하고 우리는 생존을 위해 기후 변화에 적응해야 한다. 기후 위기를 초래한 주범과 해결해야 하는 주체 모두 우리다.

우리나라에 한여름 무더위를 몰고 오는 주인공은 일본 남쪽 바다에서 발달하는 북태평양 고기압이다. 지상에서 고도 5킬로미터에 이르는 대기 하층으로 확장해 해양에서 뿜어져 나오는 덥고 습한 공기를 품고 있다. 2018년 여름에는 티베트 고기압이 힘을 보탰다. 티베트 고기압은 해발 고도 5,000미터에 이르는 티베트 고원 지대에서 만들어진 매우 뜨겁고 건조한 고기압으로 높이가 지상 10킬로미터 대류권에 이를 정도로 키가 크다.

2018년에는 북태평양 고기압과 티베트 고기압이 한반도 상공에서 중첩되며 이른바 '열돔(heat dome)'을 만들어 냈다. 대기 하층에선 북태평양 고기압에서 밀려온 찜통 같은 수증기가 이글대고 대기 상층에선 티베트 고기압이 냄비의 뚜껑처럼 지상에서 가열된 공기가 빠져나가지 못하게 눌렀다. 위아래 모두 철통 수비가 이뤄진 셈이다. 우리가 한 번도 경험해 보지 못했던 극한 폭염이었는데, '찜통더위'나 '가마솥더위'보다 지독한 '압력솥 더위'였다고 보면 된다.

2018년의 여름을 살아 낸 우리는 6년 만인 2024년 기이한 여름과 마주하게 됐다. 그해는 우리나라뿐 아니라 전 세계적으로도 1년 내내 이상 고온 현상이 이어졌다. 거의 모든 달의 평균 기온이 관측 이후 1, 2위를 기록할 정도였다. 국내에서 고온 현상이 가장

심했던 달은 9월이었다. 전국 평균 기온이 24.7도로
평년과 비교하면 4.2도나 높았다. 서울에는 1948년
이후 76년 만의 9월 폭염이, 춘천은 1966년 이후 첫
9월 열대야가 관측됐다. 그해 추석 연휴는 9월 중순에
일찍 찾아왔는데, 그 시기까지 푹푹 찌는 날씨가 이어져
에어컨 없이 잠을 잘 수 없었다.

  9월까지 사람 잡는 무더위가 지속된 2024년은
폭염 일수가 30.1일에 달했다. 평년(11.0일)보다
2.7배 많고 2018년(31일)에 이어 두 번째로 길었다.
2024년 열대야 일수는 전국 평균 24.5일로 집계됐다.
평년(6.6일)과 비교해 3.7배 많았고 기상 관측 이후
1위를 기록했다. 밤낮 가리지 않고 역대급 고온 현상에
시달린 것이다. 2018년과 마찬가지로 티베트 고기압과
북태평양 고기압의 확장, 그리고 한반도 주변의 뜨거운
바다가 원인으로 지목됐다.

  2018년에 이어 2024년을 겪으면서 극한
폭염의 주기가 점점 빨라지고 있는 것을 체감한다.
특히 2024년에는 더위 스케치를 하러 거리에 나가면
시민들조차 기후 위기가 심각하다는 이야기를 했다.
10월이 되자 드디어 무더운 고기압이 물러나고 대기
상층에서 서늘하고 건조한 공기가 밀려왔다. 우리는 긴긴
여름 끝에 마침내 가을이 찾아왔음에 감격했다. 가을을
맞이하기가 이렇게 험난했던 적은 없었다. 반팔을 언제

205

이 글은 폭염과는 부조리 죽음

옷장에 정리할지 모두가 눈치 게임을 하던 날들이었다. 2024년을 보낸 뒤 언제든 비슷한 더위가 찾아올 수 있다는 사실도 우리를 두렵게 한다. 지구의 평균 기온이 상승함에 따라 극한 폭염의 빈도와 강도가 증가하는 것은 부인할 수 없는 진실이다. 이상 기후가 더 이상 이상하지 않은 시대에 우리는 살고 있다.

───── 예고된 재난인데도 부조리한 죽음은 계속된다 ─────

세계보건기구가 21세기 사람들의 건강을 위협하는 가장 큰 요인으로 지목한 것은 폭염이다. 전 세계적으로 태풍이나 호우보다 폭염으로 더 많은 사람이 목숨을 잃었기 때문이다. 우리나라에서도 재난이라고 하면 태풍이나 집중 호우, 지진을 떠올리지만 실제로는 폭염이 사망자 1위다. 폭염 사망자 수는 보통 태풍과 호우에 의한 인명 피해를 합친 것보다 서너 배 많다.

2018년 온열 질환 사망자 수인 48명은 직전 10년간(2008~2017) 태풍과 호우로 발생한 인명 피해의 평균인 15.2명보다 3.2배 많았다. 폭염을 보이지 않는 살인자라고 부르는 이유다. 2018년 최악의 폭염을 계기로 우리나라도 '재난 및 안전 관리 기본법'을 개정해 폭염을 자연 재난에 포함했고 본격적인 폭염 대책을 마련하기 시작했다.

거센 비바람을 몰고 오는 태풍과 비교해 폭염 피해는 눈에 잘 보이지 않다. 그러나 최근 기후 위기로 폭염의 기세가 매서워지면서 보이지 않는 죽음이 급증하고 있다. 특히 고령자, 저소득자, 만성 질환자에게 폭염 피해가 집중되고 있다. 폭염은 힘없고 돈 없고 건강을 잃은 사람들에게 더 잔혹한 재난이다.

폭염에 누가 가장 취약한지, 어느 시간대, 어느 지역이 가장 위험한지 대책을 마련하기 위해서는 사망자 통계를 세심하게 살펴야 한다. 질병관리청은 2011년부터 전국의 응급실 500여 곳에서 직접적인 사망 원인이 '온열 질환'인 경우를 집계하고 있다. 매일 업데이트되는 정보는 폭염에 의한 건강 피해를 줄일 수 있게 해 준다. 문제는 병원의 문턱을 넘지 못한 채 집에서, 길가에서 더위로 숨진 사람들이 통계 밖에 존재한다는 점이다.

폭염이 직접적인 사인이 아니더라도 심혈관계 질환이나 당뇨, 암 등의 기저 질환이 악화해 숨진 사람들도 많다. 폭염은 뇌와 심장, 신장 등 인체 장기에 세포 손상과 염증 반응을 일으켜 사망에 이르게 한다. 온열 질환에 의한 응급실 사망자는 빙산의 일각일 수 있다.

이 때문에 반쪽짜리 응급실 집계가 아닌, 통계청이 매년 발표하는 자료를 눈여겨봐야 한다. 통계청 집계는 사망 원인이 온열 질환이나 과도한 일광(고온) 노출로 분류된 전국의 모든 사망자를 가장 신뢰도 높게 보여 준다.

2011년부터 온열 질환 사망자 통계를 비교해 보면 통계청 사망자가 질병관리청의 응급실 사망자보다 세 배에서 최대 여섯 배나 많다. 2018년에도 온열 질환으로 응급실에서 사망한 사람은 48명이었는데 같은 해 통계청 집계에 의한 사망자는 163명에 달한다. 응급실보다 세 배 이상 많은 사람이 무더위로 숨진 것이다.

물론 질병관리청의 응급실 자료는 더위에 따라 실시간으로 반응하는 위험 신호 역할을 해 준다. 뉴스에서도 질병관리청의 응급실 통계를 통해 오늘 사망자가 몇 명 발생했다거나 누적 사망자를 보여 준다. 그럼에도 실제 사망자 수를 과소평가할 수 있다는 한계가 있으므로 폭염 관련 정책을 세울 때는 반드시 통계청의 사망자 수를 우선으로 해야 한다.

통계청의 사망자 자료를 좀 더 자세히 들여다보면 폭염의 숨겨진 진실이 드러난다. 2018년의 경우 163명이 온열 질환으로 사망했는데 그 가운데 95퍼센트가 '열사병' 진단을 받았다. 열사병은 고온 환경에서 체온을 조절하는 중추에 장애가 생겨 평소 36.5도인 체온이 40도까지 치솟으며 사망을 불러온다. 열사병 사망자에서 60대 이상 고령층이 75퍼센트를 차지했다. 노인들의 경우 땀 배출 등 체온 조절 기능이 떨어지고 만성 질환이 많기 때문에 피해가 급증하는 것이다. 우리 사회가 빠른 속도로 고령화되고 있는 만큼 맞춤형 대책이 시급하다.

온열 질환으로 사망한 장소는 응급실 등 의료 기관이 50퍼센트를 차지했다. 그다음은 거주하고 있는 주택(19퍼센트), 논밭·축사(16퍼센트) 등이 뒤를 이었다. 앞서 우려했던 것처럼 병원에 가지도 못한 채 폭염으로 숨진 경우가 절반이나 된다. 안락한 집과 일터도 폭염 안전지대가 아니라는 뜻이다.

지금 전 세계는 재난으로부터 취약 계층을 어떻게 보호할 것인가라는 화두를 던지고 있다. 유엔은 2030년까지 '아무도 소외되지 않게 한다(Leave No One Behind)'라는 가치를 인류 보편적 문제를 해결하기 위한 의제로 설정했다. 우리 역시 이와 함께 발맞춰야 할 것이다.

2018년 극한 폭염 이후 2019년과 2020년에는 응급실에서 발생한 온열 질환 사망자 수가 다시 열 명 안팎으로 줄었다. 태풍과 장마, 여기에 코로나19라는 바이러스도 폭염에 대한 관심을 사그라들게 했다. 특히 코로나 시국에는 경로당이나 주민 센터 같은 무더위 쉼터가 문을 닫아 폭염 취약 계층을 더 힘들게 했다. 시원해서 잠시 머물러 가던 은행이나 마트도 방문하기가 어려워졌고 홀로 더위와 싸워야 했다.

폭염이라는 재난은 나이에 따라, 사는 곳에 따라, 소득에 따라 그 피해 정도가 극명하게 갈린다. 소득이 낮을수록 냉방 기기의 보유 여부와 가동 시간 등 고온 환경 적응력이 현저히 낮아지고 폭염 취약성이 높아질 수밖에 없다. 이걸 개인의 탓으로 돌려야 할까?

미국 시카고에서 벌어진 사례를 우리는 주의 깊게 봐야 한다. 1995년 7월 미국 시카고에서 41도에 이르는 폭염이 일주일간 지속해 739명이 사망했다. 예보관들조차도 이렇게 많은 희생자가 나올 줄 몰랐다며 사망자가 실려 나오는 모습에 충격을 받았다고 말할 정도였다. 역시 이곳에서도 가난하고, 혼자 사는 노인의 피해가 가장 컸다.

당시 시카고에는 독거노인이 11만 명 정도였다. 병을 앓고 있거나 엘리베이터가 없고 냉방 기기도 없는 열악한 주택에 사는 경우가 대부분이었다. 게다가 시카고는 범죄율이 높기로 유명했다. 폭염과 열대야에도 불구하고 실내에서 고립된 생활을 이어 가다가 죽음을 맞는 노인들이 속출했다.

처음 미국 정부는 평소 지병이 있던 노인들의 죽음을 폭염과 연관시킬 근거가 없다는 입장이었다. 그러나 인식을 바꿔 폭염을 재난으로 보고 대책을 마련하기 시작했다. 그 결과는 놀라웠다. 취약 계층에 대한 공공 기관의 돌봄이 강화되면서 사망자가 한 자릿수로 줄어든 것이다.

시카고 폭염을 연구한 학자들은 "가장 위험에 처한 사람이 가장 도움받기를 꺼린다"고 말했다. 우리나라의 현실도 다르지 않다. 기후 위기로 강해지고 있는 폭염, 이로 인한 사망은 결론적으로 사회 불평등의 문제로 귀결된다. 정부와 지자체는 취약 계층이 많이 거주하는 곳에 주야간 무더위 쉼터를 늘리고 냉방비 지원을 확대하는 등 사회의 안전망을 강화해야 한다. 폭염 취약 계층이 누구인지 명확하게 알 수 있는데도 이들의 죽음을 방치한다면 진정 부조리한 일이다.

───── 태양을 향해 쏴라! 흑점 극대기에 미국을 횡단하다 ─────

나는 그랬다. 여고 시절부터 열렬히 나사(NASA)를 꿈꾸는 소녀였다. 그때만 해도 나사가 뭐하는 곳인지 잘 알지도 못했다. 우연히 조디 포스터가 주연으로 나온 〈콘택트〉라는 영화를 보고 무조건 외계 생명체를 찾는 천문학자가 되겠다고 마음먹었다. 그러나 현실은 여고생의 환상처럼 핑크빛이 아니었다. 어마어마하게 공부를 하고 200만 광년 이상 떨어져 있는 안드로메다은하까지 내 소문이 자자하다면 모를까 나사는 아무나 가는 곳이 아니었다.

그런 내가 기상과 과학을 취재하는 전문기자가 됐다. 섭외 1순위는 무조건 나사였다. 나는 나사에 눈먼 '나사 바라기'니까. 기회는 생각보다 빨리 찾아왔다. 2013년 11년 주기로 찾아온다는 태양 활동 극대기에 접어든 것이다. 한국천문연구원과 공동으로 '태양 폭풍(solar storm)이 몰려온다'라는 기획을 준비했다. 태양 폭풍이라니 듣기만 해도 멋지지 않은가. 지구의 폭풍을 취재하는 기상전문기자가 우주까지 진출하다니. 태양 폭풍은 지구에 재난을 몰고 오니 재난 방송을 주로 하는 나의 전문 영역이기도 했다.

태양에서 흑점 폭발이 잦아지는 극대기에는 전하를

띤 입자들이 지구의 폭풍처럼 사납게 방출된다. 지구에는 강력한 자기장 방패가 있어 태양 폭풍을 막아 주지만, 일시적으로 지구 자기장이 교란되면 지자기 폭풍이 발생한다. 위성과 교신이 끊겨 먹통이 돼 버리고 통신이 빨리 복구되지 못하면 위성의 운명은 우주를 떠도는 미아로 전락할 수 있다. 항공기의 단파 통신에 장애가 발생하고 지상의 GPS도, 전력 시스템도 무용지물로 변한다. 1억 5,000만 킬로미터나 떨어져 있는 태양에 폭풍이 휘몰아치면 벌어지는 일들이다.

태양 폭풍은 눈에 보이지 않지만, 극지방의 하늘을 수놓는 오로라가 바로 태양 폭풍이 남긴 흔적이다. 태양에서 밀려온 하전 입자가 지구 자기장의 방향을 따라 극지로 흘러들며 하늘을 캔버스로 걸작을 그린 것이다. 나는 태양 폭풍을 취재하기 위해 미국 대륙을 동에서 서로 횡단하는 무모한 취재 계획을 세웠다. KBS에 입사한 지 5년 차일 때다. 지금 생각하면 그 시절은 태양처럼 활활 불타오르던 청춘의 시간이었다.

미국 워싱턴 D.C.에 있는 나사 본부와 고다드우주비행센터(Goddard Space Flight Center)를 시작으로 나의 여정은 시작됐다. 태양물리학을 연구하는 과학자들을 중점적으로 인터뷰했다. 우리가 모르는 사이에도 태양 관측 위성들은 흑점이나 플레어 폭발을 실시간 감시하고 있었다. 관측 자료를 바탕으로 태양 폭풍에 대한 예보와 경보를 내는 미 국립해양대기청도 방문했다. 우주날씨예보센터(Space Weather Prediction Center)라는 멋진 이름이 붙은 곳으로 미국 중부의 콜로라도주에 있다.

미국 국내선과 함께 차량을 렌트해 이동했는데 현지 코디와 통역을 맡은 한국천문연구원 홍보실장님이 운전까지 맡아 먼 길을 인도해 주셨다. 바로 이 시기에 가도 가도 끝이 없는 미국의 도로를 처음으로 경험했다. 콜로라도주는 미국 대평원의 서쪽에 놓여 있다. 남북으로 험준한 로키산맥이 관통하고 있어 미국에서 고도가 가장 높은 지역이다. 그래서인지 콜로라도주에 접어들자마자 산악 지대라는 느낌과 함께 신선하고 차가운 공기가 코끝으로 밀려왔다.

콜로라도주에서 취재를 마치고 미국에서 대중적인 식당인 치즈케이크 팩토리에 갔다. 무엇을 먹었는지는 잘 기억나지 않는데 입구에 진열돼 있는 케이크를 보고 깜짝 놀랐던 기억이 난다. 미국에서 케이크 한 조각은 우리나라 두 조각 크기였다. 식당에 공장(팩토리)이라는 이름이 붙은 이유를 알 수 있었다. 하긴 미국에선 햄버거와 함께 나오는 감자튀김도 거의 양동이에 담길 만한 양이었고 콜라도 그랬다. 열량이 어마어마할 거라는 두려움이 컸지만 결국 디저트 배는 따로 있다며 거대한 케이크를 먹어 치우는 나란 존재. 불굴의 한국인이었다.

마지막 목적지는 미국 서부였다. 로스앤젤레스에 있는 태양 관측 천문대인 빅베어천문대와 그리피스천문대를 찾았다. 서부는 동부나 중부와 분위기가 달랐다. 아니 햇살이 달랐다. 캘리포니아주를 그래서 '황금의 주(The Golden State)'라고 부르나 보다. 그리피스천문대에서 지는 태양을 바라보며 여유를 즐기는 시민들의 모습은 깊은 인상을 남겼다. 우리나라에도 이런 멋진 위치에 천문대가 있다면 좋으련만. 한참 뒤에 이곳은 영화 〈라라랜드〉의 촬영지로 급부상했다. 그 영화를 보는 내내 나의 첫 해외 취재가 떠올랐다.

🌰

시작은 무모했다. 동기들은 한 번씩 다들 해외 출장이란 걸 가는데 나만 아무도 보내 주지 않아서 직접 나선 결과였다. 과정은 힘들었지만 꿈 같은 나사에 다녀와 9시 뉴스 연속 보도와 10분 남짓의 다큐까지 제작했다. 지금 생각하면 어린 연차에 대견하다고 칭찬해 주고 싶다. 그때 뉴스와 다큐를 보면 그 시절로 돌아간 것만 같아 가슴이 뛴다.

    태양을 향해 무한한 열정을 쏘아 올린 첫 출발이 좋았을까. 이후 나는 나사의 다른 연구소들도 순차적으로 취재할 수 있었다. 케네디우주센터에 가서 스페이스X의 로켓 발사를 직관하고 존슨우주센터, 마셜우주센터에서는 유인 달 탐사를 위한 차세대 발사체(SLS)와 사람이 탑승하는 우주선인 오리온 캡슐을 영상에 담았다. 미국의 아르테미스 계획은 지금도 순조롭게 진행되고 있다.

　나의 다음 꿈은 달에 가서, 아니 적어도 지구 저궤도 비행을 하며 무중력 상태에서 마이크를 들고 방송하는 것이다. 체력 관리를 잘해야 한다는 비장한 결기로 내 심장은 뛰고 있다. 그런 기회가 오지 않을 수도 있다. 하지만 내 마음속에 깃든 작은 소망들이 모여 지금의 나를 만들었듯 나의 미래 역시 마찬가지일 거다. 좋은 기대와 바람으로 가득한 내가 되고 싶다.

　미국에서 취재한 내용은 5년 뒤에 현실이 됐다. 인류 역사상 태양에 가장 가까이 다가가는 '태양을 만져라(Touch The Sun)' 프로젝트를 인터뷰했는데, 2018년 파커 태양 탐사선(Parker Solar Probe)이 성공적으로 발사된 것이다. 반가운 마음에 한국에 온 나사 부국장까지 찾아가 인터뷰하고 뉴스로 전했던 기억이 난다. 인생에서 경이로운 순간들은 예고 없이 찾아온다. 나는 지금도 파커 탐사선이 미션을 수행할 때마다 태양처럼 뜨거운 응원과 함께 고맙다는 이야기를 건넨다.

　태양 탐사선의 숙명은 극한 온도를 견디는 것이다. 태양 표면의 온도는 6,000도 정도지만 태양의 대기인 코로나는 수백만 도에 달한다. 태양의 본체가 아닌 대기가 훨씬 더 뜨거운 이유는 여전히 미스터리로 남아 있다. 파커 탐사선이 풀어야 할 숙제이기도 하다.

　파커 탐사선의 표면에는 두꺼운 방열판이 설치돼 있어 온도가 1,000도 이상 오르더라도 탐사선 내부는 30도 아래로 유지된다. 그래도 태양에 최근접했다는 기사가 나올 때마다 이글대는 열기를 견디고 파커가 살아 있는지 걱정하게 된다.

나의 꿈을 이뤄 준 태양, 지구의 하나밖에 없는 빛이 영원하길. 내가 죽은 뒤에도, 한참 뒤에도 꺼지지 않길. 나의 파커가 늘 씩씩하게 태양에 다가서 태양의 비밀을 풀어 주길 기대하고 응원하는 마음이다. 오늘도 태양은 떠올랐고 내일도 우리의 태양은 떠오른다.

우연인지 몰라도 2018년 12월에는 태양과 가장 가까운 적도로 향했다. 우리나라에서 두 번째 정지 궤도 위성인 천리안 2A호를 발사하는 남미 프랑스령 기아나에 방송사 대표로 취재를 가게 된 것이다. 유럽의 아리안 5호가 위성을 싣고 갈 발사체였다. 국내 나로호, 누리호 발사나 스페이스X 발사는 취재한 적이 있었지만, 적도까지 간 것은 처음이었다. 프랑스 파리를 경유해 비행기만 20시간 넘게 타는 여정이었다. 가기 전에 황열과 말라리아, 광견병 등 맞아야 할 주사도 많았다.

현지에 도착하자마자 열두 시간의 시차에 적응할 틈도 없이 일을 했다. 처음 보는 거대한 아리안 로켓을 직접 보는 것 자체가 놀라운 경험이었다. 천리안 2A호를 실은 채 이송되는 모든 과정을 따라붙어 촬영했고 발사장을 배경으로 마이크를 잡았다.

발사를 앞둔 순간에는 관제실에 있었는데 한 번에 성공할지 심장이 두근거렸다. 만약 발사가 연기되면 체류가 더 길어질 수밖에 없었다. 빨리 집에 가고 싶다는 마음에 성공을 기도했고 결과는 실현됐다. 발사 성공

소식을 뉴스에 전화로 연결하고 이후에는 리포트를 제작하느라 정신이 없었다.

저녁도 컵라면으로 때운 채 호텔방에서 일에 파묻혀 있을 때 밖에서는 성대한 파티가 벌어지고 있었다. 아리안 로켓 기술자들은 물론 우리와 함께 탑재체를 실은 인도우주국, 우리나라 항공우주연구원, 기상청 분들이 함께했다. 한 번에 시원하게 발사가 성공했으니 얼마나 흥겨운 분위기였을까. 다음 날 꼬질꼬질한 모습으로 아침을 먹으러 갔을 때 이 얘기를 들을 수 있었다. 밤새 시끄러웠던 이유가 있었다.

고생한 보상으로 마지막 날에는 정글 투어가 기다리고 있었다. 언론을 포함해 발사에 참여한 사람들이 배를 타고 정글을 둘러보는 프로그램이었다. 무거운 압박감에서 벗어나 호텔을 나서는 순간 주변의 멋진 바다가 눈에 들어왔다. 오션뷰 호텔에서 대체 내가 뭘 한 거지? 열대의 야자수가 거인처럼 눈앞에 서 있있고 대서양의 습기 가득한 바람이 불어왔다.

선글라스에 반팔 차림으로 배를 타고 열대 우림을 구경했다. 갑자기 누군가 소리를 질러 바라보면 나무늘보가 저 높은 곳에 심드렁하게 매달려 있었다. 물속에서 아나콘다가 튀쳐나오는 경험 같은 건 없었다. 그저 시간은 느리고 잔잔하게 흘러갔다. 북반구 중위도에서 온 우리는 추위의 기억을 잠시 잊고 적도의 햇볕을 온몸 가득 채우고 또 담았다. 흘러넘쳐도 좋았다. 힘든 일정 끝에 다가온 휴식은 달콤하기만 했다.

 2013년에는 태양을 좇아 미 대륙을 겁 없이 횡단하더니 5년 뒤에는 태양과 가장 가까운 적도에서 로켓을 한방에 날려 보냈다. 물론 내가 보낸 건 아니지만. 지구에 빛을 주고 에너지를 주고 끊임없는 물과 공기의 순환으로 날씨가 존재하게 한 태양. 태양이 꺼져 버린 풍경은 상상하기 힘들다. 우리가 살아 있을 수 없을 테니까. 때로는 무시무시한 폭염으로 우리를 녹여 버릴 듯 포효하는 태양. 그래서 태양은 삶과도, 죽음과도 맞닿아 있다. 밀랍으로 만든 날개를 단 이카로스처럼 그 경계를 누비는 우리는 오늘도 태양과 함께 하루를 살아간다.

―――― **우리 인생이 순수하게 빛나던 순간** ――――

…아니면 그는 네 가슴에 단 한 순간이라도 가까이
있고자 이 세상에 태어났던가?
— 표도르 도스토옙스키, 「백야」

러시아의 대문호로 불리는 도스토옙스키는 『죄와 벌』,
『카라마조프가의 형제들』, 『악령』 같은 대작을 남겼다.
그의 작품에는 인간 내면의 욕망과 도덕적 고뇌, 사회에
대한 비판과 종교적이고 철학적인 질문이 가득하다.
술술 읽히는 글은 아니지만 문장을 곱씹으며 누구나
진지한 고민에 빠져들게 된다. 단 등장인물들의 이름이
너무 어렵기 때문에 제대로 메모하지 않으면 누구인지
헷갈려서 다시 책장을 앞으로 넘겨야 한다.

    대작이 수두룩한 도스토옙스키지만 잘 알려지지
않은 작품이 있다. 1848년 스물일곱 살 청춘일 때 쓴
「백야」라는 소설인데 무거운 고민을 내려놓고 읽을 수
있다. 순수하고 서정적이다 못해 감미로움이 폭발하는
사랑스러운 소설이기 때문이다. 나는 처음에 한글
번역본을 읽은 다음 영어 원서로도 읽었다. 길이가 길지
않아서 가능한 일이었다. 예전에 허먼 멜빌의 『모비 딕』과
찰스 디킨스의 『두 도시 이야기』를 원서로 도전했다가
좌절한 기억이 난다. 무모한 모험이었다. 그러나

「백야」에선 여러분도 달콤한 완독을 할 수 있을 것이다.

소설의 제목은 백야(白夜), '하얀 밤'이다. 까만 밤이 아니라 하얀 밤이라니 무슨 뜻일까. 북반구의 여름, 지구의 자전축이 고개 숙인 듯 기울어지고 태양이 정수리로 쏟아져 내릴 때 북위 66도가 넘는 곳에선 해가 지지 않는 백야가 나타난다. 러시아 북부와 북유럽, 미국 알래스카, 캐나다 북부 등 고위도를 떠올리면 된다.

북극점에서는 아예 춘분부터 추분까지 무려 여섯 달 동안 완전한 백야가 지속된다. 이 기간에 해는 지평선 위를 춤추듯 맴돌고, 캄캄한 밤하늘의 쏟아질 듯한 별과는 작별을 고해야 한다. 그러나 기다림은 길지 않다. 이후 여섯 달은 칠흑 같은 밤이 계속되는 극야(極夜)가 찾아오니까.

소설의 배경이 된 러시아의 상트페테르부르크는 북위 59도에 있다. 고위도만큼은 아니지만 여름이 되면 밤 11시 정도까지 가녀린 빛이 하늘에 머물러 있다. 낮처럼 환한 빛은 아니고 어스름한 저녁이라고 생각하면 된다. 가끔은 붉은 노을빛이 한 방울씩 섞여 들기도 하는데, 시인 김광균의 「외인촌」에 나오는 '하얀 모색(暮色)'과 '파란 역등을 단 마차'를 떠올리게 한다. 백야의 도시 상트페테르부르크는 하지 무렵 백야 축제를 여는 전통을 지금까지 이어 오고 있다.

「백야」는 "감상적 소설, 어느 몽상가의 회상

중에서"라는 부제를 달고 있다. 작가는 소설을 시작하기 전에 이런 문장으로 앞으로 펼쳐질 사건들을 넌지시 암시하고 있다.「백야」는 대중적으로 잘 알려지지 않았기 때문에 이번 기회에 상트페테르부르크로 짧은 여행을 다녀오는 것은 어떨까?

    소설은 여섯 장으로 이뤄져 있다. 첫 번째 밤, 두 번째 밤, 나스첸카의 이야기, 세 번째 밤, 네 번째 밤, 아침 이렇게 시간순으로 구성된다. 백야의 상트페테르부르크에서 네 번째 밤이 지나고 아침이 오면 소설이 끝날 것을 짐작할 수 있다. 과연 닷새라는 짧은 시간 동안 무슨 일이 일어났을까. 나스첸카라는 인물은 어떤 이야기를 들려줄까. 목차만 봐도 호기심이 밀려온다. 그리고 첫 번째 밤은 이런 문장으로 시작된다.

> 아름다운 밤이었다. 우리가 젊을 때에만 만날 수 있는 그런 밤이었다.

주인공은 가난하고 고독한 몽상가다. 가장 좋아하는 시간은 일과가 끝나는 저녁이다. 이 시간만큼은 자유로운 영혼이 마음껏 방황하도록 내버려둔 채 몽상의 부자가 되어 걷고 또 걷는다. 친구도, 애인도, 따뜻한 온기를 나눌 가족도 없는 그의 유일한 위안처는 도시였다. 한참을 걸어도 피로가 느껴지지 않았고 오히려 영혼의 무거운 짐이 떨어져 나가는 느낌이었다. 그의 밤은 낮보다 아름다웠다.

    그러나 고독한 순간은 찾아왔다. 도시 사람들이

줄줄이 행렬을 지어 별장으로 향하면 도시 전체가 황무지처럼 변했다. 찾아갈 별장이 없어 창피했고 별장으로 갈 이유 역시 없어서 슬퍼졌다. 사실은 그도 짐마차와 함께 떠나고 싶었지만, 누구의 초대도 받지 못했다. 어쩌면 도시 전체가 그의 존재를 잊어버린 것 같았다. 이때 그는 이렇게 독백한다. "그들에게 나는 이방인인 것 같았고 실제로 나는 이방인이었다."

카뮈의 『이방인』에서 뫼르소가 부조리한 세상에 무관심하고 스스로 고립된 이방인이라면 「백야」는 외부 세계에 의해 고립된 편에 속한다. 소설을 이끌고 가는 주인공인 '나'는 경제적으로 소외돼 있을 뿐만 아니라 연애 한 번 해 본 적 없는 외로운 존재다.

왜 스물여섯의 청년은 살가운 것들로부터 소외된 채 혼자 밤거리를 배회하는 걸까. 『이방인』의 뫼르소처럼 사랑에 빠질 여유도 없이, 왜 일에만 매여 있을까. 하지만 홀로 걷는 몽상가에게도 한여름 밤의 꿈 같은 기회가 찾아온다. 여느 때와 마찬가지로 산책하던 그는 운하의 난간에 기댄 채 울고 있는 한 여인을 발견한다. 알 수 없는 이끌림에 뒤쫓다가 우연히 그녀에게 접근하려는 취객을 막아 주면서 인연이 시작된다.

> 저는 지금 무언가에 놀라고 있습니다. 마치 꿈을 꾸는 것 같아요. 아니 나는 꿈속에서조차 어떤 여성과 말을 할 거라곤 상상도 못 했습니다.
> …그래요. 만일 제 손이 떨린다면 그건 여태껏 한 번도 당신처럼 작고 예쁜 손에 잡혀 본 적이

없기 때문입니다. 저는 여성이란 존재에 완전히
이방인이었습니다. 사실 저는 혼자예요…. 심지어
여자들과 어떻게 대화해야 할지도 모르겠어요.
여기서 지금 제가 당신에게 어리석은 말을 하지
않았는지 모르겠네요.

수줍게 꺼낸 그의 고백 같은 말에 그녀는 오히려 여자들은 수줍음을 좋아한다고 위로한다. 용기를 얻은 주인공은 처음 만난 사이지만 내밀한 수다를 쏟아 낸다. 한 마디, 한 마디에 다정하게 대꾸해 주는 존재를 처음 만난 것처럼 말이다. 한 여인 앞에서 그는 더 이상 무기력하거나 소외되지 않았다. 짧은 순간이지만 '폭풍 케미'를 느낀 그의 마음속에 한 번의 스치는 만남으로 끝내고 싶지 않다는 욕심이 자라났다. 그것은 자연스러운 감정이다. 특히 태어나서 첫 번째 만난 인연이라면 말이다.

그녀와 만난 장소는 다정한 장소가 돼 버렸다. 헤어지더라도 밤새, 아니 일주일 내내, 1년 내내 그 순간을 되새기고 그녀 꿈을 꿀 거라고 주인공은 말한다. 내일 반드시 이 시간, 이 장소에 다시 오겠다고 선언한다. 이런 말을 듣는 여자 입장에서는 내일 다시 만나 주지 않을 수 없다.

다음 날 만남을 약속한 뒤 주인공은 밤새도록 걸었다. 집에 갈 마음이 도무지 안 생길 정도로 행복했던 것이다. 아마 약속 장소에서 기다림이 길어질수록 설렘이 분수처럼 솟구쳤을 것이다. 마치 『어린 왕자』에서 여우가 어린 왕자를 기다리며 "네가 오후 4시에 온다면 난 3시부터 설렐 거야. 4시가 가까워질수록 점점 더 행복해지겠지"라고 말했던 것처럼 말이다.

그렇게 이들의 만남은 두 번째, 세 번째, 네 번째 밤까지 이어진다. 북극권의 해가 지지 않는 백야에 잠 못 드는 청춘들은 빛나는 소설을 써 내려간다. 사랑과 우정의 경계를 아슬아슬하게 넘나들며 웃음과 눈물로 뒤범벅된 채 말이다. 가끔은 다정한 연인처럼, 가끔은 살가운 오빠, 동생처럼 만남이 지속된다. 소소한 일상에 대한 얘기를 쏟아 놓을 때면 주인공은 영락없는 수다쟁이 여자 친구 같다. 주인공의 마음속에는 사랑의 감정이 짙어지고 처음 경험하는 감정의 폭풍우로 내몰린다. 하지만 그것도 잠깐, 그녀의 고백을 듣기 전까지였다.

그녀의 이름은 나스첸카. 1년 전 결혼을 약속하고 모스크바로 떠난 남자가 있었다. 최근 그가 상트페테르부르크에 돌아온 것이 확실한데도 연락이 없어 애를 태우고 있었다. 결혼을 약속한 남자가 있다는 말에 주인공은 좌절감을 느끼지만 아무 내색 없이 여인을 돕기로 한다. 나스첸카의 편지를 그 남자에게 전달하기로 한 것이다.

백야의 밤에 남녀는 다정하게 속삭이고 고민을

털어놓으며 가까워진다. 그의 마음속에 나스첸카의
존재감이 커질수록 괴로움도 짙어진다. 끝이 정해져
있는 걸 뻔히 알면서도 멈출 수 없는 마음이란. 사랑을
쟁취하겠다는 오기도 없고 그저 바라보고 들어 주고
함께 마음 아파하면서 그들의 밤이 겹겹이 포개어진다.
아름답고 순수한 사랑은 어떻게 막을 내리게 될까. 굳이
"오래오래 행복하게 잘 살았습니다"라며 결말짓지 않아도
충분히 빛난다.

세 번째 밤

오늘은 햇빛 한 줄기 없이 우울하고 비 오는 날이었다.
마치 내 앞에 펼쳐진 노년처럼. 나는 그런 이상한
생각들, 우울한 감정들에 눌려 있었다. 모호한
질문들이 머릿속에 가득 차오르고 그것을 해결할
힘도, 의지도 없는 것 같았다. 이 모든 것을 해결하는
건 내 일이 아니다. 오늘 우리는 만나지 않을 것이다.
어제 우리가 작별을 고했을 때 하늘에 구름이 끼기
시작하고 안개가 피어났다. 나는 내일 날씨가 궂을
거라고 말했다. (…)
　"비가 오면 우린 못 만날 거예요!" 그녀가 말했다.
"제가 나올 수 없거든요."
　나는 그녀가 오늘 비를 신경 쓰지 않을 거라고
생각했는데, 결국 그녀는 오지 않았다.
　어제는 우리의 세 번째 만남이었다. 우리의 세
번째 백야….

가끔은 날씨에 온통 지배당하는 나 자신을 발견하고 깜짝 놀랄 때가 있다. 창밖으로 펼쳐지는 파란 하늘을 마주하면 모든 일이 순조롭게 풀릴 것 같다. 느리게 흘러가는 구름을 보면 긍정의 기운이 솟구친다. 누군가의 재촉이나 잔소리에 휘둘리지 않고 성마르지 않고 적당히 낙천적으로 유유자적 살고 싶어진다. 그러다 짙은 먹구름이 몰려오고 소나기와 함께 천둥번개가 번쩍거리면 쫓기듯 불안한 마음이 되거나 우울해진다.

 기분을 좌우하는 날씨, 그러나 누군가의 날씨가 평생 '맑음'일 수는 없다. 폭풍과 안개가 찾아오고 가뭄으로 바싹 타들어 가기도 한다. 너무 두려워하지 말자. 날씨는 한순간도 머물러 있지 않는다. 대기와 바람, 물은 움직이며 거대한 순환을 만들고 오늘의 날씨를 어제의 것과 다르게 빚어낸다. 강력한 태풍도 길어야 일주일이고 긴 가뭄도 몇 해를 넘기지 않는다. 그저 덤덤하게 매 순간을 충실히 살아가면 된다.

 사랑으로 달뜬 청춘의 가슴에 구질구질 비 오는 날은 한 줄기 빛도 들지 않는 노년을 떠올리게 한다. 우울한 상념이 머리를 짓누르고 몸은 무기력해진다. 가뜩이나 그녀를 만날 수 없다는 이유로 절망이 가슴을 내리누르는데 말이다. 어떤 먹구름도 이들의 행복을 방해하지 못하길. 다시 밝고 화창한 날이 오길 기도하며 책장을 넘긴다.

 네 번째 백야를 맞은 주인공은 끓어오르는 사랑의 마음을 참지 못하고 고백한다. 쿵쾅거리는 심장의 울림과 함께 뜨거운 눈물이 흘러넘칠 듯 솟구친다. 고백을 받은

나스첸카 역시 놀라움과 기쁨, 두려움이 뒤섞인 눈물을
쏟아 내고 둘은 희망찬 미래를 약속한다. 그러나 신의
장난처럼 나스첸카가 그토록 기다리던 남자가 하필 그
순간에 모습을 드러낸다.

야속하게도 잡고 있던 손을 뿌리치고 총알처럼
달려가는 그녀. 주인공이 할 수 있는 것은 죽은 사람처럼
멍하니 그들을 바라보는 것밖에 없었다. 다만 그녀에게
양심은 있었다. 그의 품에 안기기 전에 다시 주인공에게
달려와 뜨겁게 포옹하고 입을 맞춘 것이다. 그들은 두
손을 끌어안고 사라져 갔다. 주인공의 달뜬 백야는 마침내
끝났다. 대낮 같은 밤이 물러가고 칠흑처럼 무거운 아침이
찾아왔다. 사랑이 사라진 도시는 우울하기 그지없는
얼굴로 잔뜩 인상을 찌푸리고 있었다.

아침

나의 밤들은 끝나고 아침이 되었다. 비에 젖은
하루였다. 비가 내렸고 빗방울이 내 창문을 우울하게
두들겨 댔다. 방 안은 어둠침침했다. 바깥은 흐려져
있었다. 골치가 지끈거리고 현기증이 났다. 무슨 열병
같은 것이 뼈 마디마디로 스며들었다.

주인공이 이대로 사랑을 잃은 상실감에 마구 흔들리게

되면 어쩌지. 도시를 걷고 몽상을 좋아하는 순수한 그가 첫사랑에 너무 큰 상처를 받은 건 아닐까. 독자로서 걱정이 가득하다. 백야를 배경으로 사랑이 전개되는 과정을 모두 지켜본 입장에서 해피 엔딩을 바라지만, 그렇지 못한 상황에 위로라도 건네고 싶어진다.

나는 사랑에 호기심이 많았다. 누군가를 나보다 더 좋아하는 마음이 생길 수 있다는 점이 놀라웠다. 전혀 다른 시간과 장소에서 전혀 다른 사람들과 전혀 다른 방식으로 사랑에 빠졌다. 전혀 다른 슬픔과 고통으로 이별도 경험했다. 누군가와는 선 긋기 없이 서서히 멀어지기도 했다. 사랑은 어떻게 싹을 틔우고 꽃을 피우고 시들어 가는 걸까. 사랑이라는 화학 반응은 원인을 설명할 수도, 결과를 가늠할 수도 없는 연금술 같았다.

사랑이라는 감정은 그 자체로 경이롭다. 그것은 청춘이다. 솜사탕처럼 달콤하기 그지없다가도 밤새 불에 덴 것처럼 가슴이 화끈거리고 안절부절못한다. 세상을 다 가진 듯 행복하다가도 금세 죽을 듯한 병자의 얼굴로 변한다. 실연의 상처가 클 때는 다시 사랑이라는 모험을 하지 않겠다고 다짐하지만 예측하지 못한 곳에서 불쑥 튀어나온 다른 사랑을 만나면 죽어 있던 심장이 쿵쾅거린다. 익숙하던 거리가 다르게 보인다. 거울을 자꾸 보게 된다. 쉴 새 없이 화장을 고치고 옷매무새를 다듬는다. 기분 좋은 긴장과 설렘으로 뺨에는 홍조가 저절로 떠오른다. 자꾸 웃음이 나온다. 누군가를 만나기 전 이토록 즐겁고 두근거린 적이 있었던가? 그것이 사랑이다.

주인공을 들뜨게 만든 사랑은 꿈처럼 허무하게 떠났지만, 편지가 도착한다. 나스첸카다. 주인공을 진심으로 사랑했고 결혼을 약속한 남자도 사랑했다고 고백한다. 양다리냐고 비난할 수도 있지만 그녀가 누군가를 깊이 사랑하고 결혼을 결정하기에 아직 어리다는 점을 이해하자.

나스첸카는 뜨거운 감사를 전한다. 오빠 같은 애정으로 마음을 열어 준 순간을 기억하고 영혼에 새기겠다고 말이다. 조각난 심장을 받아 주고 위로를 건넨 사람은 단 한 사람뿐이었으니까. 다음 주에 약혼자와 결혼한다며 둘이 함께 주인공을 만나러 오겠다고도 한다. 자기를 용서해 달라고, 기억하고 사랑해 달라고 애원하며 편지는 끝났다.

한 가지 분명한 점은 백야의 밤을 하얗게 지새우며 둘이 진심으로 사랑했다는 점이다. 나스첸카의 입장에서 약혼자는 멀리 있고 결혼이라는 미래는 불투명했다. 그런 불안한 상황에 곁에 있어 준 남자에게 사랑을 느끼는 것은 어쩌면 당연할지도 모른다. 눈물과 환희로 얼룩진 그들의 사랑은 달콤한 꿈처럼 영혼에 새겨졌고 평생 잊지 못할 멋진 작품으로 완성됐다.

나스첸카의 편지를 여러 번 읽으며 눈물을 쏟아부은 주인공, 그를 기다리고 있는 것은 달라진 세계다. 집주인 노파는 갑자기 주름살이 가득하고 허리가 꼬부라진

노쇠한 모습으로 보인다. 방의 벽과 바닥은 색이 모두 바래고 거미줄이 늘어나 하루아침에 폭삭 늙어 버린 것 같다. 건너편 건물도 늙고 우중충해 보인다. 사랑에 눈멀었던 백야의 마법에서 깨어나 현실로 돌아온 것이다.

그는 마음속으로 나스첸카를 향해 이렇게 외친다. 내가 너의 행복에 먹구름을 드리울 일은 절대 없다고. 너의 심장에 칼을 꽂을 일도 없고, 결혼식 때 머리에 장식한 꽃 한 송이도 구겨지게 할 마음이 없다고 말이다. 어쩌면 이렇게 맑고 따뜻한 마음을 지니고 있을까. 분노와 체념, 배신감 대신 첫사랑의 행복을 진심으로 바라고 축복하는 마음이 절절하게 느껴진다. 지독한 사랑의 열병을 앓은 주인공은 마지막 순간에 이렇게 중얼댄다.

오, 하느님! 지극한 행복의 순간이여! 인간의 일생이 그것이면 족하지 않겠는가?

여자의 손조차 잡아 본 적 없었던 그가 우연히 한 여인을 만나고 네 번째 밤을 보내며 전혀 다른 사람으로 변했다. 그러니까 사랑으로 뜨겁게 울고 웃으며 저만치 성장한 것이다. 진정 모든 마음을 던져 사랑했기에 후회는 없다. 심지어 그녀가 다른 남자와 떠났지만 분노하거나 슬퍼하기보다 인생의 행복한 추억으로 영원히 기억할 것이다.

현실 세계에서 이런 방식으로 차였다면 막장 드라마의 소잿거리가 될 테지만 사실 사랑은 이런 것이다. 반드시 연애가 결혼이라는 결말로 이어져야 해피 엔딩이 아닌 것처럼 사랑은 사랑 자체로 목적이자 과정이고 결과다. 어쩌면 우리도 소설처럼 순수한 백야의 사랑을 꿈꾸고 있는지도 모른다. 나스첸카 역시 첫사랑과 떠났지만, 삶의 고단한 순간마다 백야의 마법 같던 시간을 떠올릴 것이다. 밤이 낮으로 바뀌고 마법 같은 사랑과 열정으로 빛나던 인생의 그 순간을 말이다.

나비처럼 춤추는 북극의 태양

많은 사람의 버킷 리스트 가운데 하나는 북극의 오로라를 보는 것이다. 아이슬란드나 노르웨이 등 북유럽, 캐나다, 미국 알래스카 등지가 오로라 성지로 불린다. 물론 남극에도 오로라가 나타나지만 너무 멀고 연구자가 아니면 들어가기 힘들다.

오로라를 사시사철 볼 수 있는 건 아니다. 북극권의 여름은 해가 지평선 아래로 내려가지 않는 백야가 찾아오고 이 시기에는 밤이 없다. 환한 하늘에선 당연히 오로라도 볼 수 없다. 반면 백야의 반대 현상인 극야가 나타나는 겨울에는 칠흑 같은 검은 하늘을 배경으로 찬란한 오로라 쇼가 펼쳐진다.

2022년 나는 북극에 갔다. KBS의 다큐멘터리인 〈시사기획 창〉 '고장 난 심장, 북극의 경고'를 제작하기 위해서였다. 목적지는 지구 최북단 북위 78도

노르웨이령 스발바르 제도였다. 북극에 다녀온 뒤 가장 많이 들은 질문은 오로라를 봤냐는 것이었다. 그러나 오로라는 구경도 할 수 없었다. 우리가 북극을 찾은 시기는 한여름인 7월이었기 때문이다. 오로라 대신 백야 체험은 실컷 할 수 있었다.

여름에 북극을 찾은 이유는 기후 위기로 빙하가 무너지고 영구 동토층이 붕괴하는 현장을 극적으로 보여 주기 위해서였다. 북극을 연구하는 국내의 과학자들도 여름에만 다산기지를 찾기 때문에 다른 선택지가 없었다. 스발바르 제도의 니알슨에는 국제과학기지촌이 있다. 우리나라는 2002년에 다산기지의 문을 열고 20년 넘게 북극 연구를 해 오고 있다. 남극의 장보고기지와 세종기지는 다산기지와 달리 1년 내내 과학자들이 상주한다.

이 시기에 오로라 구경은 불가능하지만 바다의 얼음이 녹으면서 크루즈선을 타고 빙하 투어를 할 수 있어 관광객들이 몰려든다. 우리는 이틀간 보트를 빌려 빙하를 촬영하고 빙하가 사라진 피오르 지대를 탐사했다. 북극의 낮은 끝없이 길었다. 새벽 2시가 넘어가는 시간에도 숙소의 커튼을 열면 형형한 햇살이 빛나고 있었다. 시간에 대한 감각이 둔해지기 시작했다. 졸릴 시간이 넘었는데도 바깥의 풍경은 아직 잘 시간이 아니라고 소리치고 있었다. 생경한 경험이었다.

덕분에 주경야독으로 밤낮없이 일할 수 있었다. 아침 일찍 보트를 타고 취재를 나갔다가 밤에 돌아오는데도 사방은 환했다. 빙하까지 오가는 데에만 네 시간 정도 걸렸으니, 주위가 캄캄하면 안전에도 문제가 생겼을 것이다. 숙소에 들어와서는 간단하게 씻고 촬영 기자가 영상을 업로드하는 동안 저녁을 준비해 같이 먹었다. 영상이 올라가면 클립을 보면서 녹취를 정리하고 다음 날 취재를 준비했다. 북극의 24시간은 내 인생 어느 시간보다 밀도 있게 채워졌다.

촬영 기자는 태양이 움직이는 궤적을 미속으로 촬영하기 위해 곳곳에 카메라를 설치했다. 백야의 태양은 마치 나비처럼 하늘에서 지평선 사이를 춤추듯 날아다녔다. 태양은 종일 우리의 머리 위를 맴돌았고 밤은 결코 오지 않았다. 숙소 근처의 술집은 늦도록 소란스러웠다. '대낮 같은 밤에 어떻게 술을 저리 흥겹게 마실까', '어둠이 내려앉아야 취기로 붉어진 얼굴을 감출 수 있는데' 하는 생각도 들었다. 그러나 사람은 적응의 동물이니까.

북극에 2주간 머무는 동안 낮과 밤에 대한 상념들이 절로 떠올랐다. 낮과 밤이 공유하는 세계에서 온 나는 24시간 낮이 계속되는 북극에서 절대적으로 이방인이었다. 고정 관념을 깨는 태양의 움직임에 처음에는 놀랐지만, 암막 커튼과 휴대 전화 알람을 통해 낮과 밤을 인위적으로 경계 지으며 나름 규칙적으로 생활할 수 있었다.

하지만 긴장의 끈을 놓아 버리면 자칫 폐인이 될 수도

있겠다는 예감이 들었다. 백야 기간에는 밤거리를 헤매며 흥청망청 살다가 극야가 오면 피로가 누적돼 집에서 나오지 않거나 우울감에 젖어서 술만 마신다면? 그러다가 술주정뱅이가 되겠지. 아침에 해가 떠오르면 잠자리에서 일어나 하루를 열고 밤이 오면 이불 속으로 들어가 휴식할 수 있는 삶이 얼마나 행복한지 절실히 느꼈다. 북극에서 나는 열렬하게 밤을 기다렸다. 창밖에 내려앉는 깊고 묵직한 어둠을 품에 안고 잠들고 싶었다.

스발바르 취재를 마치고 우리나라로 돌아오는 길에 카타르를 경유했다. 도하 공항에서 나는 마침내 익숙한 그것과 마주할 수 있었다. 보름 만이었다. 어스름하게 내려앉은 어둠이 창문 밖에서 내게 노크했고 활주로를 조금씩 검게 물들이고 있었다. 항공기는 기다란 그림자를 땅으로 드리우고 공항의 불빛이 하나둘 켜졌다. 낮에서 밤으로 넘어가는 시간이 이토록 마법처럼 느껴진 것은 내 인생에 처음이었다.

북극의 백야는 너무 환해서 불을 밝힐 필요가 없다. 에너지는 절약되겠지만 별빛처럼 반짝이는 멋진 야경은 포기해야 한다. 눈부신 하늘은 희미한 별빛도, 달빛마저도 모조리 삼켜 버린다. 인류에게 지치지 않는 호기심과 상상력을 선물한 밤하늘이 없었다면 문학과 예술, 과학은 잉태되지 못했을 것이다. 밤의 세계는 우리에게 끝없는 휴식이자 자유로운 몽상의 시간이었으니까.

겨우 2주간이었지만 백야를 제대로 경험하고 돌아온 나는 밤의 예찬론자가 됐다. 밤의 소중함을 깨달았기 때문일까. 밤의 부재를 경험한 덕분에 나의 세계가 넓어졌다. 부분적인 백야가 아닌 '찐백야'를 겪어 본 사람은 많지 않을 것이다. 그때 방에 갇혀 일만 하지 말고 스발바르의 거리를 몽상가처럼 걸었다면 「백야」의 주인공처럼 황홀한 순간을 만났을지도 모른다.

앞으로 기회가 생긴다면 극야 기간에 북극이나 남극을 취재하고 싶다. 밤의 세상에 가면 미친 듯이 낮을 그리워하겠지. 어둠에 갇혀 술꾼이 되어 돌아오지 않기만을 바랄 뿐이다. 동시에 우리가 낮과 밤이 공존하는 세상에 살고 있음에 감사한다. 어느 하나도 결핍되지 않게 균형을 맞춰 줘서 고맙다.

황야를 헤매는 거친 영혼들

폭풍
『폭풍의 언덕』

운명의 폭풍이 휘몰아치는 곳

인간이란 바람 부는 대로 돌아가는 풍향계 같은
존재다!
— 에밀리 브론테, 『폭풍의 언덕』

에밀리 브론테는 한 권의 폭풍 같은 소설로 불후의 소설가 반열에 오른 작가다. 세상을 휩쓸어 버릴 듯 몰려오는 성난 폭풍과 파괴적인 사랑을 그녀만큼 강렬하게 그려 낼 수 있는 사람은 아무도 없을 것이다. 『폭풍의 언덕』이라는 소설을 떠올리는 순간 우리는 길을 잃은 바람이 외투 깃을 헤치고 거칠게 밀려 들어올 것 같은 기분을 느낀다.

폭풍의 언덕은 불안하고 불길하며 격동적인 언어로 전 세계인의 가슴에 새겨졌다. 소설의 제목은 영국 북부 변방에 있는 고택의 이름인 'Wuthering Heights'를 번역한 것이다. 소설에서는 주인공 히스클리프가 살고 있는 집을 가리킨다.

소설의 배경은 영국 요크셔의 황량한 산골이다. 은둔자를 자처하는 런던의 부유한 신사 록우드가 어느 날 갑자기 폭풍의 언덕에 찾아와 저택과 토지를 빌리는 것으로 소설은 시작된다. 임대인은 히스클리프라는 무뚝뚝하고 괴이한 분위기의 남자다. 그의 곁에는 아름다운 히스클리프 부인과 촌뜨기 헤어턴, 늙은 하인

조지프가 함께 있다. 한집에 사는 가족이라고 보기에는 도저히 어울리지 않는 이들에게 록우드는 기이할 정도로 빠져든다.

폭풍의 언덕은 휘몰아치는 대기의 격동을 감당해야 하는 높고 가파른 곳이다. 페니스턴 절벽으로 올라가는 길은 봄이 되면 히스꽃(진달랫과의 관목)이 흐드러지게 피어나지만, 겨울에는 메마른 북풍의 공격을 맨몸으로 견뎌야 한다. 가장 먼저 서리가 내리고 한여름에도 북동쪽의 검게 움푹 파인 응달에 눈이 남아 있는 곳.

에밀리 브론테는 나무의 형태를 통해 바람의 위력을 묘사한다. 절벽 위로 불어오는 사나운 북풍 탓에 전나무 두어 그루가 미처 자라지 못하고 기울어져 있다고 말이다. 추운 지역에 앙상하게 자라는 관목 한 무더기는 마치 태양에게 구걸하는 거지처럼 모두 한 쪽 방향으로 가지를 뻗고 있었다.

다행히도 선견지명이 있는 건축가가 건물을 요새처럼 튼튼하게 지었다. 저택은 깊숙이 숨어 있는 좁은 창문과 바람을 막아 주는 돌출된 돌을 방패로 매서운 폭풍을 근근이 견디고 있었다. 바람이 휘몰아치다가 돌연 축축한 안개를 거느린 추위가 찾아온다. 대기의 한기는 저 멀리 높은 곳에서 눈송이를 떨구고 지상에는 하얗게 서리가 퍼져 나간다. 어쩌면 이곳에 사는 사람들의 운명은 이 집과 닮아 있는지도 모른다.

우리나라는 여름에 태풍이 찾아오지만, 영국과 아일랜드 등 유럽에는 겨울에 거센 비바람과 눈보라를 품은 폭풍이 휩쓸고 지난다. 나무가 쓰러지며 차량을 덮쳐 인명 피해가 발생하기도 하고 공항에선 비행기가 강풍에 중심을 잃으면서 착륙하지 못하는 상황도 벌어진다. 혹독한 추위 속에 정전이 속출하고 도로와 철길도 직격탄을 맞는다. 북극발 한파가 중위도로 밀려 내려오며 과거보다 더욱 거세진 겨울 폭풍을 유럽에 몰고 오고 있다.

에밀리 브론테는 겨울 날씨가 번덕스럽게 변화하는 풍경을 소설 곳곳에서 보여 준다. 짙은 안개의 휘장은 한낮의 햇살을 가려 버리고 한기가 몸속으로 스며들며 으슬으슬하게 추워진다. 이런 날씨에 히스와 진창을 헤치고 폭풍의 언덕까지 가느니 차라리 서재 벽난로 앞에서 시간을 보내는 게 낫겠다고 록우드는 생각한다.

> 바로 그때 때맞춰 폭설의 전조를 알리는 깃털 같은 눈송이가 날리기 시작했다. 바람이 휘몰아치는 그 언덕 꼭대기는 된서리에 꽁꽁 얼어붙었다. 냉기에 팔다리가 덜덜 떨려 왔다.

록우드는 궂은 날씨에도 불구하고 강렬한 운명에 이끌려 폭풍의 언덕으로 향하고 우여곡절 끝에 하룻밤을 보내게 된다. 바람이 심하게 불고 눈보라가 몰아치는 밤이었다. 우연히 집 안을 헤매다가 히스클리프가 창문을 열고 격렬하게 통곡하는 모습을 목격하게 된다. 바람이 불

때마다 달그락거리는 창밖에 캐서린의 혼령이 있다고
믿은 히스클리프는 언덕을 향해 소리쳤다. 캐서린이라는
이름을 부르며 광란의 울음을 쏟아 내는 한 남자.

    캐시, 들어오라니까. 아아, 제발 한 번만! 나는
    너뿐인데! 지금은 듣고 있니? 캐서린, 내 말이 들리니?

창문 밖에는 아무 기척도 없다. 폭풍의 언덕을 헤매는
캐서린이라는 유령과 그를 기다리는 한 남자의 이야기에
록우드는 빠져들게 된다. 다음 날 집에 도착하자마자 하녀
넬리를 통해 숨겨진 가족사를 전해 듣게 된다. 느릿느릿
말을 이어 가는 넬리와 그녀를 재촉하는 록우드. 독자
역시 록우드와 같은 마음으로 책장을 넘기는 속도에
가속을 붙였을 것이다.
    모든 사건의 발단은 외출에서 돌아온 언쇼 씨가
고아를 주워 오면서부터 시작된다. 음울하면서 참을성이
강한 아이는 히스클리프였고 언쇼 씨의 딸인 캐서린과
둘도 없는 친구가 된다. 그러나 캐서린의 오빠인 힌들리는
히스클리프를 교묘하게 학대하고 폭력을 휘두른다.
    거센 바람이 휘몰아치는 어느 가을 언쇼 씨가 세상을
떠나고 히스클리프는 유일한 버팀목을 잃게 된다. 사랑하는
캐서린조차 확신을 주지 못하자 결국 히스클리프는
언쇼가를 떠난다. 히스클리프가 사라진 폭풍의 언덕에서
캐서린은 장밋빛 미래를 꿈꾸며 에드거 린턴과 결혼한다.
이야기는 그렇게 평온하게 끝날 것처럼 보였다.
    그러나 히스클리프는 악의 화신으로 되돌아온다.

겉보기에는 건강하고 노련한 청년으로 성장한 듯하지만 내면에는 복수에 목마른 야수가 도사리고 있었다. 캐서린과 히스클리프, 에드거와 그의 여동생 이사벨라의 운명이 꼬여 버리고 아이들에게도 잔인한 그림자를 드리운다. 캐서린과 에드거의 딸인 캐서린 린턴, 히스클리프와 이사벨라의 아들인 린턴 히스클리프가 다시 운명의 폭풍 속에 휩쓸리게 될 것이다.

 복수심에 눈이 먼 히스클리프는 순진무구한 어린 영혼에 대한 가스라이팅을 서슴지 않는다. 그 대상은 자신을 괴롭혔던 힌들리의 아들인 헤어턴과 자신의 아들 린턴, 심지어 캐서린의 이름을 물려받은 딸 캐서린까지 가리지 않는다. 쓸모없는 존재라거나 저주받은 멍청이라는 욕설을 반복하며 아이들의 세계를 병들게 한다. 의도적으로 문맹으로 만들고 병약한 몸에 대한 부정적 인식을 갖도록 지속적으로 학대하는 모습에 책을 읽는 내내 분노가 치밀었다. 19세기 작품을 21세기에 읽기에는 아동 학대의 수위가 지나치게 높았다.

 결국 히스클리프의 의도대로 아이들은 처참히 짓밟히고 망가진다. 심지어 죽음에 이르게 되지만 그 안에서 연약한 희망이 움튼다. 멍청이로 불리던 헤어턴은 지독한 무시와 탄압에도 불구하고 글을 배우려고 노력했고 어린 캐서린은 죽은 어머니를 닮아 세상에 대한 호기심을 포기하지 않았다. 처절한 복수극임에도 이 소설이 그저 절망적이지만은 않은 이유는 부모 세대를 넘어서면서 새로운 국면이 펼쳐지기 때문이다.

히스클리프는 창문을 열어 놓은 채 휘몰아치는 비에 흠뻑 젖어 죽는다. 이후 마을 사람들은 사납게 비가 몰아치는 밤이면 이들 연인이 함께 걸어가는 환영을 보게 된다. 폭풍을 사랑했던 연인다운 결말이다. 부디 부모 세대와 같은 이름을 쓰는 아이들에게 더 이상 거친 폭풍은 없길. 소설이 끝난 뒤에도 어린 린턴 히스클리프가 어린 캐서린 린턴에게 건네던 말이 떠올라 마음이 아려 온다. 아이들은 진실을 알고 있었던 걸까.

"너의 어머니는 우리 아버지를 사랑했어!"
"거짓말쟁이! 너 같은 애 싫어!"
"사랑했어! 사랑했다고!"

『폭풍의 언덕』은 변화무쌍한 날씨와 계절의 흐름에 따라 이야기가 전개된다. 히스꽃이 가득 핀 싱그러운 들판은 히스클리프와 캐서린의 설렘과 사랑이 무르익는 공간이 된다. 뜨거운 7월의 어느 날 꽃들 사이로 벌들이 꿈꾸는 것처럼 윙윙거리고 서풍이 불어와 햇살은 환하다. 하얀 구름은 머리 위에서 빠르게 흘러간다. 이들 앞에 놓인 세상은 기쁨으로 흥분해 있고 평화와 환희가 넘친다. 여름을 보내는 가장 즐거운 방법은 히스로 덮인 비탈면에

아침부터 밤까지 누워 아름다운 날씨를 느끼는 것이
아니었을까.
    캐서린이 세상을 떠난 뒤 공동묘지 한구석의 푸른
비탈에 외로이 묻히자, 달콤한 날씨도 끝난다.

    한 달간 지속된 화창한 날씨는 그 금요일이
마지막이었습니다. 저녁에 날씨가 변했습니다.
남풍이 북동풍으로 바뀌고, 처음에는 비가 내리다가
나중에는 진눈깨비에 눈까지 내렸어요.

폭풍의 언덕에 온화한 날씨는 길지 않다. 바람의 방향이
바뀌면서 순식간에 혹독한 추위가 몰려온다. 앵초와
크로커스는 싸락눈에 파묻히고 종달새의 노래는 멈췄다.
어린 나뭇잎은 된서리를 맞아 검게 시들었다. 차가운
눈보라가 몰아치는 시간은 쓸쓸하고 춥고 음산하다.
희망 대신 짙은 어둠과 절망이 드리워졌다. 비평가들은
입을 모아 폭풍의 언덕이라는 소설이 기상학적인 동요와
혼란이 가득한 소설이라고 말한다.
    어디 소설뿐일까. 자연 앞에 인간은 그저 작고 나약한
존재일 뿐이다. 습기 가득한 어둠은 울적함을 불러오고
마음을 불안하게 만든다. 과거 사람들은 이런 날씨가
찾아오면 대기가 병들었다고 생각했다. 날씨는 감정을
불러일으키는 강력한 은유로 작용한다. 맑고 화창한
날씨는 마음의 그늘을 지우고 긍정으로 충만하게 만든다.
날씨는 매일 다른 시그널로 우리의 감정에 거센 파도를
일으키고 눈부신 희망이 비치게 만든다.

폭풍의 언덕에 찾아온 서늘한 한기는 죽음이란 불청객을 동반한 채 가여운 운명을 뒤흔들어 놓는다. 캐서린은 아버지인 에드거 린턴과 추수철 일꾼들 사이를 걸으며 산책을 다니곤 했는데 아버지가 그만 심한 감기에 걸리고 만다. 마지막 곡식 단을 운반할 때까지 바깥에 있었던 게 화근이었다. 그날 저녁은 유난히 쌀쌀하고 눅눅한 날이었다. 보통 이런 날씨를 'chilly'하다고 표현한다. 한겨울 대륙 고기압이 확장하며 밀려오는 차고 건조한 한파와는 느낌이 다르다. 회색빛으로 흐린 날씨 속에 서늘하고 습한 기운이 온몸에 스며들며 으슬으슬 추운 날씨를 떠올리면 된다.

  이런 날 외출했다가 집에 돌아오면 당장 이불을 뒤집어써야 할 것처럼 한기가 느껴진다. 그리고 다음 날 반갑지 않은 손님과 만나게 된다. 에드거의 감기는 좀처럼 낫지 않았고 겨울이 다 가도록 외출 한 번 못 한 채 집에 갇혀 지내게 된다. 캐서린은 벅차오르는 슬픔을 참으며 아버지를 간호하고 곁에 머문다. 그러나 에드거는 점점 더 쇠약해져 그토록 사랑하는 딸의 곁을 떠나고 만다.

  에드거 린턴의 죽음 앞에 나는 막막함을 느꼈다. 어린 캐서린을 지켜 줄 유일한 존재가 사라진 것이다. 마치 언쇼 씨가 세상을 떠난 뒤 히스클리프가 맞게 된 운명처럼 말이다. 부모를 모두 잃은 가엾은 캐서린이 어디로 휩쓸려 갈지 가슴을 졸일 수밖에 없었다. 마치 내가 하늘나라에 있는 캐서린 언쇼가 된 것 같았다. 죽어도 눈을 감을 수 없는 참담한 심정이 아니었을까. 제발 히스클리프의 복수가 그만 멈추길 기도하는 마음이었을 것이다.

―― 폭풍처럼 살다 간 세 자매 ――

 브론테 자매는 영국 요크셔의 브래드퍼드 부근에서
6남매로 태어났다. 샬럿은 1816년, 에밀리와 앤은
1818년, 1820년에 세상에 나왔다. 샬럿 위로는
마리아와 엘리자베스 두 언니가 있었고 패트릭은 집안의
유일한 남동생이었다.
 일찍 어머니를 여읜 브론테 자매는 가난한 교구
목사였던 아버지의 엄격한 교육을 받으며 자랐다. 이들은
평생 황야를 떠난 적이 없었다. 막내 앤을 제외한 브론테
자매는 복음주의 목사가 설립한 코완브리지에서 공부했다.
열악한 교육 환경 탓에 첫째 마리아와 둘째 엘리자베스가
모두 결핵으로 이른 나이에 세상을 떠나고 말았다.
 샬럿은 이때의 경험을 기반으로 『제인 에어』의
로우드 학교를 탄생시킨다. 고아 소녀인 제인 에어의 입을
통해 잔혹한 학교의 일상이 드러난다. 소설에 등장하는
한겨울의 일요일은 우울하기만 하다. 추위에 떨면서 약
3킬로미터나 떨어진 교회에 가서 예배를 드려야 하기
때문이다. 손발이 동상에 걸리고 교회에 도착할 때쯤이면
뼛속까지 시리고 온몸이 마비될 정도였다.
 예배가 끝나고 학교로 돌아오는 길에는 눈 덮인 북쪽
산등성이에서 불어오는 매서운 겨울바람에 얼굴 살갗이
벗겨질 것 같았다. 『제인 에어』를 읽다 보면 브론테 자매가

다녔던 코완브리지 생활이 얼마나 힘들었을지 짐작할 수 있다. 겨우 열 살 남짓의 어린 소녀들이 겪었을 고통이 떠올라 가슴이 시리다. 소설에는 로우드가 자리 잡은 숲속 골짜기가 안개로 인한 역병의 요람이라는 표현이 나온다. 티푸스 같은 전염병이 반 기아 상태인 학생들 사이로 무섭게 퍼져 나갔고 학교에서 사망한 아이들은 신속하고 조용하게 매장됐다.

두 딸을 잃은 뒤에야 코완브리지가 위험한 곳이라는 것을 실감한 브론테 자매의 아버지는 샬럿과 에밀리를 데리고 왔다. 이때부터 앤을 포함한 세 자매는 목사관의 돌담으로 둘러싸인 폐쇄적인 세상에서 함께 책을 읽고 이야기를 지어내며 새로운 세계를 창조했다. 브론테 자매는 아주 어린 시절부터 작가가 되겠다는 꿈을 꿨다. 서로 멀리 떨어져 지내고 일하느라 정신없이 바쁠 때도 이 꿈은 포기한 적이 없었다. 어느 날 에밀리가 쓴 시를 우연히 보게 된 샬럿은 놀라움을 넘어선 무언가에 사로잡힌다. 짧은 운문들이었지만 트럼펫 연주를 듣는 것처럼 가슴이 뭉클해졌기 때문이다.

1846년 세 자매는 각자의 작품을 모아 자신들의 머리글자를 딴 필명으로 『커러, 엘리스, 액턴 벨의 시집』을 발표했다. 진짜 이름을 쓰지 않은 것은 여성 작가라는 선입견을 피하기 위해서였다. 초판 인쇄본으로 추정되는 1,000부 가운데 달랑 두 권이 팔렸다. 그러나 일부

평론가는 핏속에 시적 재능이 흐르는 듯한 가족이라면서 특히 엘리스(에밀리)에게 혜성 같다는 평가를 남겼다.

첫 작품을 발표한 뒤 용기를 얻은 세 자매는 역시 필명으로 각각 『교수』와 『폭풍의 언덕』, 『아그네스 그레이』라는 소설을 내놓는다. 샬럿의 『교수』만 출판사에서 퇴짜를 맞고 나머지 두 작품은 묶여서 출판됐다. 이후 샬럿이 심기일전해 집필한 작품이 바로 『제인 에어』였다. 『제인 에어』는 출간과 동시에 최고의 소설이라는 평가를 들으며 베스트셀러가 됐다. 에밀리 브론테의 『폭풍의 언덕』은 당혹스럽고 야만적이라는 혹평이 많았다. 히스클리프의 소름 돋는 복수는 지금 봐도 로맨스라기보다는 스릴러로 느껴질 정도니 과거에는 오죽했을까.

에밀리는 『폭풍의 언덕』에 대한 서평이 나올 때마다 실망감에 괴로워했다. 샬럿 역시 그런 에밀리를 볼 때마다 『제인 에어』로 인한 기쁨과 즐거움이 사라질 정도였다고 회상했다. 동생이 단호하게 견디는 것처럼 보이지만 얼마나 힘들어할지 누구보다 잘 알고 있기 때문이었다.

영국 요크셔에 뿌리내리고 있는 황량하고 우울한 분위기는 세 자매에 의해 문학적 영감으로 승화됐다. 특히 에밀리의 소설 『폭풍의 언덕』을 지배하고 있는 성난 바람과 고립된 분위기와 일치한다. 브론테 자매가 살았던 곳은 대지를 지배하는 거친 폭풍이 눈앞에서 펼쳐지던 곳이었다. 『폭풍의 언덕』에서 황야를 헤매는 캐서린의 영혼은 자매의 영혼과 닮아 있다.

『샬럿 브론테의 삶』이라는 전기를 쓴 영국의 소설가

엘리자베스 개스켈은 브론테 자매의 고향을 이렇게 묘사했다. "가을이나 겨울밤이면 흔히 하늘에 존재하는 사방의 바람들이 서로 만나 격렬히 싸우는 것처럼 보였다. 바람이 출구를 찾으려고 사투를 벌이는 것처럼 집 주변을 으르렁대며 배회했다." 『폭풍의 언덕』은 요크셔의 요동치는 대기의 격동이 없었다면 세상에 나오지 못했을 것이다.

에밀리 브론테는 나무가 휘어 버릴 정도로 강력한, 폭풍의 언덕의 바람을 생생하게 묘사한다. 심하게 휘어 버린 전나무를 통해 북풍이 저 너머로 불어 가는 것을 보여 주고 황량한 가시나무가 태양을 경배하듯 한쪽으로 쏠려 있는 모습을 문장에 담았다. 한순간 흘러가는 바람을 작품 속에 영원히 기록해 놓은 것이다. 동생을 누구보다 잘 알고 있었던 샬럿은 이렇게 회상했다.

> 내 동생 에밀리는 황야를 사랑했다. 그 애의 눈에는 어두침침한 히스 들판에서 장미보다 화려한 꽃들이 피어나는 광경이 떠올랐고, 검푸른 산비탈의 음침한 골짜기도 그 아이의 마음속에서는 에덴동산이 되었다. 에밀리는 쓸쓸한 고독 속에서 소중한 기쁨을 무수히 찾아냈고, 자유를 적잖이, 그 무엇보다 사랑했다.
> ― 줄리엣 가드너, 『브론테 자매, 폭풍의 언덕에서 쓴 편지』, 최지원 옮김, 허밍버드, 2023, 138쪽

폭풍의 언덕을 바람처럼 살다 간 캐서린과 히스클리프처럼 브론테 자매의 영혼 역시 끊임없이

갈망하는 바람 같았다. 자매의 삶은 고단하고 황량하기만 했다. 낮은 임금에 모욕을 견디며 가정 교사 생활을 버텨야 했다. 넘치는 천재성이 그 시대를 견디기 벅찼던 걸까. 80대까지 장수한 아버지를 빼고 모든 가족이 30대를 넘기지 못하고 단명하고 말았다. 아무도 후사를 남기지 못한 채 젊은 나이에 요절했는데 유일하게 결혼한 샬럿만 그나마 서른여덟 살까지 살았다.

에밀리는 1848년 12월 22일 폐결핵으로 세상을 떠났다. 참혹할 만큼 말라 있어 관의 폭이 43센티미터밖에 되지 않았다고 한다. 에밀리가 떠난 지 1년 만에 막내 앤 역시 같은 병으로 생을 마감했다. 샬럿은 20년 전 마리아와 엘리자베스 언니처럼 동생들이 차례로 묻히는 것을 지켜보며 얼마나 괴로웠을까. 세 자매가 함께 걷던 황야를 혼자 누비는 일은 끔찍한 고문이 돼 버렸다. 어디에 시선을 던져도 동생들과 함께하던 시절이 떠올랐기 때문이다.

> 내 동생 에밀리는 특히 이곳을 좋아했기 때문에, 야생화 무더기를 봐도, 고사리 가지를 봐도, 어린 빌베리 잎을 봐도, 푸드덕 날개 치는 종달새나 방울새를 봐도 그 애가 떠오른다.
> ─ 『브론테 자매, 폭풍의 언덕에서 쓴 편지』, 276쪽

브론테 자매에게 하늘은 고독한 삶을 견디게 해 주는 친구와 마찬가지였다. 잠들어 있던 내면을 일깨우는 바람의 충동적인 목소리에 전율하던 브론테 자매, 그러나 그 바람이 잔인한 얼굴을 하고 있다는 사실도 깨달았다. 달콤한 산들바람이 폐 속을 통과하면 결핵을 불러오고 비가 부슬거리는 차가운 밤은 오한과 두통을 동반했다.

습기를 머금은 찬 바람은 나무를 부풀리고 주전자에 물때가 끼게 하고 철을 녹슬게 하고 돌을 부서트린다. 오싹한 오한을 불러오기에 몸이 튼튼한 남자나 여자도 조심해야 한다. 오랜 경험으로 이 지방의 사람들은 잘 알고 있었다. 하지만 피할 수 없는 운명일까.『폭풍의 언덕』속 인물들도, 그리고 다른 자매들과 마찬가지로 혼자 남은 샬럿마저 폐렴으로 생을 마감하고 만다.

에밀리 브론테는 학생이 40명 가까이 되는 큰 학교에서 교사로 지낸 적이 있었다. 아침 6시부터 밤 11시까지 노예처럼 일하는 가혹한 생활이었다. 학생들이 잠든 시간 빈 교실에 머물며 그녀는 혼자 시를 지었다. 이 시간은 유일한 해방의 시간이었을 것이다.

황폐한 언덕의 한가운데서
겨울이 울부짖고 비가 쏟아지지만,
지루한 폭풍우가 가라앉으면
햇볕이 다시 따사롭게 빛나리니,

(…)
— 『브론테 자매, 폭풍의 언덕에서 쓴 편지』, 147쪽

우리 인생에도 차가운 겨울비가 내리고 폭풍우가
몰아치곤 한다. 캄캄한 어둠 속에 갇혀 앞으로 한 걸음도
나아가지 못할 것 같지만 결국에는 다시 따사로운 햇볕이
들 것이다. 가장 고단하고 힘든 시기에 에밀리 브론테는
햇살의 온기를 그리며 이 시를 지었겠지. 폭풍의 언덕에서
비에 흠뻑 젖었어도 견딜 수 있었던 것은 자매들에게
받은 연대와 지지 덕분이 아니었을까. 너무 짧은 생이어서
안타까운 브론테 자매가 이 시대 어딘가에 다시 태어나
작가로 살아가고 있지 않을까 하는 상상을 해 본다.
바람처럼 자유롭길, 부디 그들의 두 번째 인생이.

가끔은 아무 생각 없이 휩쓸려 갔으면

회오리바람
『오즈의 마법사』

––––––– 북쪽에서 바람이 흐느끼는 소리가 들렸다 –––––––

"회오리바람이 오고 있어. 엠. 나는 가축을 단속하러
가겠소."
"빨리. 도로시! 지하실로 뛰어가!"
— 라이먼 프랭크 바움, 『오즈의 마법사』

어린 시절은 기쁨과 즐거움, 놀라움으로 가득하지만
가끔은 외롭고 더디고 지루한 구석이 없지 않다. 빨리
어른이 되고 싶다는 마음에 심장이 고동치기도 하지만
미지의 세계에 대한 두려움에 몸을 옹송그리기도 한다.
나는 강원도 첩첩산중에서 자연을 벗 삼아 자랐다. 산을
조금만 올라가면 젖소를 키우는 목장이 있었고 눈이 많이
와서 겨울에는 학교가 문을 닫기도 했다.

숨이 막힐 정도로 자연과 가까운 곳에 우리 집이
있었다. 지리 교과서에서 배우는 '배산임수(背山臨水)'를
떠올리면 된다. 집 앞에는 사시사철 투명한 개울물이
흘렀고 집을 겹겹이 둘러싼 숲에선 긴긴 여름 뻐꾸기가
울었다. 밤에는 자장가처럼 소쩍새 울음소리가 구슬프게
마음을 울렸다. 주인 없는 앵두나무와 살구나무,
능금나무는 해를 거르지 않고 열매를 맺었고 배고픈
아이들의 간식거리가 돼 줬다.

어린 시절을 떠올리면 모든 것이 뒤죽박죽이었지만
동시에 가능성으로 충만한 시절이었다. 작은 것에도 떨
듯이 기뻐하고 흥분하고 감사했다. 책을 읽으며 신기한
세상에 빠져들었고 음식은 먹는 것마다 왜 이리 맛있는지.

그 시절은 마법 같았다. 답답한 시골에 살다 보니 미지의
세계로 가서 친구들과 우정을 쌓고 모험을 하는 꿈을
꿨다. 마치 오즈의 마법사에 나오는 도로시처럼 말이다.

산속으로 요술 지팡이를 찾아 떠난 적이 있다. 당시
만화 영화에 나오는 요술 공주들은 뭐든 이뤄 주는 만능
요술 지팡이를 가지고 있었다. 산꼭대기에 소나무 두
그루가 있는 것을 보고 요술 지팡이도 두 개가 있을
거라고 친구들을 설득했다. 결국 해가 저물 때까지
목적을 이루지 못하고 빈손으로 집에 돌아왔지만 즐거운
일탈이었다. 집에는 나를 기다리는 가족이 있었고 배불리
저녁을 먹고 깊은 잠에 빠졌다. 그렇게 나는 무럭무럭
자랐다.

『오즈의 마법사』는 어린 시절의 방황과 모험에 대한
소설이다. 1856년 미국 뉴욕주에서 태어난 라이먼
프랭크 바움은 신문 기자와 배우, 외판원 등 여러 직업을
전전했다. 아내의 격려로 좌절하지 않고 밤마다 아이들을
위한 이야기를 지었다. 『오즈의 마법사』는 1900년에
발표됐고 독자들의 뜨거운 사랑 덕분에 바움이 세상을
떠날 때까지 열네 권의 시리즈가 나왔다. 이후에도 40년
넘게 이야기는 끝나지 않고 이어졌다.

미국에 살던 시절, 뉴욕 브로드웨이에서 〈위키드〉라는
뮤지컬을 봤다. 『오즈의 마법사』의 전편으로 불리는
이야기로 인생 첫 브로드웨이 뮤지컬이었던 만큼
얼마나 흥분되던지. 한국에 돌아오니 〈위키드〉가
영화로도 제작돼 전 세계 관중을 만나고 있었다. 초록색
마녀 엘파바가 부르는 〈중력을 거슬러(Defying

Gravity)〉라는 노래를 듣고 있으면 당장이라도 빗자루를 타고 하늘을 솟구쳐 오르는 마녀가 될 것만 같다. 바움의 상상력은 시대와 세대를 거듭해 오며 책에서 무대와 스크린으로 재탄생하고 있다. 할머니의 이야기는 엄마의 이야기에서 딸의 이야기로 무한 변신을 거듭하고 있다.

과연 어떤 이야기이기에 이토록 오랜 시간 동안 긴 생명력을 얻을 수 있었을까. 어린 시절에도 재밌었지만, 『오즈의 마법사』는 언제든 다시 읽어도 또 다른 감동을 안겨 주는 힘이 있다. 도서관에서 딸을 위해 『오즈의 마법사』를 빌린 적이 있었다. 아이가 만화책에 정신이 팔려 있는 사이 잠깐 훑어본다는 게 앉은 자리에서 다 읽고 말았다. 책을 펼친 순간 나는 회오리바람이 춤을 추는 미국 대평원의 한가운데에 서 있었다.

도로시는 미국 캔자스에서 농사를 짓는 헨리 삼촌, 엠 숙모와 함께 살고 있다. 하늘 끝자락에 닿을 때까지 사방은 온통 잿빛이다. 네 벽과 바닥, 지붕으로 지어진 작은 집은 딱히 특별할 것도 없다. 다락방도, 지하실도 없는 그 집의 바닥에 작은 구멍이 있다는 점만 빼면 말이다. 그곳은 바로 거센 회오리바람이 불어올 때 몸을 피하는 '회오리바람 대피소(tornado shelter)'였다.

실제로 토네이도가 잦은 미국 중부의 주택에는 『오즈의 마법사』에 나오는 것과 똑같은 대피소가 존재한다. 외신에는 대피소에 숨어서 토네이도로부터 목숨을 건진 이야기가 종종 전해진다. 뚜껑으로 만들어진 문을 열면 지하 대피소로 내려가는 사다리가 나타난다.

토네이도의 습격이 잦은 거친 황야에서 살아남기 위해 고군분투하다 보니 삼촌 부부는 억척스럽게 변했다. 예쁘장한 새댁이었던 엠 숙모의 얼굴에선 반짝거림과 발그레한 기운이 사라졌다. 헨리 삼촌 역시 아침부터 밤까지 일하느라 즐거움을 모르고 살았고 얼굴에서 웃음이 떠나 버렸다. 부부는 온통 잿빛이었다.

도로시에게 웃음을 주는 유일한 친구는 토토였다. 토토는 길고 부드러운 검은 털을 가진 생기 넘치는 작은 개로 유일하게 잿빛이 아니었다. 둘은 함께 놀았고 서로를 무척 사랑했다. 그러던 어느 날 하늘이 평소보다 더 짙은 회색빛으로 물들었다. 도로시와 토토의 기나긴 모험이 시작될 것을 알리는 신호였을까.

북쪽에서 바람이 흐느끼는 소리가 들렸다. 헨리 삼촌과 도로시는 폭풍이 밀려오기 전 파도처럼 흔들리는 긴 풀잎을 볼 수 있었다. 그때 남쪽 하늘에서 날카로운 휘파람 소리가 들려왔고, 그쪽으로 눈길을 돌리자 넘실대는 풀잎들이 보였다.

캔자스의 잿빛 평원에 몰려온 거대한 회오리바람,

토네이도였다. 헨리 삼촌과 엠 숙모는 본능적으로 위험이 닥쳤음을 알았다. 갑자기 자리에서 일어난 헨리 삼촌은 젖소와 말이 있는 헛간으로 달려갔다. 엠 숙모도 하던 일을 놔두고 문으로 나와 하늘을 살피더니 도로시에게 당장 지하실로 대피하라고 외친다. 도로시가 회오리바람 대피소로 가는 뚜껑 문을 열고 작고 어두운 구멍으로 내려가려는 순간 이상한 일이 일어난다. 집이 회오리바람에 휩쓸려 공중으로 솟구치더니 도로시를 마법의 세계로 데리고 간 것이다.

> 집이 자리한 곳에서 북풍과 남풍이 서로 만나며 그곳을 회오리바람의 정확한 핵으로 만들었다. 회오리바람의 중심은 보통 고요하지만, 집 전체가 바람의 거대한 압력을 받아 점점 더 높이 올라갔다. 결국 토네이도의 꼭대기까지 올라갔고 집은 마치 깃털처럼 아주 멀리 떠내려갔다. 어둠이 짙게 깔리고, 바람은 울부짖으며 집을 휘몰아쳤다.

회오리바람의 핵이 만들어지는 곳은 소설에서 묘사한 것처럼 북풍과 남풍이 마주치는 곳이다. 미국 중부에 있는 광활한 대평원(Great Plain)은 로키산맥을 넘어온 차고 건조한 공기와 멕시코만의 따뜻하고 습한 공기가 만나는 경계다. 성질이 다른 두 공기 덩어리가 폭발적으로 충돌하며 대기 불안정이 극대화돼 수직으로 솟구쳐 오르는 공기 기둥을 만들어 내는데 우리가 토네이도라고 부르는 현상이다.

토네이도가 자주 발생하는 미국 중부의 텍사스와 오클라호마, 캔자스, 네브래스카, 사우스다코타에 이르는 지역을 '토네이도 앨리(Tornado alley)'라고 부른다. 토네이도가 잦은 '골목'으로 이해하면 된다. 특히 서로 다른 공기의 세력 다툼이 심한 늦봄과 초가을이 미국에서 토네이도가 잦은 '시즌'으로 불린다.

우리나라에서도 대기가 불안정한 봄과 가을에 우박이 자주 목격된다. 우박은 구름 속에서 차가운 물방울이 냉각돼 떨어지는 얼음덩어리다. 대기 상층과 하층의 기온 차이가 클 때 강한 상승 기류를 따라 올라갔다 내려갔다 반복하다가 결국 견디지 못할 만큼 무거워지면 땅으로 추락한다. 토네이도 역시 강한 우박을 동반하는 특징을 지닌다. 차가운 것과 뜨거운 것이 맞부딪혀 대기가 요동칠 때 나타나는 기상 현상이다. 이런 날씨에는 대기가 다시 평온을 되찾을 때까지 안전한 곳에 머물며 기다릴 수밖에 없다.

───── 무지개 저쪽 어딘가 아주 높은 곳에 ─────

회오리바람을 타고 낯선 세계에 착지한 도로시는 고향인 캔자스로 되돌아가기 위해 오즈의 마법사를 만나러 간다. 오즈의 마법사는 에메랄드시를 다스리는 전지전능한 마법사로 도로시의 소원을 들어줄 수 있는 존재로 그려진다. 에메랄드시로 가는 과정에 도로시는 허수아비를 만나 친구가 되고 함께 떠나기로 한다. 허수아비는 도로시에게 아름다운 에메랄드시를 떠나

'캔자스'라는 메마르고 우중충한 곳으로 돌아가고 싶어
하는 이유를 모르겠다고 말한다. 그러자 도로시는
의미심장한 말을 건넨다.

> 너는 뇌가 없어서 모를 거야. 인간들은 아무리 칙칙한
> 곳이라도 고향에서 살고 싶어 해. 다른 곳이 아무리
> 아름답더라도, 집 같은 곳은 없다고.

작은 소녀의 말에 갑자기 눈시울이 뜨거워졌다. 아무리
아름다운 곳에 있더라도 우리는 늘 집을 그리워한다.
아무리 누추하고 보잘것없는 집이라도 말이다. 집은
가식 없는 휴식을 누릴 수 있는 유일한 장소다.『폭풍의
언덕』을 쓴 작가 에밀리 브론테는 집을 떠나 있는 동안
이렇게 노래했다. 집이 낡고 나무들은 헐벗었고 달 없이
뿌연 하늘이 지붕을 내리눌러도 정다운 내 집의 품속만큼
소중하고 그리운 것이 세상에 또 어디 있겠냐고.
   도로시와 허수아비는 온몸에 녹이 슬어 움직이지
못하는 양철 나무꾼을 발견한다. 몸에 기름칠을 해서
자유롭게 해 주자, 양철 나무꾼은 동쪽 마녀의 저주 탓에
심장을 잃고 사랑하는 아가씨에 대한 애정을 잃게 된
이야기를 들려준다. 허수아비는 양철 나무꾼에게 자신은
오즈의 마법사에게 심장 대신 뇌를 부탁할 거라고 말한다.
바보는 심장이 있어도 그걸로 무엇을 해야 할지 모르기

때문이다. 그러자 양철 나무꾼은 뇌가 사람을 행복하게
하진 못한다면서 자기는 심장을 달라고 하겠다고 한다.
행복은 세상에서 가장 좋은 것이고 자신이 행복하기
위해서는 뇌보다 심장이 필요하다고 강조한다.

    둘의 이야기를 들으며 도로시는 아무 말도 하지
않았다. 누구의 말이 옳은지 알 수 없었고 캔자스의 엠
숙모에게 돌아갈 수만 있다면 양철 나무꾼이 뇌가 없든
허수아비가 심장이 없든, 둘이 원하는 것을 갖게 되든
크게 상관없었다.

    책에 등장하는 대화의 구절구절마다 묵직한 여운을
주는 바람에 여러 차례 다시 음미하며 읽지 않을 수
없었다. 이 소설이 "아이와 어른 모두를 위한 21세기
대표 클래식"이라고 불리는 이유를 알 것만 같았다. 마치
생텍쥐페리의 『어린 왕자』가 매 순간 다른 감동으로
다가오는 것처럼 말이다.

    어릴 때와 달라진 것은 어른의 눈으로 문맥을
이해하게 됐다는 점이다. 우리 주변에는 얼마나 많은
허수아비와 양철 나무꾼, 사자가 살고 있는가. 가끔 내
안의 뇌가 고장 나고 심장도 더 이상 요동치지 않아
놀랄 때가 많다. 어른이 된 뒤 세상이 더 멋지게 변할 줄
알았는데 두려움과 외로움, 남들의 시선과 싸우다 보면
반짝거림은 사라지고 회색빛 먼지 폭풍 속에 있는 것
같다.

가끔은 내가 황량한 캔자스의 엠 숙모처럼 잿빛으로 변해 버렸다는 생각도 든다. 결혼을 하고 아이를 키우며 나도 모르게 생활력 강하고 억척스러운 사람이 돼 버렸다. 여러 가지 일을 동시에 처리해야 하다 보니 머릿속은 항상 과부하가 걸린다. 업무와 아이 스케줄, 강연, 저술에 대학원까지 진학하면서 달력은 금세 뒤엉킨 스케줄로 가득 차 버리곤 한다.

내 걸음은 항상 뛰는 것처럼 급했다. 퇴근 후에는 고단한 집안일이 기다리고 있었다. 집은 왜 치워도 치워도 다시 지저분해지는지. 물리학에서 배운 엔트로피 법칙을 체감했다. 간절하게 질서를 원하지만, 폭증하는 무질서를 통제하기란 불가능한 일이었다. 가끔은 출근 전에 청소를 마치고 세탁기의 빨래까지 돌려서 널어 버리는 나에게 놀라기도 했다. 주말에도 낮잠 한번 잘 여유가 없었다. 인터뷰를 하는 동안 아이의 전화가 걸려 오거나 아이 학원에서 전화가 오는 일은 일상다반사였다. 나는 회사 일과 집안일, 육아를 동시다발로 처리하는 데 점점 능숙해졌지만 동시에 다른 소중한 것을 잃어 가고 있었다.

어느 날 미국 비자를 받기 위해 급하게 사진이 필요했다. 메이크업이나 머리에 신경을 쓰지 못한 채 동네 마트에 있는 사진관에 달려갔다. 20분 만에 사진을 받았다. 그런데 사진을 보는 내 눈에서 자꾸 뜨거운 눈물이 흘렀다. 사진 속 내가 맘에 안 들어서라기보다 그냥 불쌍하고 가엾다는 생각이 들었다. 피곤에 찌들어 빛을 잃은 눈동자는 멍한 상태였고 다급함과 짜증, 걱정이 뒤섞여 있었다. 영락없이 도로시의 눈에 비친 엠 숙모의 모습이었다.

　나는 어떻게 살아왔기에 이런 얼굴로, 이런 표정의 사람으로 변한 걸까. 집에 가서 옛날 여권들을 꺼내 놓고 찬찬히 뜯어봤다. 갈색 뻗침 머리에 해맑은 표정의 대학 시절, 단정한 깻잎 머리의 직장 초년생. 이때까지만 해도 방실거리는 순박한 웃음과 장난기가 얼굴에 머물러 있었다. 그런데 지금의 나는 엠 숙모나 헨리 삼촌처럼 한 번도 웃어 본 적 없는 굳은 표정으로 변해 있었다.

　고운 새댁이었던 나는 어디로 사라진 걸까. 갑자기 서러움이 밀려와 감정이 폭발했다. 어린 시절에는 도로시가 나라고 생각했지만 나이가 들어 『오즈의 마법사』를 다시 읽자, 어른들에게 시선이 향했다. 우리 딸도 나를 미소라곤 없는 잿빛투성이의 엄마라고 생각하는 게 아닐까. 자기에게 웃음을 주는 존재는 토토, 아니 딸이 키우는 햄스터뿐이라고 얘기할 것 같다. 언젠가 도로시처럼 긴 모험을 떠나더라도 다시 집으로 돌아와 내 품에 안겨 주길 기도해야지.

　짚으로 만들어진 허수아비는 자기가 뇌가 없어서 인간답지 않다고 생각하고 오즈의 마법사에게 뇌를 선물받기를 원한다. 그러나 허수아비는 누구보다 똑똑하고 지혜로운 존재다. 서쪽 마녀가 보낸 까마귀 떼와 벌 떼를 물리치는 등 여러 차례 친구들을 위험에서 구해 낸다.

　양철 나무꾼은 심장이 없어 아무 감정도 느낄 수 없다고 말하지만 실상은 그렇지 않다. 길 위의 딱정벌레를 밟아 죽이는 사고에 속상해하며 눈물을 흘리는 바람에 녹이 슬어 입을 벌릴 수 없는 처지가 됐으니 말이다.
자신에게 심장이 없다는 사실을 알고 있기에 남들에게
잔인하거나 불친절하지 않으려고 더 노력하는 양철
나무꾼은 심장이 있는 존재보다 따뜻하다. 능숙한
도끼질로 야수가 매달린 나무를 쓰러트리고 지칠 줄
모르는 성실함으로 뗏목을 완성하는 모습은 또 어떤가.
이 세상 누구보다 믿음직스럽다. 마지막으로 길동무가 된
겁쟁이 사자는 이렇게 말한다.

> 사자: 오즈가 내게 용기를 줄 수도 있을까?
> 허수아비: 그가 나에게 뇌를 줄 수 있는 것만큼이나
>   쉽게 줄 수 있을 거야.
> 양철 나무꾼: 오즈는 내게 심장을 줄 수도 있고.
> 도로시: 나를 캔자스로 돌려보낼 수도 있어.
> 사자: 만일 그렇다면 나도 같이 가고 싶어. 너희만
>   괜찮다면 말이야. 용기 없이 살아가는 건 정말
>   참을 수 없어.

겉으로 보이는 용맹이 아닌 진정한 용기를 얻고 싶어 하는
사자는 오즈의 마법사를 만나기 위해 도로시와 동행한다.
그러나 사자 역시 겁쟁이가 아니었다. 거대한 수로가
앞길을 가로막자, 일행을 한 명씩 등에 태우고 수로를
뛰어넘는 용감한 모습을 보여 준다.

역설적으로 도로시와 친구들이 그토록 만나길 바라던 오즈의 마법사가 사기꾼이었다. 그는 도로시의 고향인 캔자스와 가까운 오마하에서 태어나 복화술사가 됐고 서커스 열기구를 타고 에메랄드시에 오게 됐다. 우연히 위대한 마법사로 대접받게 되자 에메랄드시를 만들고 초록색 안경을 씌워 국민을 속여 왔다. 사기꾼인 것이 들통난 오즈의 마법사는 소원을 들어달라는 도로시 일행의 부탁에 이렇게 대답한다. 이야기 전체를 관통하는 작가의 목소리가 담겨 있는 대목이다.

허수아비: 그럼 나한테 뇌를 주지 못하나요?
오즈의 마법사: 너는 뇌가 필요 없어. 매일 배워 가고 있으니까. 아기도 뇌를 가지고 있지만, 아는 것은 거의 없지. 사람은 경험으로 지식을 얻게 되거든. 네가 오래 살수록 더 많은 경험을 하게 될 거야.
(…)
사자: 하지만 내 용기는 어쩌나요?
오즈의 마법사: 난 네가 이미 용기를 가졌다고 믿는다. 네게 필요한 것은 자신감이야. 생명이 있는 것들은 무엇이든 위험한 것을 만나면 두려워하거든. 진정한 용기는 겁이 나더라도 위험과 마주치는 데 있고, 너는 그런 용기를 많이 가지고 있단다.

(…)

양철 나무꾼: 내 심장은 어떻게 하나요?

오즈의 마법사: 그건 말이지. 네가 심장을 갖고 싶어 하는 게 틀린 생각 같구나. 심장은 사람들을 불행하게 만들거든. 네가 그 사실을 안다면, 심장이 없으니 운이 좋다고 생각해야 할 거야.

(…)

오즈의 마법사: 누구나 불가능하게 생각하는 일들을 하게 만드니 내가 사기꾼이 될 수밖에…. 허수아비와 사자, 나무꾼을 행복하게 해 주기는 쉬웠어. 그들은 내가 어떤 일이든 할 수 있다고 상상했으니까. 하지만 도로시를 캔자스로 돌려보내는 것은 더 많은 상상력이 필요해. 어떻게 해야 할지 모르겠군.

자신에게 결핍된 것을 부탁하기 위해 마법사를 찾아갔지만, 이들은 긴 여행의 과정에서 이미 값진 경험을 하고 다 함께 성장했다. 도로시 역시 마법의 힘이 아니어도 혼자 고향으로 돌아갈 수 있는 지혜와 용기를 얻었다. 결국 캔자스의 잿빛 먼지에 휩싸인 집으로 돌아가는 데 성공한 도로시. 단조로운 일상에 지쳐서 부르던 노래가 가족을 다시 만나고 일상을 되찾은 기쁨의 노래로 바뀌지 않았을까.

1939년 미국에서 개봉한 같은 제목의 뮤지컬 영화에 울려 퍼지던 〈무지개 너머(*Over the Rainbow*)〉를 들으면 우리의 마음은 소년, 소녀처럼 두근거린다. 무지개 너머에서 기다리고 있을 무언가를 마주치기 직전처럼 말이다. 비록 그것이 우리가 원하는 것이 아닐 수도 있고 기대에 미치지 못할지도 모른다. 하지만 궂은 비를 견디고 무지개를 맞이한 자신에게 따뜻한 격려를 보냈으면 좋겠다.

무지개 너머의 세상을 꿈꿨지만, 막상 가 보니 일상이 얼마나 소중했는지 깨닫고 다시 돌아올 수 있다. 항상 그 자리에 있어서 담담했던 가족과 집, 친구라는 존재가 내 삶에 얼마나 큰 무게로 자리 잡고 있었는지 느끼고 무심하지 않게 이제부터 잘하면 된다. 정처 없이 실컷 방황해 보고 다시 제자리로 오면 된다. 무언가 새로운 것을 깨닫는 것만으로도 방황의 가치는 충분하다. 그토록 찾아 헤매던 무지개 너머의 꿈은 어쩌면 아주 가까운 곳에 있을지 모른다. 아니 이미 우리의 내면 깊은 곳에 지혜와 사랑, 용기가 싹트고 있을 수도 있다. 내 안의 반짝거림을 알아차리고 활짝 꽃필 수 있도록 물을 주고 칭찬 세례를 퍼부어 보자.

> 무지개 저쪽 어딘가 아주 높은 곳에
> 어렸을 적 자장가에서 들어본 곳이 있어
> 무지개 저쪽 어딘가 하늘은 푸르고
> 그대가 감히 꿈꾸었던 꿈들이
> 정말로 이루어질 거야
>
> 언젠가 내가 별들에게 소원을 빌고 나서
> 잠에서 깨어나면 구름이 저 아래에 있고

모든 괴로움이 레몬 사탕처럼 녹아내리는 곳
굴뚝 위 높은 곳에 가 있을 거야
그곳에서 나를 만날 수 있어

무지개 저쪽 어딘가 파랑새들이 날아가는 곳
새들은 무지개를 넘어 날아가는데
그런데 왜, 왜 나는 그럴 수 없을까
행복한 파랑새들은 무지개 너머로 날아가는데
왜, 왜 나는 그럴 수 없을까?
— 〈무지개 너머〉

잔혹 동화로 변한 토네이도

3분 만에 마을이 사라졌습니다. 실제로 보지
못했다면 믿기 힘들 겁니다.
300채의 집과 사무실이 테디베어와 가족
앨범, 옷, 접시 같은 개인 물품이 뒤섞인 잔해 더미로
변했습니다. 삶의 기반이 모두 사라졌습니다.
— 조 바이든 미국 대통령, 2023년 3월 31일 롤링포크

동화 속에서 토네이도는 무료한 일상을 보내고 있는
소녀를 휩쓸어 미지의 세계로 던져 놓는다. 토네이도를
계기로 소녀는 우정을 쌓으며 성장하고 가족의 소중함을

갔 휩 가
으 쓸 없 생 아 끔
면 려 이 각 무 은

깨닫게 된다. 그러나 현실에서 토네이도는 생명과 안전을 위협하는 거대한 재난일 뿐이다.

미국에선 해마다 봄이 되면 잔인한 토네이도의 습격이 시작된다. 2023년 3월 24일 미국 남동부 미시시피주에 강력한 회오리바람이 몰아쳤다. 평온한 금요일 밤에 찾아온 불청객은 작은 마을 하나를 통째로 휩쓸어 갔다. 미시시피주에 비상사태가 선포됐고 조 바이든 미국 대통령은 토네이도 피해가 가장 큰 롤링포크를 방문해 주민들을 위로했다.

여기서 끝이 아니었다. 4월 들어서도 앨라배마와 테네시, 아칸소 등 미국 여러 주에서 하루가 멀다고 토네이도가 출몰했다. 불과 2주 남짓한 기간 동안 사망자만 50명이 넘는 것으로 집계됐다. 미국에서 토네이도는 주로 늦봄에 많이 발생하지만 최근 봄의 시작부터 역대급 토네이도가 잇따르고 있다. 발생 지역 역시 과거와 달라지는 경향을 보이면서 기후 위기의 입김이 아닌지 의문이 제기되고 있다.

우리나라에선 토네이도를 직접 목격하기가 쉽지 않다. 토네이도가 발달할 수 있는 평지 대신 산이 많기 때문인데 울릉도와 독도 주변 바다에서 주로 용오름이 나타난다. 용오름은 이무기가 용으로 변해 승천하는 것 같다고 해서 붙여진 토네이도의 한국식 표현이다.

미국에선 매년 1,200여 개의 토네이도가 발생한다.

사망자는 연평균 60명에 달하고 부상자는 1,500여 명, 재산 피해는 약 4억 달러에 이른다. 미국 다음으로 토네이도가 잦은 곳은 캐나다지만 연간 발생 횟수는 100회 정도로 비교가 되지 않는다.

『오즈의 마법사』에서 도로시는 토네이도가 발생할 때의 상황을 이렇게 묘사한다.

> 바람이 바뀌기 시작하고 집은 기울어졌으며 갑자기 경첩이 풀리기 시작했다.

로키산맥을 넘어온 차고 건조한 공기는 미국 대평원을 향해 거침없이 돌진한다. 그런데 원수는 외나무다리에서 만난다고 했던가. 멕시코만에서 불어온 덥고 습한 바람과 미국 중부에서 딱 마주치게 될 것이다. 성격이 달라도 너무 다른 상대가 죽기 살기로 중원에서 맞붙었으니 하늘이 쪼개질 듯 대기가 요동치며 강력한 상승 기류가 솟구친다.

미 중부의 토네이도 앨리는 지형적으로 토네이도가 잦을 수밖에 없는 숙명을 타고났다. 그런데 최근 토네이도 피해가 아칸소와 루이지애나, 미시시피, 앨라배마, 테네시, 조지아에 이르는 미국 남동부에 집중되고 있다. 토네이도 골목이 전통적인 미국 중부에서 남동쪽으로 이동한 것이다. 토네이도 앨리와 구분해 이들 지역을 '딕시 앨리(Dixie Alley)'라고 부른다.

1980년대까지는 미 중부에 토네이도가 많았지만, 최근 딕시 앨리로 발생 지역이 변화하고 있다. 딕시 앨리는 오클라호마주에 있는 미 국립해양대기청 폭풍예측센터(NOAA Storm Prediction Center)의 기상학자 앨런 피어슨이 처음 만든 말이다. 1971년 2월 미시시피주 등 미국 남동부를 휩쓸고 지나간 토네이도를 목격한 뒤 사용하기 시작했다.

문제는 '후발 주자'인 딕시 앨리가 뜨거운 수증기의 공급이 원활한 멕시코만과 더 가깝다는 점이다. 이곳에선 토네이도 앨리보다 훨씬 강력하고 생명력이 긴 토네이도가 태어나고 있다. 인구가 적은 중부 대평원보다 대도시가 발달한 남동부에서 훨씬 많은 사상자와 재산 피해가 발생하고 있다는 점에도 주목해야 한다. 딕시 앨리를 지나는 토네이도가 더욱 위협적인 이유다.

조 바이든 대통령이 표현한 것처럼 토네이도가 지난 현장은 전쟁터를 방불케 한다. 마을이 통째로 사라지고 비바람이 짓이겨 놓은 파편들이 쌓여 있다. 토네이도는 '슈퍼셀'이라고 부르는 거대한 적란운을 동반한 저기압에서 발생한다. 슈퍼셀은 대기 상층의 차가운 제트 기류가 지상의 따뜻하고 습한 공기를 끌어 올리면서 발달하는 거대한 구름이다. 슈퍼셀이 발달하면 비와 바람, 우박이 쏟아지고 전체 슈퍼셀의 30퍼센트 이하에선 토네이도가 생성된다.

우리나라에서 태풍의 경우 최대 일주일 남짓 수백 킬로미터에 영향을 준다. 그러나 토네이도는 10분 안팎의 짧은 시간 동안 수 킬로미터를 훑고 사라진다. 한정된 시간과 공간에 폭발적으로 몰아치기 때문에 토네이도의 순간 파괴력은 태풍을 능가한다.

2023년 3월 24월 미시시피를 지난 토네이도의 등급은 EF4로 분류됐다. 초속 74~89미터(시속 266~320킬로미터)의 강풍을 몰고 왔는데 집 전체가 파손될 수 있는 수준이었다. 우리 기상청이 최대 풍속을 기준으로 태풍 강도를 5단계(약-중-강-매우강-초강력)로 구분하듯 토네이도는 지상 가옥의 피해 규모를 기준으로 EF0부터 EF5까지 6단계로 나눈다. 전체 토네이도의 80퍼센트는 EF0과 EF1이 차지한다.

　미국에서 가장 강력한 EF5 토네이도는 초속 90미터(시속 324킬로미터)가 넘는 바람을 몰고 온다. 우리나라 태풍을 기준으로 초강력 등급이 초속 54미터(시속 194킬로미터) 이상이니까 최고 등급 토네이도의 바람이 태풍보다 1.6배 거세다.

　EF5 등급의 토네이도가 통과하면 견고하게 지어진 집도 바닥만 남고 완전히 뜯겨 날아갈 수 있다. 지하에 만들어진 대피소 역시 안전을 보장할 수 없다.『오즈의 마법사』에서 도로시의 집이 통째로 날아간 것을 보면 최고 등급인 EF5 토네이도로 추정할 수 있다.

　가장 최근에 있었던 EF5 토네이도는 2013년 5월 20일 오클라호마에서 관측됐다. 최대 풍속이 초속 93.6미터(시속 337킬로미터)에 이르렀는데 어린이 아홉 명을 포함해 스물네 명이 숨지고 230여 명이 다쳤다. 우리나라에 가장 강력한 바람을 몰고 온 태풍은

2003년 '매미'였다. 제주 고산에서 초속 60미터(시속 216킬로미터)의 강풍이 기록됐다. 부산항에선 크레인이 엿가락처럼 휘어지는 등 피해가 어마어마했다. 그런데 오클라호마 토네이도는 태풍 '매미'보다 강한 바람을 불러왔으니 그 위력을 상상할 수 있다.

과거 1925년 미주리와 일리노이, 인디애나 등 세 개 주를 통과한 토네이도는 695명이라는 최악의 사망자를 낳았다. 1931년 미네소타에선 토네이도가 승객 117명을 실은 83톤의 객차를 날려 버리기도 했다. EF5 등급의 토네이도는 전체의 1퍼센트 미만으로 드물지만 한번 발생하면 돌이킬 수 없는 피해를 불러온다.

———— 토네이도 경보 내려지면 "즉시 행동하라" ————

가장 강력한 토네이도의 경우 지하에 몸을 숨겨도 안전하지 않다. 대피할 수 있는 '골든 타임'이 10분 안팎에 불과한 만큼 빠르고 정확한 예보와 즉각적인 대피만이 살길이다. 그러나 수 킬로미터 안팎의 매우 작은 규모로 발생하는 토네이도를 정확하게 예보하기란 다른 어떤 기상 현상보다 까다로운 것으로 알려져 있다.

미국은 토네이도 조기 경보를 위해 미 국립해양대기청 폭풍예측센터에서 개발한 확률 예측 모델을 활용한다. 공기의 대류 활동에 기반해 토네이도와 뇌우, 우박에 대한 예보를 생산하는데 오늘과 내일, 모레의 단기 예보와 4~8일 뒤의 중기 예보를 제공한다.

토네이도와 우박은 확률 분포 형태로, 뇌우는 강도 분포 형태로 자료를 생산한다. 토네이도의 경우 촌각을 다툴 정도로 위급한 재난이기 때문에 초단기 예보 역시 중요하다. 우리나라의 동네 예보와 비슷한 초단기 예보는 0.5마일(804미터) 기준으로 2분마다 업데이트된다.

미 국립해양대기청은 토네이도 경보 시간을 더 앞당기기 위해 관측에 의존하는 방식이 아닌, 컴퓨터 수치 예보에 의한 통합 시스템을 적용 중이다. FACETs(Forecasting a Continuum of Environmental Threats)라는 시스템을 구축해 토네이도의 형태와 강도뿐 아니라 피해 가능성에 대한 자세한 정보를 제공하고 있다. 토네이도만 예측하는 모델이 따로 있는 것은 아니고 폭풍과 홍수 같은 극한 재난에 적용하는 모델을 활용하며 최근에는 다양한 모델을 통합하는 작업이 활발하게 진행 중이다.

미국에선 토네이도가 발생할 가능성만 존재해도 '토네이도 경계(tornado watch)'가 발령된다. 아직 토네이도가 눈에 보이거나 기상 레이더에 잡히지는 않지만 대기의 조건이 토네이도가 형성되기 좋다고 판단되면 곧바로 카운티와 주 단위로 내려진다. 즉시 대피할 필요는 없지만 대피가 가능한 장소를 미리 물색해야 한다. 우리나라의 기상 예비 특보와 비슷하다.

토네이도가 레이더와 시야에 포착될 때는 '토네이도 경보(tornado warning)'가 내려진다. 1943년

『오즈의 마법사』의 배경이 된 캔자스주에서 처음으로 토네이도 경보가 시범 운영됐으니 미국의 토네이도 경보 시스템은 80년 넘는 역사를 지니고 있다. 인명 피해를 불러올 수 있는 실제 상황이므로 즉각적인 행동이 필요하다.

지정된 대피소나 지하실로 이동해야 하고 만약 불가능하다면 가장 낮은 층의 창문이 없는 실내 공간을 찾아야 한다. 창문이 깨지면 치명적인 흉기가 될 수 있다. 견고한 탁자나 책상 아래에 들어가 담요로 머리와 목을 감싼다. 야외에 있다면 나무로부터 떨어지고 도랑이나 저지대에 엎드려 몸을 보호한다. 차 안이라면 일단 밖으로 나가 대피소나 실내 공간을 찾아야 하는데 차 밑은 위험하다.

만약 토네이도 경보를 전달받지 못했다면 발생 징후를 스스로 감지해 대피해야 한다. 미 국립해양대기청은 습한 기운과 함께 바람이 거세지거나 우르르하는 요란한 소리가 연이어 오랫동안 들릴 때, 깔때기 모양의 구름이 빠른 속도로 다가오거나 큰 우박이 내릴 때 등을 토네이도 위험이 큰 상황이라고 밝혔다.

최근 토네이도가 과거와 달리 변칙적인 모습을 보이면서 기후 위기와의 연관성을 규명하려는 연구가 활발하게 이뤄지고 있다. 국지적인 기상 현상인 토네이도를 기후와 연결 짓기에는 아직 성급하다는 목소리도 있지만 온난화가 불러온 기온 상승이나 강수의 변화 등이 토네이도에 영향을 주고 있다는 점은 부인할 수 없다. 따뜻하고 습한 공기가 위력적인 슈퍼셀을 만들고 슈퍼셀은 강력한 토네이도의 씨앗을 품고 있다. 실제로 미시시피를 비롯한 미국 남동부에 최근 고온 현상이 잇따르며 슈퍼셀과 토네이도 발생에 우호적인 환경이 만들어졌다는 분석이 나오고 있다.

2023년 3월 23일에 발생한 미 서부의 토네이도에도 주목해야 한다. 로스앤젤레스에 1983년 이후 40년 만에 찾아온 토네이도였다. 등급은 EF1으로 낮았지만, 건물 20채 정도가 파손되는 등 피해가 컸다. 기후학자들은 2023년 초 캘리포니아에 폭우를 몰고 온 '대기의 강(Atmospheric River)' 현상을 원인으로 지목했다.

대기의 강은 열대의 수증기가 긴 띠 모양으로 고위도를 향해 이동하는 현상을 뜻한다. 마치 거대한 강이 하늘에 흘러가는 모습을 떠올리게 해서 이런 이름이 붙었다. 최근 지구의 기온 상승으로 대기 중 수증기량이 증가하면서 대기의 강 역시 위력이 커지고 있는데 미 서부에 많은 수증기가 축적돼 이례적으로 토네이도까지 불러왔다는 분석이 나왔다. 기후 위기가 토네이도 발생의 변수가 될 수 있다는 뜻이다.

기후 위기로 대기의 체질이 바뀌고 있는 것은 사실이다. 2023년 1월 미국 기상학회지에 발표된 논문은 미래 기후에서 토네이도를 발생시키는 슈퍼셀이 더 위협적으로 변할 것이라고 경고했다. 탄소 배출

시나리오에 상관없이 이번 세기 후반 미국에서 슈퍼셀 위험은 이른 봄과 늦겨울로 확장될 것으로 예측됐다. 특히 3월은 지금보다 61퍼센트, 4월에는 46퍼센트 더 많은 슈퍼셀이 생성될 수 있다는 연구 결과가 나왔다.

공간적으로도 변화를 피할 수 없게 된다. 토네이도 앨리로 불리는 미국 중부에선 슈퍼셀의 발생 빈도가 감소하는 대신 딕시 앨리인 동부에서 6.6퍼센트 늘어날 것으로 예측됐다. 논문의 결과는 이미 현실이 되고 있다. 최근 미국의 토네이도 시즌이 3~4월로 앞당겨지고 피해 지역도 남동부 쪽에 집중됐다는 점에서 말이다.

전통적인 토네이도 시즌이 아닌 겨울도 안심할 수 없다. 2021년 12월 미국 중서부와 남부에 기습적으로 찾아온 토네이도는 80명 이상의 목숨을 앗아 갔다. 세 시간 동안 40개가 넘는 토네이도가 켄터키와 일리노이, 아칸소, 테네시, 미주리 등 다섯 개 주를 동시다발적으로 휩쓸고 지나갔다. 켄터키의 피해가 가장 심각했는데 양초 공장이 무너지며 근로자 70여 명이 사망했다. 당시 피해 지역에선 100년 만의 이상 고온으로 한겨울인데 25도의 날씨가 이어지고 있었다.

겨울철 온화한 날씨는 온난화의 가장 뚜렷한 징후다. 피해 지역을 방문한 조 바이든 대통령은 토네이도가 기후 위기와 관련 있느냐는 질문에 "기후가 따뜻해지면 모든 것이 더 극심해진다는 것을 우리는 알고 있다. 분명히 영향이 있지만 정량적으로 말할 수는 없다"고 대답했다.

　이 대답은 아직도 유효하다. 토네이도를 유발하는 요인을 완벽히 이해하기 어렵고 기후 위기가 어떤 영향을 주고 있는지에 대한 연구도 부족하기 때문이다. 그러나 한 가지 내다볼 수 있는 것은 앞으로 미국의 토네이도 시즌이 더 길어지고 피해는 남동쪽에 집중될 것이란 점이다. 미 서부처럼 토네이도가 드물던 지역에 기습적인 토네이도가 찾아올 가능성도 남아 있다.

────── 한반도에선 드문 용오름, 안심해도 될까? ──────

토네이도는 극심한 대기 불안정에, 지형적인 영향이 더해져 발생한다. 우리나라는 드넓은 평지 대신 좁고 가파른 산악 지형이 많고 대기도 비교적 안정적이어서 토네이도의 안전지대라고 생각하기 쉽다. 1964년 이후 국내에서 공식적으로 기록된 용오름은 10여 차례로 4~5년마다 나타났다고 생각하면 된다. 전체의 절반은 울릉도 등 동해 주변에서 관측됐다.

　그러나 최근 육상에서도 뜸하기는 하지만 기억에 남을 만한 용오름이 출몰하고 있다. 2019년 3월 15일 충남 당진 현대제철소에 강풍이 몰아치면서 지붕이 뜯겨 날아갔다. 시커먼 회오리 구름을 목격했다는 제보가 잇따랐고 기상청은 용오름 현상이라고 공식 발표했다. 2017년 들어서는 8월에 경기도 화성과 12월에 제주 서귀포 등 두 차례나 용오름이 발생했다.

　가장 피해가 컸던 사례는 2014년 6월 10일

경기도 고양시 용오름이었다. 20~30분의 짧은 시간 동안 일산서구의 꽃 재배 단지를 휩쓸었다. 비닐하우스 48동이 무너지며 재산 피해가 15억 원에 달했는데 해상에서 주로 관측되던 용오름이 육상에 이렇게 큰 상처를 입힌 것은 처음이었다.

고양시 용오름은 국내에서 처음으로 레이더를 통해 관측됐다. 용오름의 징후부터 발전과 성숙, 소멸 과정 모두 뚜렷하게 나타났다. 기상청의 「한반도 용오름 현상의 사례 분석 및 중규모 기상 특성」 보고서에 따르면 일산서구의 동쪽에서 강력한 상승 기류가 발달한 시간은 6월 10일 저녁 7시 20분이었다.

지표 부근의 따뜻하고 습한 공기가 수렴하면서 10분 만에 강력한 적란운이 만들어졌다. 이후 7시 40분 상층에서 차고 건조한 공기가 지상으로 쏟아져 내리는 모습이 포착됐는데 고도가 10킬로미터에 달했다. 하강 기류는 7시 50분까지 밀려왔고 지상에 연직 방향의 소용돌이가 만들어졌다.

고양시 용오름의 지름은 1킬로미터, 최대 속도는 초속 60미터(시속 216킬로미터)로 분석됐다. 강풍 기준으로 미국의 토네이도 EF2 등급에 해당한다. 이 정도 등급이면 지붕이 날아가고 큰 나무가 쓰러지거나 뽑힐 수 있는 '극심한 피해'를 불러오는데 토네이도로 폐허가 된 고양시의 모습과 일치한다.

미국 언론은 토네이도가 지난 현장을 묘사할 때 '테러(Terror)'라는 표현을 쓴다. 테러만큼 처참한 피해를 불러오기 때문이다. 국내에서는 과거 발생 사례가 드물고 대부분 해상에 집중돼 관심이 부족한 것이 사실이다. 그러나 미국의 사례를 보건대 우리나라에도 기후 위기의 영향으로 고양시처럼 강한 토네이도가 찾아올 가능성이 존재한다.

일본도 우리처럼 토네이도가 잦은 편은 아니지만 일찌감치 20세기부터 연구를 시작했다. 현재 일본 기상청은 미 국립해양대기청 폭풍예측센터와 마찬가지로 확률 예측 모델을 이용한 단기 예보 자료를 생산하고 있다. 중국의 경우 주로 북부 평원과 양쯔강 중·하부 평원에 토네이도가 집중된다. 특히 2023년과 2024년에 걸쳐 중국 산둥성과 장쑤성 등 중국 동부를 중심으로 강력한 토네이도가 연속으로 찾아왔다. 마치 미국의 토네이도 피해 현장처럼 수천 채의 주택이 파손되고 수십 명 규모로 사상자가 나오는 일이 우리나라와 가까운 중국에서 반복되고 있는 것이다.

국내에서도 기상 조건 변화에 따라 용오름이라는 괴물이 우리의 보금자리를 위협할지 모른다. 과거에 발생한 용오름 현상을 심층적으로 분석하고 용오름을 정확히 내다볼 수 있도록 관측과 예보를 강화해야 한다. 이와 함께 미래 기후 변화 시나리오에 따라 한반도의 용오름이 얼마나 강해지고 잦아질지 사전에 예측하고 대비해야 한다. 용오름이 잔혹 동화가 되기 전에 말이다.

불쑥 찾아온, 인생의 회오리바람

대학 졸업 후 동아사이언스에서 『과학동아』를 만들며 기자 생활을 한 지 3년이 지났을 때다. 과학자들을 만나는 일이 익숙해졌고 월 단위로 움직이는 마감 스케줄에도 서서히 적응했다. 마감 때가 되면 밤늦게 일하는 경우가 많아 이러다가 인생을 마감하겠다는 우스갯소리도 나왔다.

어느 순간부터는 뭔가 불만족스럽고 재미가 없고 심심했다. 몸은 늘 피곤하고 마음도 정처 없이 방황하는 기분이었다. 그러다가 우연히 TV 하단에 흘러가는 스크롤이 눈에 들어왔다. 기상전문기자를 뽑는다는 내용이었다. 수학과 대기과학을 전공한 나에게 딱이라는 생각이 들어 망설임 없이 지원했고 면접을 보러 오라는 연락을 받았다.

여의도 근처의 미용실에 들러 머리를 살짝 만지고 KBS 본관으로 향했다. 별다른 준비는 없었다. 이미 기자 생활을 하고 있었기 때문에 떨어져도 상심하지 말자고 마음먹었다. 평소에 방송에 관심이 있었던 것도 아니고 그저 무료한 일상에 새로운 도전을 하기 위한 목적이었다. 처음 가 보는 방송국과 스튜디오는 심장을 뛰게 했다. 카메라 앞에서 원고를 읽는 테스트를 무사히 마치고 실무 면접과 최종 면접까지 일사천리로 진행됐다. 심지어 같은 과의 대학원 오빠도 최종 면접에서 만났다.

면접을 거치는 동안 나는 호기심에 지원했다는 사실을 새까맣게 잊고 열렬히 갈망하게 됐다. 지루한 일상을 벗어나 무지개 너머로 가고 싶다는 바람이 둥실둥실 부풀었다. 최종 합격 소식을 들었을 때 무척이나 기뻤다. 그러나 행복은 여기까지였다. 기상전문기자도 다른 수습기자처럼 경찰서 생활을 해야 했다. 나는 심지어 가장 힘들다는 강남 라인에 배치됐다. 강남, 서초, 수서, 송파, 강동 이렇게 다섯 곳의 경찰서가 내 담당이었다.

경찰서를 도는 것을 일본어로 '사츠마와리(察廻)'라고 부른다. 일본에서 진짜 쓰는 말인지 모르겠지만 우리나라에선 줄여서 '사스마리'라고 했다. 사스마리는 경찰서를 도는 사회부 기자를 통칭하기도 한다. '사슴 한 마리'도 아니고 사스마리라니 낯선 이름이 당혹스러웠다. 그건 시작에 불과했다. 기자 사회에는 은근 일본식 표현이 많이 남아 있는데 데스크의 입에서 "야마가 도대체 뭐야?"라는 고함이 쏟아지기도 했다. '야마(山)'는 핵심이나 요점을 뜻하는 기자들의 은어다.

과학계만 우아하게 취재하던 내가 어느 날 갑자기 사스마리가 됐다. 동기와 나는 경찰서를 나눴다. 내가 서초와 강남을 맡고 나머지 세 곳은 동기가 맡기로 했다. 나중에 알고 보니 서초와 강남 경찰서는 강력 사건을 비롯해 연예인 관련 사고나 사건이 집중되는 곳이었다. 대중의 주목을 많이 받는 만큼 사스마리 사이에 단독 경쟁도 치열한데 그때는 내가 세상 물정을 몰랐다. 오히려 나보다 많은 경찰서를 맡아 준 동기가 고맙다고 생각했으니.

낮에는 형사과장이나 강력팀장들을 차례로 만났다. 차를 마시며, 점심을 먹으며 다양한 얘기를 듣고 솔깃한 내용이 있으면 타사 몰래 취재를 이어 갔다. 밤에는 택시를 타고 경찰서를 돌면서 특이한 사건이나 사고가 없는지 파악했다. 택시 안에서 노트북을 열고 정신없이 일하는 모습에 기사 아저씨가 직업이 뭐냐고 호기심에 묻기도 했다.

과학전문기자였던 나는 보도국에 제발 피해만 주지 말자는 각오로 덤볐다. 다행히 낯선 사람들과 잘 어울리는 성격 덕분에 처음 보는 경찰들을 형님이라고 부르며 친해졌다. 아빠가 경찰인 덕분에 같은 경찰 가족이라고 말하면 다들 마음을 열어 줬다. 딸이 KBS 기자가 돼 기뻐하시겠다며 따뜻하게 대해 준 분도 있었다.

며칠을 공들여 취재해 남들이 단독이라고 부르는 아이템을 물고 가기도 했다. 차도녀의 전형이었던 1진 선배에게 처음으로 인정받은 순간이었다. 9시 뉴스에 내가 물고 간 아이템이 단독으로 나간 뒤 타사 취재 기자와 촬영 기자가 서초 경찰서에 뒤늦게 달려왔다. 어쩔 줄 몰라 하는 표정을 보니 너무나 통쾌한 게 아닌가. 이런 상황을 '물 먹었다'고 표현한다. 타사에 물을 먹으면 선배들에게 엄청 깨진다. 그렇게 나는 물을 먹이고 먹으면서 사스마리로 성장해 가고 있었다.

수습 초기는 2주 정도 경찰서에서 먹고 자며 강도 높은 노동을 했다. 무슨 일이든 밤낮을 가리지 않고 강남 라인의 1진 선배에게 보고를 해야 했다. 내가 주로 머물던 곳은 서초 경찰서였다. 기자실 방문을 열면 입구 쪽 낮은 테이블에 유선 전화 한 대가 놓여 있었다. 방바닥에는 여러 언론사의 기자들이 담요만 덮고 누워 쪽잠을 청하고 있었다. 아주 작은 민박집 같은 분위기였다. 남자 기자와 여자 기자가 섞여 있었지만 수습 시절은 머리만 대면 잠이 쏟아지는 고단한 시기라 서로 신경 쓰지 않았던 것 같다. 잠도 제대로 잘 수 없는 게 수시로 선배들에게 전화가 왔고 그 내용을 확인하고 보고를 하거나 현장에 끌려 나가다 보면 아침이 밝아 왔다. 거의 노숙자와 다름없는 생활이었다.

어느 날 아침에 졸린 눈으로 화장실로 향했다. 머리는 못 감아도 세수라도 하기 위해서였다. 기자실 옆에 있는 문을 열고 들어가자마자 정신이 확 들었다. 경찰서에 있는 전경들이 샤워를 하고 있었다. 비명을 지르며 3초 만에 문을 닫고 돌아섰지만, 그때 기억은 아직까지 충격으로 남아 있다. 내가 화장실을 잘못 찾은 걸까? 경찰 샤워실이 왜 기자실 바로 옆에 붙어 있지? 내 얼굴을 알아보는 거 아닐까? 시간이 많이 지났지만 지금도 혼란스럽긴 마찬가지다. 그날 일은 사스마리 시절의 마지막 해프닝으로 간직하고 있다. 충격을 받은 분들에게 비로소 사과를 드리고 싶다.

내 인생에서 가장 막막하고 고단하고 춥고 배고픈 시절이었다. 전 직장에서 쌓은 전문성은 전혀 인정받지 못했다. 새로운 분야에 던져져 쉬지 않고 달려야 했다. 매번 시험에 드는 기분이었다. 처음 만나는 사람들에게 방실거리며 인사를 건네고 견고한 문을 열고 낯선 세계에 발을 내디뎠다. 매 순간 용기가 필요했다. 경찰서 문을 열고 들어가던 첫날, 나는 진짜 도망치고 싶은 마음이었다.

처음에는 잠을 못 자 정신이 나가 버릴 것 같았지만 경찰서에서 반겨 주는 사람들이 늘고 동고동락하는 타사 기자들과 친해지면서 견딜 만해졌다. 물론 다시 돌아갈래 하면 무조건 싫다고 하겠지만(마치 수능 다시 보는 기분), 젊고 겁 없고 패기가 넘쳤던 시절이었다. 짧고 강렬했던 사스마리가 끝나고 나는 드디어 기상전문기자로 부서에 배치됐다. 경찰서를 떠나 내가 자신 있는 분야를 맘껏 누빌 수 있게 된 것이다.

회오리바람에 휩쓸려 오즈의 세계에 다녀온 나는 지혜로움과 사랑, 그리고 뭐든 도전하는 용기를 얻게 됐다. 아무리 어려운 상황이라도 서로 연대하고 도우면 어떠한 고난도 이길 수 있다는 것을 배웠다. 그 당시 나의 좌우명은 '불가능한 것은 없다'였다.

지금도 몸과 마음이 헛헛할 때면 서초 경찰서의 자그마한 산책로가 떠오른다. 선배에게 깨지고 세상에서 가장 쓸모 없는 존재가 된 것 같을 때 작은 연못과 꽃밭을 보며 위로를 얻었다. 무지개 너머 세상은 생각만큼 아름답지도, 완벽하지도 않았다. 동기들은 다들 잘하는데 나만 미운 오리 새끼 같다고 생각했다. 무거운 노트북 가방을 들고 여의도 회사로 돌아가는 발걸음은 터벅터벅 외롭기만 했다. 천방지축, 좌충우돌이었지만 매 순간 최선을 다하던 그 시절을 지금 다시 떠올려 보면 얼마나 소중했는지 알 것 같다.

어느 먼 곳의 그리운 소식이기에

눈
「설야」

하늘에서 추락하는 소리 없는 기적

추위가 절정에 이른 밤, 허공을 채찍질하듯 심란한 바람 소리에 몸이 절로 움츠러든다. 창틈으로 새어 드는 한기를 느끼며 인적이 뚝 끊겨 버린 거리를 바라보고 있자니 가로등 불빛만 외롭게 쏟아진다. 커튼을 닫으려는 찰나에 무언가 희끗희끗한 것이 어른거린다. 나비처럼 불규칙하게 나풀대며 추락하는 크고 작은 점들. 눈이다. 칠흑 같은 어둠에 묻혀 조용히 내리던 하얀 솜털은 시간이 갈수록 굵어지며 어둠을 몰아내고 외로운 겨울밤을 흐뭇한 은빛으로 물들인다.

>어느 먼—곳의 그리운 소식이기에
>이 한밤 소리 없이 흩날리느뇨
>
>처마 끝에 호롱불 여위어가며
>서글픈 옛 자췬 양 흰 눈이 나려
>
>하이얀 입김 절로 가슴이 메어
>마음 허공에 등불을 켜고
>내 홀로 밤 깊어 뜰에 나리면
>먼—곳에 여인의 옷 벗는 소리
>
>희미한 눈발
>이는 어느 잃어진 추억의 조각이기에
>싸늘한 추회(追悔) 이리 기쁘게 설레이느뇨

한 줄기 빛도 향기도 없이
호을로 찬란한 의상을 하고
흰 눈은 나려 나려서 쌓여
내 슬픔 그 우에 고이 서리다
— 김광균, 「설야(雪夜)」, 『설야』, 시인생각, 2013, 13쪽

김광균 시인은 눈이 내리는 밤의 이미지를 감각적으로 포착했다. 한밤중 소리 없이 눈이 흩날린다. 밤이 깊어져도 눈은 멈추지 않고 홀로 흰 눈을 보고 있노라니 과거의 추억에 젖어 든다. 그립고 서글픈 옛 기억에 가슴이 절로 멘다. 조용한 밤, 눈이 내리는 소리는 멀리 있는 여인의 옷 벗는 소리를 떠올리게 한다. 그 순간 희미한 추억의 조각이 되살아나 기쁜 설렘을 느끼지만, 빛도, 향기도 없이 쌓여 가는 차가운 눈 위로 그만 슬픔이 서리고 만다.

겨울은 우리가 마주하는 가장 마지막 계절이다. 봄과 여름, 가을에 느끼지 못했던 쓸쓸함과 외로움이 겨울이라는 마지막 모퉁이를 돌 때 터져 나온다. 인생으로 보면 중장년기를 지난 노년기라고 볼 수 있겠다. 싱그럽고 화려했던 봄과 여름을 지나 풍성한 가을을 보낸 뒤 하나둘 잎을 떨구는 시기, 그래서 겨울은 종종 죽음으로 묘사되기도 한다.

해마다 연말이 되면 올 한 해는 내가 뭐 했나 싶어 공연히 의기소침해지고 다른 이들과 나 자신을 비교하며 작아지기도 한다. 나이 한 살 더 먹는다는 생각에 우울해지는 것도 맞다. 이럴 때 눈이 펑펑 쏟아지는

고즈넉한 밤을 홀로 맞이한다면 어떨까? 상념의 눈보라에 밤새도록 겹겹이 포위될 것만 같다. 바빠서 미뤄 둔 과거의 추억이 떠오르고 돌아가신 부모님 생각에, 헤어진 연인 생각에, 또는 가족 생각에 아쉬움이 밀려올지 모른다.

눈 오는 밤은 세상의 소리가 모두 사라진 것처럼 조용하기만 하다. 시끄럽던 도로의 소음과 취객의 고성도 하얀 눈과 함께 묻혀 버린다. 도시에서 소음의 방해를 받지 않는 거의 유일한 시간으로 아마 시인도 오롯하게 혼자만의 사색에 빠지지 않았을까.

소리는 물결처럼 진동을 통해 공기 중으로 퍼져 나간다. 그런데 눈이 내리면 소리의 전달을 방해하는 것도 모자라 아예 소리를 흡수해 버린다. 눈송이는 꽉 차 있는 게 아니라 빈 공간이 많기 때문이다. 눈송이의 90퍼센트 이상은 공기로 둘러싸여 있고 비어 있는 공간은 소리를 흡수하는 흡음재 역할을 한다. 소음을 막기 위해 설치하는 스펀지나 계란판처럼 말이다.

김광균 시인은 「눈 오는 밤의 시(詩)」에서 또다시 설야의 정취를 그렸다. 눈은 정다운 이야기이며 추억의 날개이고 때 묻은 꽃다발이라고 표현했다. 서울의 어느 어두운 뒷거리에서 우리는 시인이 바라보던 그 눈을 그대로 맞고 있다. 눈은 고독한 도시의 이마를 적시고 공원의 동상 위에, 동무의 하숙 지붕 위에, 서러운 등불

위에 밤새 쌓인다.

눈은 이 세상에 존재하는 차이를 모두 지워 버린다. 크고 작고 깨끗하고 더럽고 아름답고 추한 것의 경계가 지워지고 똑같이 하얗게 반짝인다. 특히 새해에 내리는 눈을 '서설(瑞雪)'이라고 부르며 상서롭게 생각하는 풍습이 있다. 1월의 눈은 우리의 마음에 사각사각 기분 좋은 소리를 내며 희망의 빛으로 쌓인다. 후회와 미련은 지난 달력 속에 묻어 버리고 새해와 함께 다시 시작할 준비에 나선다. 봄이 되면 생명이 싹을 틔우고 풍성한 수확의 계절을 향해 쉼 없이 달려가듯 우리의 인생도 그렇게 싹이 트고 익어 간다. 혹독한 겨울 없이 따스한 봄을 맞을 수는 없다. 오히려 추위가 길고 강할수록 다가오는 봄볕이 포근하게 느껴질 것이다.

겨울에는 추위를 핑계로 잠시 게을러지면 어떨까. 생산적인 활동을 전혀 하지 않거나, 그게 어렵다면 그저 숨만 쉬겠다는 적당한 각오로 버티면 어떨까. 연말까지 쓰지 못한 연차를 당당하게 내고 어딘가에 틀어박히는 것도 좋다. 이 시기는 따끈한 이불 속에서 옛 앨범이나 블로그를 들춰 보며 추억을 소환하거나 깊은 명상 같은 휴식기를 갖기에 최고의 시간이다.

무한한 외로움에 젖어 혼자 눈물을 찔끔거리다가 누군가에게 돌연 통화 버튼을 누른 뒤 마음이 따뜻해져서 잠자리에 드는 그런 시간이 필요하다. 아니면 후회로 가득 찬 이불 킥을 할지도 모르지만 뭐 어떤가. 겨울은 억눌려 있던 마음의 매듭을 풀고 화해하는 계절이다. 숨차게 달려온 나에게 잠시 웅크리고 있을 시간을 주자. 소리 없이 하얀 손님이 찾아오면 잠시 바라보는 여유를 누려 보자. 다른 계절에는 돈을 내도 '눈멍'을 할 수 없다. 이맘때만 볼 수 있는 눈은 하늘에서 추락하는 기적 같은 선물이다.

────────── 부서질 듯 아름다운 눈 결정의 비밀 ──────────

눈 결정을 생각하면 언뜻 육각형이 떠오른다. 벌집처럼 단단한 육각형 구조는 견고하기 그지없어 보인다. 눈의 결정은 육각형을 기본으로 가지가 뻗어 나와 별 모양이 되기도 하고 꽃송이처럼 성장하기도 한다.

육각형의 전형적인 눈 결정은 기온이 영하 15도 정도로 낮고 습도가 높은 조건에서 만들어진다. 이때 내리는 눈이 바로 함박눈이다. 습도가 높으면 눈 결정의 모서리 쪽에 상대적으로 많은 수증기가 모여 빨리 자라게 되고 가지가 뻗치는 화려한 모양이 된다.

그러나 같은 기온이라도 습도가 낮아지면 결정이 크게 자라지 못해 단순하고 얇은 판 형태를 이루게 된다. 판 형태의 결정이 기온에 따라 길게 자라 기둥 모양을 이루기도 하는데 정확한 형성 과정에 대해서는 아직도 미스터리다. 한 가지 확실한 점은 대기 중의 물기가 눈 결정을 자라나게 하는 에너지 역할을 한다는 것이다. 작은 육각형 판에서 시작된 기본적인 눈 결정에 물 분자가 계속 달라붙으면 복잡하고 화려한 형태로 성장하게 된다.

그렇다면 눈 결정이 육각형을 이루는 이유는 무엇일까? 우리가 알지 못하는 자연의 비밀이라도 숨겨져 있는 걸까? 1571년에 태어난 독일의 천문학자 요하네스 케플러도 우리와 같은 질문을 던졌다. 행성 운동에 관한 타원 궤도 법칙을 발견한 것으로 잘 알려진 케플러는 갈릴레이와 함께 과학 혁명의 선구자로 불린다. 1611년 「모서리가 여섯인 눈송이에 대하여」라는 글에서 그는 눈 결정이 왜 육각형인지 파헤치려고 시도했다.

그러나 그 질문에 대한 명확한 답을 얻지는 못했다. 과학적 진보가 이뤄지기 전이라 원인을 규명하기에 한계가 있었을 것이다. 하지만 케플러는 눈송이가 지닌 규칙적인 육각형 패턴이 결코 우연이 아니라 물질을 이루는 원자의 배열 때문일 거라고 추측했다.

약 300년이 지난 뒤 과학자들은 X선을 이용해 물질의 결정을 촬영할 수 있게 됐다. 눈 결정의 경우 물 분자가 규칙적으로 배열돼 있었는데, 그 모양이 육각형 대칭이란 사실이 발견됐다. 또 전형적인 육각형 구조뿐만 아니라 뾰족한 바늘과 육각기둥 모양의 결정도 찾아냈다. 눈 결정이 육각형 구조를 이루는 이유는 케플러의 예측대로 물 분자의 특징 때문이다. 물 분자를 이루는 수소 두 개와 산소 한 개가 결합할 때 서로 고리 모양으로 연결되고 전체적으로 육각형 구조를 이루게 된다.

습도의 변화에 따라 모서리에 잔가지가 자라거나 얇은 판이 두꺼워지는 등 다양한 변종이 생겨나기도 한다. 결국 구름 속에서 먼지와 같은 작은 물질인 핵을 중심으로 수증기가 뭉쳐 눈 결정이 만들어질 때 미세한 조건이 달라지면서 서로 다른 눈 결정이 태어나는 것이다. 사람의 얼굴이 제각각이듯 다채로운 눈 결정은 자연의 신비로움을 일깨워 준다.

그렇다면 한 가지 더, 스키장에서 만드는 인공눈은 과연 어떤 모양의 결정을 하고 있을까. 사실 인공눈은 이름만 눈일 뿐 얼음이다. 미세한 물방울을 고압의 공기가 나오는 출구에 분사해 순간적으로 얼려서 만들기 때문에 눈 결정이 아니라 얼음 알갱이다. 눈은 대기에 떠 있는 기체 상태의 수증기가 냉각돼 고체 상태가 되지만, 인공눈은 액체를 인위적으로 얼려 고체로 만든 것이다. 따라서 스키장에서 천연 눈은 보송보송한 느낌을 주지만 인공눈은 얼음판처럼 단단해 넘어지면 아프다.

케플러와 비슷한 시기에 활동하던 프랑스의 철학자인 르네 데카르트는 근대 철학의 아버지로 불린다. '나는 생각한다. 고로 존재한다'라는 철학적 명제는 대한민국에서 나고 자란 사람이라면 누구나 한 번쯤 들어 봤을 것이다.

그런데 알고 봤더니 데카르트는 맨눈으로 눈 결정을 탐구한 최초의 수학자로 1637년 날씨에 관한 연구서인 『기상학』을 출판했다. 눈의 아름다움에 푹 빠져 있던 그는 눈이 생성되는 과정을 유심히 관찰한 뒤 눈 결정을 열두 가지 형태로 구분했다. 평판형, 각진 기둥형, 조합 결정형

같은 기하학적 특징에 따른 분류였다. 『기상학』에 실린 「눈, 비, 그리고 우박에 관한 여섯 번째 연설」을 번역해보면, 데카르트가 하늘을 바라보며 얼마나 호기심을 품었는지 짐작할 수 있다.

1635년 2월 4일 데카르트가 머물고 있던 네덜란드 암스테르담에 얼음비가 내렸다. 지면의 온도가 매우 낮아 비가 내리다가 바닥에 얼어붙었는데, 이후 작은 우박도 쏟아졌다. 데카르트는 우박 알갱이를 관찰하며 우박의 정체가 상공에서 얼어붙은 빗방울이라는 사실을 알게 된다. 우박은 정확히 둥근 모양이 아니라 한쪽이 다른 쪽보다 현저하게 평평한 모양이었는데, 데카르트는 우리 눈의 수정체와 비슷한 형태라고 묘사했다. 매우 강하고 찬 바람이 우박의 형태를 이렇게 바꿔 놓았다고 적었다.

데카르트를 가장 놀라게 한 것은 다음 장면이었다. 하늘에서 마지막으로 떨어진 알갱이 가운데 일부가 여섯 개의 작은 톱니를 가지고 있었다. 시계 바퀴의 톱니처럼 보이기도 하고 순백색의 설탕 같기도 했다. 아주 미세한 눈으로 만들어진 결정은 식물에 얼음이 들러붙은 것처럼 보였다. 데카르트는 눈의 결정이 이렇게 정확하게 여섯 개의 톱니를 가진 형태로 만들어진 이유를 이해하는 데 어려움을 겪었다고 고백한다. 그 이유가 자연의 일반적인 규칙에 따라 육각형의 결정이 평면 위에 배열됐을 것으로 추측했다.

하늘에서 떨어지는 눈송이를 보면 누군들 설레지 않을 수 없을 것이다. 데카르트는 한 걸음 더 나아가 과학의 눈으로 눈 결정을 바라보고 탐구했다. 왜 어떤 날은 함박눈이 내리고 어떤 날은 싸락눈이 내리는 걸까. 현미경이 없던 시절이지만 맨눈으로 눈을 뚫어지게 쳐다보며 궁금증을 해결하려고 노력한 것이다. 그래서 데카르트를 최초의 현대 기상학자로 보는 사람들도 있다.

한 가지 분명한 것은 자연을 대하는 태도가 진심이었고 결국 그 진심이 통했다는 점이다. 어린 시절 눈송이에 돋보기를 들이대던 기억을 떠올리며 다시 한번 진지한 마음으로 눈송이를 관찰하고 싶다. 흘러가는 구름도 그냥 지나치지 않고 유심히 바라보고 싶다. 구름에서 강아지와 고양이, 사자의 얼굴을 찾기도 하고 형태나 고도, 빛깔에 따라 다가올 날씨를 읽어 보기도 하면서 말이다.

──── 제2의 '눈사람' 기자가 탄생하지 못한 이유 ────

2010년 새해 초에 기습 폭설이 내렸다. 주말이 지나고 첫 출근이 시작되는 1월 4일 월요일 아침이었다. 중부 지방에 눈 예보가 있었지만 상황은 예상보다 더 심각했다. 새벽부터 날리기 시작한 눈발은 오전 동안 금세 굵어지더니 함박눈으로 변해 펑펑 쏟아졌다.

세상을 하얗게 물들인 눈에 설렘도 잠시, 서울의 공식 적설량이 20센티미터를 넘어가자 두려움이 몰려왔다.

눈이 쌓인 도로는 아수라장으로 변했다. 회사가 있는 국회대로 역시 마찬가지였다. 속수무책으로 미끄러지는 차를 그대로 두고 탈출한 운전자들 때문에 도로는 주차장으로 변했다. 설상가상으로 지하철 운행이 멈추고 공항도 마비됐다.

태어나서 이렇게 많은 눈을 본 서울 시민은 한 명도 없을 것이다. 2010년 1월 4일 서울의 최심 신적설량은 25.8센티미터로 1907년 기상 관측 이후 가장 많았다. 이전 최고 기록은 1969년 1월 28일의 25.6센티미터였다. 일 최심 신적설은 하루 동안 새로 내려 쌓인 눈의 깊이(신적설)가 가장 깊었을 때(최심)를 뜻한다.

신적설이 아닌, 그냥 적설이라고 하면 기간에 상관없이 지면에 쌓여 있는 눈의 깊이를 뜻한다. 전날 내린 눈이 포함될 수도 있고 중간에 내린 눈이 바람에 날리거나 녹아서 사라질 수도 있다. 따라서 눈에 대한 기록을 확인할 때는 신적설을 살펴야 한다.

조금만 눈여겨보면 신적설과 적설을 구분하지 못한 기자들의 오보도 많이 나온다. 어느 날 제주 한라산에 눈이 별로 안 왔는데 적설량이 50센티미터가 넘었다는 기사 제목을 보고 깜짝 놀란 적이 있었다. 기록을 찾아보니 새로 내린 신적설이 아닌 적설량을 참고해 기사를 쓴 것 같았다. 고도가 높은 한라산에는 한참 전에 내린 눈이 녹지 않고 그대로 쌓여 있는 일이 흔하다.

실수일 가능성도 있지만 기사를 쓸 때 숫자가 큰 것을 쓰고 싶어 하는 기자의 직업병 때문일지도 모른다. 숫자가 클수록 대중이 주목하고 기사의 가치가 높아진다고 생각하는 마음이야 이해하지만 이유야 어쨌든 신적설과 적설은 구분해서 써야 한다. 기상청은 눈이 얼마나 내렸는지 관측하기 위해 가로, 세로 각각 50센티미터 크기의 적설판을 사용한다. 적설판을 지면과 수평하게 설치해 그 위에 쌓인 눈의 깊이를 자로 측정하고 센티미터(cm) 단위로 표시한다.

우리나라 인구의 절반 이상이 살고 있는 수도권에 눈이 내리면 축복이라기보다 재난에 가깝다. 기상청도, 기상전문기자도 눈 예보가 나오면 신경이 곤두설 수밖에 없다. 적설량이 1센티미터만 예보돼도 차량은 거북이걸음을 하고 눈길 교통사고가 벌어진다. 쌓인 눈을 제때 치우지 않으면 골목길이나 그늘진 이면도로가 꽁꽁 얼어붙어 낙상 사고를 불러온다. 도시의 눈은 아름답지만, 현실적으로 반갑지 않은 게 사실이다.

관측 이후 최악의 기습 폭설이 서울에 내린 날, 도로가 정상화되길 기다려 서둘러 기상청으로 향했다. 온 세상이 흰 눈을 덮은 채 신비로운 얼굴을 하고 있었다. 기상청이 예상한 적설량의 최고 다섯 배에 이르는 눈이 쏟아진 원인을 예보관을 만나 취재했다.

변화하는 기상 상황을 시·공간적으로 100퍼센트 정확하게 내다보는 일은 현대 과학 기술로도 불가능하다. 특히 눈 예보는 난이도가 매우 높은 편이다. 대기과학을 전공한 입장에서 기상청을 충분히 이해하지만, 예보가 빗나가면 기상청에 대한 원성이 자자하기 때문에 성난 민심도 뉴스에 담아야 한다. 길거리에서 폭설로 크고 작은 불편이나 피해를 본 시민들을 인터뷰했다.

그날 보도국은 그야말로 전쟁터였다. 새벽부터 눈 중계를 하러 나간 사회부 기자들을 비롯해 끊이지 않는 사건, 사고 소식을 전하느라 9시 뉴스가 끝나도 집에 가지 못하는 사람들이 많았다. 나 역시 그랬다. 2008년 기상전문기자로 KBS에 들어와 겨우 2년 만에 경험한 대형 재난이었다. 이후 창밖에 눈만 내리면 심장이 쿵쾅거리는 트라우마까지 생길 정도로.

그날 밤이 지나고 우리는 알게 됐다. 서울의 유례없는 폭설로 새벽부터 중계차를 탄 '박대기' 기자가 스타가 되었다는 사실을. 다 같이 고생했는데 누구만 떴다는 자조적인 우스갯소리도 나왔다. 박대기 기자는 이후에도 서울에 눈만 내리면 '눈사람' 기자로 소환됐다. 그렇게 서울의 폭설은 모두의 기억 속에 새겨졌다.

그런데 제2의 박대기 기자가 탄생하지 않은 것을 보면 이후에 폭설이 안 내린 것은 아닐까? 서울의 신적설량 순위를 살펴보면 2010년 1월 4일 이후에는 폭설이라고 불릴 만한 '사건'이 일어나지 않았음을 알 수 있다. 기후 위기로 겨울철 평균 기온이 상승하면서 서울에서 눈이 줄고 있기 때문이다. 서울의 연평균

적설량은 1980년대 이전까지는 다소 증가하는 경향을 보였지만 이후 급격하게 감소하고 있다.

그러나 변수는 있다. 북극발 한파와 엘니뇨 등의 영향으로 서울 등 수도권에도 10~20센티미터에 이르는 큰 눈이 주기적으로 찾아오고 있기 때문이다. 말 그대로 시간과 장소를 예고하지 않는 기습 폭설이다. 2010년 눈사람 박대기 기자의 기억이 다시 소환된 것은 14년 뒤였다. 2024년 11월 27일 수도권 등 중부 지방을 중심으로 첫눈이 예고됐다. 겨울이 시작되기도 전인 11월에 최대 20센티미터가 넘는 눈 폭탄이 쏟아질 거라는 예보였다.

이때는 햇병아리 기자가 아닌 경력 20년에 가까운 베테랑 기상전문기자였지만, 귀를 의심할 수밖에 없었다. 보통 이 시기는 수줍게 내리는 첫눈 소식이 들려올 때다. 눈이 오더라도 북서풍을 따라 눈구름의 통로는 수도권의 서해안이 아닌, 충남과 호남 서해안으로 향하곤 한다.

기상청은 이례적으로 대설 예비 특보 속에 수도권의 출근길 폭설 대란을 경고했다. 마음이 분주해질 수밖에 없었다. 지면 기온이 그다지 낮지 않아서 눈이 그렇게 많이 쌓일지도 의심 반, 걱정 반이었다. 다음 날 새벽에 커튼을 걷는 순간 가슴이 두근거렸다. 기상청 예보가 아예 빗나가 서울에 눈이 하나도 안 왔으면 어떡하지? 반대로 눈이 너무 많이 와서 재난 상황이면 어떡하지?

결과는 후자였다. 크리스마스 마을을 떠올리게 하는 순백의 세상이 창밖에 펼쳐져 있었다. 늦가을까지도 따뜻했던 날씨 탓에 아직 울긋불긋한 나뭇잎을 떨구지 못한 나무가 많았는데, 하나같이 하얀 솜뭉치를 뒤집어쓰고 있었다. 처음 드는 생각은 '환상적이다'였지만 빨리 회사로 달려가야 했다. 그날 하루 도로에선 무시무시한 교통사고가 잇따랐고 눈의 무게를 이기지 못한 가로수와 전신주, 건물이 무너졌다. 바다와 하늘길이 묶이고 지하철은 폭주하는 승객으로 정상 운행이 어려울 정도였다. 그날 하루 서울에 쌓인 눈의 양, 그러니까 최심신적설량은 19.3센티미터로 1907년 기상 관측을 시작한 이후 가장 많은 11월 적설량을 기록했다.

지구가 뜨거워지면서 겨울이 점점 짧아지고 눈 구경하기 힘들어지는 게 사실이다. 하지만 그와 동시에 '온난화의 역설'로 불리는 강력한 추위가 잊을 만하면 한 번씩 거세게 밀려오고 있다. 균형을 잃은 지구의 기후가 시소를 타듯 극단으로 출렁거리며 변동성이 커지는 것이다. 한파의 차가운 입김은 대설을 퍼부어 도시의 혈관인 교통망을 무력화시킨다.

기후 위기가 가속화되면 우리는 겨울에 대한 기억을 새로 써야 할지 모른다. 대체적으로 온화한 겨울 날씨 속에 눈에 대한 추억은 줄어들 것이다. 그러나 겨울의 차가움을 망각할 때쯤 강력한 한파와 폭설이 찾아와 거리를 얼려 버릴 것이다. 북극을 축으로 하는 거대한 한기가 북미와 유럽, 그리고 서울까지 차례로 밀려들어 모두를 집어삼키려고 할지 모른다. 앞으로 겨울은 더 따뜻해지고 동시에 더 혹독해지는 아이러니 같은 일이 벌어질 것이다. 그것이 우리가 마주하게 될 미래다.

눈을 낭만적으로 바라볼 수 없는 사람들

여의도에 작은 눈발이 날리기 시작하면 가슴이
두근거린다. 레이더 영상과 위성 영상을 보며 앞으로
얼마나 쌓일지 가늠하는 일이 먼저다. 기상청 예보관과
통화한다. 상황이 심각하면 기사를 쓰거나 리포트를
제작하고 생방송을 위해 중계차를 나가기도 한다.
기상전문기자에게 눈은 곧 비상사태를 의미한다.

1년 중 눈이 가장 기다려지는 날은 크리스마스다.
크리스마스카드에 그려진 눈 덮인 마을의 풍경처럼 하얀
기적이 일어나길 누구나 꿈꾸게 된다. 순백의 세상은
복잡한 고민을 하얗게 지워 버리고 어린아이처럼 마음을
들뜨게 만드니까. 하지만 눈 때문에 차가 밀리면 설렘은
짜증으로 금세 돌변한다. 그게 사람 마음 아닌가. 눈에
대한 낭만은 오래가지 않는다.

그런 나에게도 마법 같은 기회가 찾아왔다.
기상전문기자는 늘 현장을 뛰는 직업이다. 비가 오나,
눈이 오나, 바람이 부나 외부에 나가 취재를 하고
인터뷰를 해 줄 사람을 찾아 헤맨다. 임신을 했을 때도
예외는 아니었다. 입덧 때문에 취재 차량에서 토하며
고생하던 나는 결국 부서에서 내근을 전담하게 됐다.
내근이라고 하지만 매일 새벽 5시에 출근해서 오후
2시까지 모든 뉴스를 혼자 도맡아야 했다. 배가 불러

올수록 운전대를 잡기가 힘겨웠고 생방송의 책임감과 스트레스로 맘고생이 커졌다.

결국 생존을 위해 도피하듯 남들보다 훨씬 일찍 출산 휴가에 들어갔다. 보도국 여기자들은 대부분 출산이 임박해서야 출산 휴가에 들어간다. 조금이라도 더 버텨야 더 늦게 복귀할 수 있기 때문이다. 하지만 나는 그런 생각까지 할 여유가 없었다.

고민 끝에 막상 출산 휴가에 들어가자 얼마나 행복하던지 말로 설명할 수 없었다. 꿀 같은 휴식을 하며 출산 준비를 하던 그 겨울날 하늘에서 갑자기 눈발이 날렸다. 우산을 펼까 망설이는 사이 굵고 탐스러운 눈송이가 꽃잎처럼 후드득 머리 위로 쏟아지기 시작했다. 주위는 순식간에 조용해졌고 세상은 뿌옇게 흐려졌다. 그 순간 수천 와트짜리 조명을 밝힌 것처럼 마음이 환해졌다.

폭설 기사를 쓰고 취재를 나가야 하는 입장이었다면 이렇게 아름답게 보이지 않았겠지. 회사를 떠난 기상전문기자는 처음으로 함박눈이 오는 광경을 진심으로 즐길 수 있었다. 카페에 들어가 눈 내리는 풍경을 지겹도록 보고 또 보며 따끈한 커피를 마셨다.

환하게 웃는 사람, 머리를 감싸고 뛰어가는 사람, 눈싸움을 하는 아이들. 눈 하나로 전혀 다른 세상이 돼 버렸다. 눈의 마법이란. 내 안에 살아 숨 쉬는 두근거림을 한참 동안 만끽했다. 아직 사라지지 않았구나. 고맙다. 눈 내린 거리는 누군가 동심으로 빚어 둔 눈사람 천국으로 변했다.

일반인에게는 하늘에서 떨어지는 눈이 다 비슷해 보이지만 눈이라고 다 같은 눈은 아니다. 기상학적으로 '눈(snow)'은 얼음 결정으로 이뤄진 강수 현상을 뜻한다. 비와 눈이 동시에 섞여 내리면 '진눈깨비(sleet)'다. 하얀색의 불투명한 2~5밀리미터 크기의 얼음 입자는 '싸락눈(snow pellets)', 싸락눈보다 작은 1밀리미터 미만의 얼음 입자는 '가루눈(snow grains)'으로 분류한다. 겨울이면 거센 바람과 함께 몰아치는 눈 폭풍 소식이 자주 들려오는데 정식 명칭은 '눈보라(snow storm)'다. 눈보라는 눈이 내리는 동안 바람에 의해 눈이 지면 위로 높이 날려 올라가는 현상을 의미한다.

기상청 예보관 역시 기상전문기자와 마찬가지로 눈을 편안한 마음으로 지켜볼 수 없다. 일단 겨울철에 물기를 잔뜩 머금은 구름대가 우리나라로 다가오면 예보관의 첫 번째 고민이 시작된다. 눈으로 내릴 것인가, 비로 내릴 것인가, 아니면 눈과 비가 섞인 진눈깨비로 내릴 것인가. 대기 중·상층의 기온이 낮으면 얼음 결정의 상태로 떨어지고, 기온이 높으면 물방울로 떨어진다.

두 번째 고민은 적설량을 기록할지, 말지다. 구름에서 아무리 얼음 알갱이가 우수수 떨어져도 지면 부근의 온도가 영상으로 높으면 눈이 절대로 쌓일 수 없다. 내리는 즉시 사르르 녹아 버리는 눈을 떠올리면 된다. 그런데 지면의 조건은 균일하지 않다. 지리적 위치와 건물 분포, 식생, 바람에 따라 큰 차이를 보인다. 시멘트로 덮인 도심의 빌딩 숲과 흙이나 나무가 많은 시골에 똑같이 눈이 내려도 쌓이는 양은 다를 수밖에 없다.

구름이 품고 있는 1밀리미터의 비가 얼마만큼 눈으로 내릴 수 있는지 보여 주는 비율을 '수상당량비'라고 한다. 강수량과 적설량의 비를 나타내는데, 보통 1밀리미터의 강수량은 1센티미터의 적설량으로 본다. 눈은 솜털처럼 가볍고 부피가 크지만, 눈이 녹아 물이 되면 부피는 확 줄어든다. 반대로 비가 눈으로 내리면 1밀리미터의 강수량이 열 배인 1센티미터의 적설량으로 늘어난다. 일반적으로 수상당량비는 1센티미터(10밀리미터)/1밀리미터=10 정도가 '공식'이다.

그런데 수상당량비는 구름의 형태와 온도, 바람, 습도 등에 따라 달라진다. 1밀리미터 강수량은 1센티미터의 눈으로 쌓여야 정석이지만 어떤 경우에는 10센티미터의 함박눈으로 쌓이기도 하고 반대로 진눈깨비일 때는 거의 쌓이지 않는다. 따라서 적설량 예보가 적중하기 위해서는 변화하는 대기 조건에 따른 수상당량비를 정확히 계산해야 한다.

대기 중·상층 기온이 영하 10~20도일 때는 수상당량비가 20~30으로 커져 눈송이가 굵은 함박눈이 만들어진다. 수상당량비가 증가하면 적설 효율이 커져서 적은 강수량에도 많은 눈이 내릴 수 있다. 물이 풍부해 습기를 머금은 습설이 탄생하는 것이다. 습설은 무게가 무거워 비닐하우스나 축사, 지붕 등 시설물의 붕괴 피해를 불러온다. 이보다 추운 영하

30~40도에선 수상당량비가 감소한다. 비와 얼음이 섞인 진눈깨비가 내리고 적설량은 줄어든다. 물보다는 얼음덩어리에 가까운 건설이 쏟아지기 때문이다. 너무 추운 날에는 오히려 눈이 많이 쌓이지 않는다. 눈이 소복하게 쌓이려면 적당히 추워야 한다.

가끔은 기온이 영상으로 포근한데도 눈이 펄펄 내리고 영하로 추워도 눈 대신 비가 내리는 날도 있다. 비인지, 눈인지, 얼마나 지속돼 얼마나 쌓일지 예측하는 일은 하늘과 땅을 통째로 꿰뚫고 있어야 가능하다. 예보를 생산할 때는 눈이 어느 정도의 영향을 줄지도 고려해야 한다. 눈이 드문 부산에선 적설량이 1~3센티미터 정도만 돼도 교통사고가 잇따르고 일상에 큰 지장을 준다. 그러나 폭설이 일상인 충남과 호남 서해안, 강원도는 대설 특보 수준의 폭설에도 대비가 잘돼 있다.

어느 겨울 군산으로 크리스마스 여행을 떠났다. 눈이 올 거라는 기상청 예보가 있었고 하늘은 곧 있을 엄청난 이벤트를 예고하듯 잔뜩 찌푸려 있었다. 저녁이 되자 자동차 헤드라이트에 날리는 눈발이 보이기 시작했다. 호텔에 짐을 풀고 창밖을 내다보니 캄캄한 밤하늘에 그야말로 폭설이 퍼붓고 있었다. 소나기 같은 눈송이였다.

크리스마스와 휴가의 콜라보로 마음이 즐거웠기 때문일까? 서울이라면 불안에 떨었겠지만, 나는 머나먼 곳에 있었다. 그날 밤 굵어졌다 가늘어졌다 멈추지 않는

313

느린 곳의 겨울이 그리운 소식

눈발은 축복처럼 다가왔다. 널찍한 창문이 마치 극장의 스크린 같았다. 하늘에서 펼쳐지는 쇼를 보는 마음은 한껏 들떴다.

창문을 기준으로 북서쪽에서 퍼붓던 눈보라가 갑자기 바람의 방향이 바뀌며 수직으로 내리꽂히고 돌연 중력을 거슬러 하늘로 떠오르기도 했다. 눈송이의 크기도 제각각이었다. 다른 아이들보다 두세 배나 커서 시선을 빼앗는 아이도 있었다. 눈이 내리는 풍경을 몇 시간이나 바라보게 되다니. '눈멍'이 이렇게 행복할 줄은 몰랐다. 침대가 창문 가까이 있어서 눈을 감기 직전까지 눈보라를 바라봤는데 꿈속에서 눈의 여왕을 만날 것만 같았다. 다음 날 아침 은빛으로 변신해 있을 세상에 대한 두근거림을 겨우 누르고 잠을 청했던 기억이 난다. 그러고 보니 나는 눈을 정말 사랑했다.

강원도 산골에서 어린 시절을 보낸 나에게 눈은 겨울의 일상이었다. 어느 날 눈을 떠 보니 지붕만큼 눈이 쌓였다. 어른들은 굴을 파듯 통로를 만들었다. 미로 같은 눈 벽을 헤치고 친구들과 신나게 눈썰매를 타러 갔다. 눈이 많이 오면 학교는 문을 닫았고 문 닫는 기간이 길어질수록 우리는 눈썰매 고수로 거듭났다.

겨울이 끝나 가는 2월과 초봄인 3월까지도 동풍이 밀려들어 강릉에는 대설이 잦았다. 어른 무릎 정도의 눈은 그다지 놀랍지도 않았다. 2월 4일 입춘(入春)이

지나고 2월 19일 눈과 얼음이 녹으며 빗물로 흐른다는 우수(雨水) 절기가 찾아와도 강릉은 눈 세상일 때가 많았다. 우수에는 대동강 물도 풀린다고 하는데, 강릉은 아마 우리나라에서 겨울이 가장 오래 머무르고 봄이 천천히 오는 곳이 아니었을까. 따뜻한 햇볕에, 쌓인 눈이 흙먼지와 뒤섞여 회색빛 슬러시처럼 녹아 가는 시간은 봄을 맞기 위한 통과 의례였다.

아빠의 차 트렁크에 1년 중 절반은 스노타이어와 체인이 실려 있었다. 하지만 아빠는 자신의 운전 실력을 과신하며 그 물건들을 잘 쓰지 않았다. 아흔아홉 고개의 꼬불꼬불한 대관령 눈길을 밤낮없이 넘어 아빠는 집으로 향했다. 어린 나는 아빠가 제발 사고 없이 안전하게 귀가하게 해 달라고 밤낮없이 기도했다. 지금은 대관령에 일자로 쭉 뻗은 도로가 만들어졌고 눈이 오면 제설 작업도 신속하게 이뤄진다. 평창에서 동계올림픽을 개최하면서 KTX까지 뚫렸다. 세상 참 좋아졌다. 이런 말이 절로 나온다.

플라스틱으로 만들어진 요즘의 썰매를 보면 시시하게 느껴진다. 그 시절에는 시골에서 쉽게 볼 수 있는 버려진 비료 포대에 폭신한 짚을 넣어서 썰매를 만들었다. '핸드메이드' 썰매를 타고 경사진 눈밭을 미끄러져 내려오면 슈퍼 카가 부럽지 않을 정도로 속도감이 넘쳤다. 요즘 아이들은 이 맛을 모르겠지. 난방 시설이 열악해서인지 그 시절은 늘 추웠다. 넉넉하지도 않았고 불편한 것 천지였다. 그래도 어린 시절을 생각하면 아직도 내 마음은 새하얀 들판으로 달음박질친다.

2024년 겨울 강원도의 한 스키장에서 S.O.S. 캠페인이 개최됐다. 'Save Our Snow'의 줄임말로 서울대 환경대학원이 기후 위기로 사라질 눈을 지키자는 목적으로 부스를 만들고 대중을 만났다. 스키장에 온 사람들은 누구보다 겨울 스포츠를 사랑하는 사람들일 테니 기후 위기의 심각성을 홍보하기 위해서였다. 우리나라의 겨울이 점점 따뜻해지면 스키를 탈 수 있는 곳은 강원도 일부 지역으로 줄어들 것이다.

눈을 만들면 되지 않느냐고 생각할지 모르지만, 인공 제설 작업도 기온이 영상으로 높으면 얼음 결정을 만들 수 없다. 사막의 나라 두바이에서 실내 공간에 눈을 만들어 스키를 타듯 우리도 머지않아 실내 스키장뿐, 시원한 바람을 가르며 슬로프를 내려오는 기쁨을 누릴 수 없게 될지 모른다. 스키를 타기 위해 겨울만 손꼽아 기다리는 이들에게 너무나 가혹한 일이다.

질척한 눈길도, 꽝꽝 얼어 버린 빙판길도 불편하기 그지없지만 눈은 자연의 차가운 입김이 만든 선물이다. 어린 시절의 팔 할을 눈과 함께한 내가 어른이 되자 눈 기피자가 됐지만, 지금도 어린 딸이 추운 줄도 모르고 눈덩이를 굴려 눈사람을 만들고 있을 때는 나뭇가지를 주워 눈썹이라도 만들어 줘야 할 것 같다. 아이들은 거짓말처럼 하나같이 눈을 반긴다. 어른들의 마음도 원래 그랬지만 거칠고 메마른 인생을 살아오며 변해 버린 게 아닐까.

우리 볼에 차가운 눈송이가 닿는 순간 해맑은 어린 시절과 헤어진 기억, 떠나간 애달픔과 경이로움이 반짝하고 되살아난다. 미래 세대에게는 아예 존재하지 않는 존재가 될 수 있는 눈, 그렇게 생각하니 오늘의 눈이 더 귀하고 소중하게 느껴진다. 이제부터는 세상 다정한 눈으로 눈을 바라보면 어떨까.

차가울수록 뜨거워지는 마음

혹한
「마지막 잎새」, 「행복한 왕자」

나의 뉴욕, 뉴욕

내 인생 처음으로 뉴욕과 만난 건 6월의 싱그러운 초여름이었다. 미국 동부에 있는 대학에서 방문연구원으로 1년간 지내던 중이었다. 집에서 차를 몰고 워싱턴 D.C.까지는 네 시간, 뉴욕까지는 다섯 시간이 조금 넘게 걸리는 여정이었다. 뉴욕이 점점 가까워질수록 탄성이 쏟아져 나왔다. 저 멀리 눈부실 정도로 반짝거리는 스카이라인이 눈에 들어오기 시작했다. 고층 빌딩들은 은빛 갑옷을 입고 도시를 호위하는 무사들처럼 견고해 보였다.

    한낮의 빛이 사라지고 환한 조명을 밝히는 밤이 되면 뉴욕의 또 다른 얼굴이 드러난다. 잠들지 않는 도시, 눈부신 찬란함과 밀도 높은 외로움이 공존하는 그곳에서 여행자들은 걷고 또 걸으며 자신만의 역사를 써 내려간다. 세계에서 인구 밀도가 가장 높고 사용되는 언어만 800개에 이른다고 하니 어찌 매력적이지 않은가. 거리를 걷기만 해도 우리는 800개의 서로 다른 우주와 만날 수 있다.

    초고층 빌딩에 둘러싸인 뉴욕에 있으면 세상에서 가장 고독한 존재로 전락했다가도 역동적인 인파에 휩싸이면 다시 에너지가 솟구쳐 오른다. 뉴욕에선 모두가 빠르게 걷는다. 1분, 1초도 지체할 여유가 없는 것처럼

321

말이다. 관광객도 마찬가지다. 구글 지도를 보면서
이리저리 두리번거리다간 장사꾼에게 돈을 뜯기거나
사기꾼의 먹잇감이 되기 쉽다.

처음 타임스스퀘어에 방문했을 때 디즈니 복장을 한
무리와 얼떨결에 사진을 찍었다가 20달러를 내라는 말에
당황했던 기억이 난다. 현금이 없다고 하니 천연덕스럽게
카드 리더기를 내밀었다. 천사 같던 미키 마우스의 얼굴에
돌연 자본주의의 미소가 드리워지자 아이는 깜짝 놀라
팔짱을 풀었다. 강제에 가까운 결제를 마치고 돌아선
뒤에도 비슷한 경험이 여러 차례 이어졌고 우리는 무조건
노를 외치며 코스프레한 사람들을 뿌리쳤다. 뉴욕에서
살아남는 방법을 하나 터득한 것이다.

남편은 더 황당한 경험을 했다. 푸에르토리코에서
온 공연단에게 끌려가 수많은 사람들 앞에 서게 된
것이다. 이들은 지나가던 사람들을 대여섯 명 무작위로
데리고 나와 어느 나라에서 왔는지 묻고 사소한 농담을
하면서 쇼에 참여시켰다. 전 세계인의 눈앞에 선 남편을
나와 딸은 두근거리는 마음으로 지켜봤다. 남편은
유일한 동양인 남자였다. 한국에서 왔다는 말에 싸이의
〈강남스타일〉이 흘러나왔다. 거인 같은 흑인 남자들과
춤을 추고 박수를 받은 뒤에야 남편은 풀려날 수 있었다.
우리는 깔깔깔깔 웃으며 이 모습을 촬영했고 지금도
남편에게 뉴욕에서 공연한 남자라고 놀리곤 한다.

뉴욕은 이방인들의 도시다. 16세기 대항해 시대 유럽의 거대한 함선들이 앞다퉈 대서양을 건너 뉴욕에 도착했다. 뉴욕에 가장 먼저 정착한 것은 네덜란드였다. 1624년 네덜란드 선원들이 맨해튼 남쪽 허드슨강 주변에 자리 잡았는데, 네덜란드의 수도인 암스테르담이 생각났는지 뉴암스테르담이라고 이름 붙였다.

　　실거주를 해 보니 마음에 든 걸까. 1626년 네덜란드 사람들은 맨해튼섬을 통째로 매입해 버렸다. 당시 원주민들에게 지불한 금액은 네덜란드 돈으로 60길더(ANG), 미국 돈 24달러에 불과했다. 미키 마우스와 사진 한 번 같이 찍은 돈으로 과거에는 맨해튼을 살 수 있었다니. 네덜란드는 부동산 투자의 귀재였을까. 아쉽게도 1664년 영국과 전쟁을 치른 네덜란드는 맨해튼을 영국에 넘기고 대신 인도네시아 반다 제도의 작은 섬을 얻었다. 동인도 회사를 설립해 향료 무역의 거점을 마련하기 위해서였다.

　　엄청난 손해를 본 거래처럼 보이지만 물론 현재의 관점에서 봤을 때 그렇다. 현재의 관점에서 보면 우리는 모두 과거에 허허벌판이었다는 서울 강남에 땅을 사야 바람직했다. 우리 주변에선 항상 누구는 급매를 잡았고 누구는 분양을 받아서 얼마를 벌었다는 얘기가 들려온다. 맨해튼의 가치를 알아보지 못하고 영국에게 넘겨 버린 네덜란드의 심정도 한동안 부글부글했겠지. 갑자기 역사 이야기하다가 동병상련을 느낀다.

　　네덜란드가 뉴암스테르담이라고 부르던 땅이 뉴욕이라는 지명을 얻게 된 것은 영국이 점령한 뒤부터다.

영국의 제임스 2세가 자신의 이름인 요크 공작을 따서 '새로운 요크(New York)'라고 부르게 한 것이다. 그러나 제임스 2세가 즉위한 지 3년 만에 명예혁명으로 물러난 것처럼 영국도 뉴욕의 영원한 주인이 되지는 못했다. 이 대목에서 네덜란드가 부서진 멘탈을 조금은 회복했길 바란다. 1783년 11월 25일을 마지막으로 영국은 식민지였던 미국에서 물러갔고 뉴욕은 자유의 품으로 돌아갈 수 있었다.

프랑스와 스페인, 이탈리아, 네덜란드, 영국, 아일랜드 그리고 아프리카에서 노예로 끌려온 수많은 이들의 발길이 뉴욕에 닿았다. 뉴욕이 세계 무역의 중심으로 떠오르면서 더 먼 곳에서 찾아왔고, 누군가는 항구에 며칠간 머물다 떠나고 누군가는 브로드웨이 어딘가에 뿌리를 내렸을 것이다. 뉴욕의 오래된 거리에는 과거의 역사가 스며 있다. 거대한 건물 사이를 이방인의 심장으로 걷고 또 걷다 보면 낯선 도시를 개척하는 그 시절 탐험가가 된 것처럼 두근거린다.

그해 11월에 또 뉴욕에 갔다. 한국에서 친구가 오기로 해서 짧은 여행을 계획했다. 뉴욕에 한 번 가 본 적이 있기 때문에 내가 숙소 예약을 하고 가이드를 해 주기로 했다. 이번에는 비행기를 탔다. 뉴욕 여행에선 가야 할 곳이 너무나 많다. 미술관이나 박물관은 물론 쇼핑과 맛집, 카페, 전망대까지 섭렵하려면 24시간이 모자란다. 두 번째 방문한 뉴욕에서는 타임스스퀘어의 휘황찬란한 풍경에 입이 벌어지던 관광객 모드에서 벗어나 진정한 뉴요커처럼 뉴욕의 일상을 느껴 보자는 생각이 들었다.

첫 번째 코스는 센트럴파크였다. 센트럴파크는 '모마(MoMA: Museum of Modern Art)'로 불리는 국립현대미술관과 가까이 있다. 처음 뉴욕에 왔을 때는 모마에서 명화 한 점이라도 더 보겠다는 의지로 불타서 공원을 산책할 여유가 없었다. 투어 버스에서 센트럴파크를 스쳐 지날 때마다 굉장히 규모가 크다고 느꼈다. 삭막한 도시의 오아시스에서 사람들은 커피를 마시며 산책을 즐기고 러닝을 하고 있었다. 그러나 뉴요커가 아닌 이방인에게 센트럴파크는 명소에서 명소로 이동하는 과정에 있는 넓은 공백이나 다름없었다.

빡빡한 스케줄 없이 대놓고 빈둥빈둥하겠다는 각오로 센트럴파크를 찾았다. 11월이니 단풍도 졌겠다 싶었는데 아직 공원에는 여름과 가을이 공존하고 있었다. 푸른 이파리를 드리운 나무와 알록달록 단풍을 물들인 나무가 함께 모여 있었다. 고층 빌딩으로 둘러싸인 아늑한 스케이트장까지 개장해 겨울의 정취를 덧칠했다. 세 개의 계절이 모여 있는 곳, 그다지 춥지 않은 날씨에 공원을 산책하는 시간은 축복이었다. 코끝으로 밀려드는 서늘한 공기는 향긋한 낙엽 냄새를 안고 있었다. 황금빛 햇살 아래 나의 온몸이 가을과 왈츠를 추는 기분이었다.

12월이 되면 뉴욕은 찬란한 빛으로 물든다. 전 세계에서 관광객이 몰려들어 크리스마스의 정취를 즐기고 다 함께 떠들썩한 불꽃놀이를 지켜보며 새해를 맞는다. 이 시기에 호텔이나 항공권은 예약이 힘든 것뿐 아니라 가격이 가장 비쌀 때이기도 하다. 그래서 11월은 너무 요란스럽지 않고 너무 혼잡하지도 않게 뉴욕을 뉴요커처럼 즐길 수 있는 마지막 기회다. 특히나 매서운 북풍이 몰려오는 뉴욕의 겨울을 피하고 싶다면 이때를 노리는 것이 좋다.

———————— 마지막 잎새에 부는 따스한 입김 ————————

맨해튼의 뒷골목을 걸으며 나는 오 헨리의 「마지막 잎새」에 나오는 가난한 예술가들을 떠올렸다. 워싱턴 광장의 서쪽에 있는 그리니치빌리지에 모여든 그들을 말이다. 복잡한 길이 제멋대로 얽혀 있어 돈을 받으러 온 사람마저 되돌아가게 만든다는 그곳, 나지막한 3층 벽돌집 꼭대기에 수와 존시는 화실을 마련했다. 봄볕이 비치는 따뜻한 5월이었다.

11월이 되자 뉴욕의 예술가 마을에 이방인이 깃들었다. 차가운 얼음 손가락으로 여기저기를 들쑤시고 다니더니 폐렴이라는 불청객을 몰고 왔다. 추위를 뜻하는 영어 단어인 '콜드(cold)'는 감기라는 뜻으로도 쓰인다. 캘리포니아에서 온 존시는 폐렴에 걸려 쇠 침대에 누워 종일 이웃집의 벽만 바라보는 신세가 됐다. 존시가 폐렴을

이겨 낼 확률은 열에 하나, 만약 올겨울 유행할 패션에 관심을 보일 만큼 기력이 있다면 열에 다섯 정도라고 의사는 말한다.

지중해성 기후가 나타나는 캘리포니아주는 연중 온화하다. 여름에는 덥고 건조한 날씨가 이어지는데 덥다고 해도 바다의 영향을 많이 받기 때문에 우리나라처럼 40도 안팎까지 올라가는 폭염은 아니다. 여름마다 50도 넘게 최고 기온이 치솟아 뉴스에 단골로 나오는 데스밸리가 캘리포니아주이긴 하지만 내륙의 사막 지대에 위치한다. 캘리포니아의 겨울은 포근하고 습도가 높은 편이다. 아무리 추워도 기온이 영하로 내려가는 경우는 드물다.

반면 뉴욕은 우리나라처럼 대륙성 기후가 나타난다. 여름에는 30도를 넘나드는 폭염이 찾아오고 겨울에는 칼바람 속에 폭설도 많이 온다. 따뜻한 캘리포니아에서 온 존시가 뉴욕에서 처음으로 호된 겨울을 맞게 된 것이다.

존시의 친구인 수는 소설 속에서 메인주 출신으로 그려진다. 메인주는 미국의 가장 북동부에 있는 주다. 냉대 기후 지역으로 여름은 선선하고 겨울에는 강추위가 찾아온다. 대서양의 습기가 밀려들며 어른 키를 넘는 폭설이 내리기도 한다. 메인주에서 자란 수는 추위와 눈에 익숙할 수밖에 없다. 작가는 주인공의 출신 지역을 캘리포니아와 메인으로 정하고 이야기를 시작했을 게 분명하다.

윌리엄 시드니 포터라는 이름으로 노스캐롤라이나주에서 태어난 작가 오 헨리는 파란만장한 젊은 시절을 보냈다. 약사, 은행원, 기자, 연주가 같은 다양한 직업을 전전하다가 교도소에서 수감 생활을 했고 이 시기에 본격적으로 단편 소설을 발표하기 시작했다. 오 헨리라는 필명으로 뉴욕에서 작품 활동을 하던 그는 누구보다 뉴욕을 사랑했다.

가난한 예술가와 백화점 점원, 수선공, 외판원, 사기꾼, 재력가 그리고 거리의 노숙자까지 뉴욕의 모든 인생이 작가에게 이야깃거리였다. 실제로 "뉴욕시에 알 만한 가치가 있는 사람은 400만 명이나 된다"고 말했다는 일화가 전해진다. 당시 뉴욕의 인구가 400만 명이었으니 모두의 인생이 소중하다는 뜻이다. 실제로 『400만 명』이라는 제목의 작품집을 발간하기도 했다.

심장과 영혼을 지닌 도시, 뉴욕에서 어쩌면 작가 자신도 가난에 시달리는 예술가이면서 방황하는 청춘이었을지 모른다. 40년간 화가 생활을 하면서 걸작이라곤 하나 없는 베어만 영감과도 이미지가 겹친다. 언젠가 찾아올 걸작을 기다리는 늙은 화가의 모습을 그토록 애정 어린 시선으로 그렸으니 말이다.

존시는 창밖의 벽에 매달린 담쟁이덩굴을 유심히 바라보고 있다. 뿌리가 뒤틀리고 썩어 버린 오래된 담쟁이덩굴 한 줄기가 벽 중간까지 기어 올라가 엉겨 붙어 있었다. 초겨울 바람에 견디지 못한 이파리들이 점점 줄어 가고 마지막 잎새가 떨어지면 자신도 죽음을 맞게 될 거라고 존시는 생각한다. 수는 말도 안 되는 소리라며 창문을 커튼으로 가리려 하지만 힘든 밤을 보내고 눈을 뜬 존시는 어김없이 커튼을 열어 달라고 한다.

12, 11, 10, 9, 8, 7…. 사흘 전에는 백 개쯤
있었는데 이젠 다섯 개밖에 남지 않았어. 마지막
잎새가 떨어지면 나도 떠나가야 해. 모든 일을 잊고 저
이파리처럼 조용히 아래로 떨어져 내리고 싶어.

수에게 존시의 얘기를 전해 들은 베어만 영감은 눈물을
줄줄 흘리며 말한다. 여긴 존시처럼 착한 아가씨가 병으로
누워 있을 만한 곳이 못 된다고 말이다. 이 장면에서
베어만 영감이 존시를 얼마나 사랑하고 이 상황을
안타까워하는지 가슴이 아리도록 전해졌다. 하지만 그들
앞에 두려워하던 폭풍이 다가오고야 만다. 삭막한 북풍이
휘몰아치고 눈발이 섞인 찬비가 마구 쏟아진다. 창문을
거세게 두들기는 빗방울이 낮은 처마에서 뚝뚝 흘러
떨어졌다.

11월 늦가을에 추적추적 내리는 비는 겨울을
재촉하는 비다. 거센 비바람이 몰아치면 나무에 매달려
있던 마지막 잎새까지 모두 땅으로 떨어지고 거리는
수북한 낙엽으로 채워진다. 단풍으로 찬란했던 가을과
작별하고 앙상한 겨울로 향하는 우리 인생의 마지막
뒷모습을 보는 듯하다.

우리 속담에 '가을비 한 번에 내복 한 벌'이라는 말이
있다. 가을에 저기압인 비구름이 지나면 저기압의 시계
반대 방향 순환을 따라 한반도 북서쪽에서 차갑고 건조한

공기가 밀려 내려온다. 비가 그친 뒤 갑자기 기온이 뚝 떨어지고 스산한 기운이 몰려오는 것을 떠올리면 된다. 이럴 때 우리 몸이 기온 변화에 잘 적응하지 못하면 감기에 걸릴 수 있다. 특히 기저 질환이 있는 고령층이나 어린이는 체온 조절 능력이 떨어지므로 가을비는 반가운 존재가 아니다.

뉴욕의 예술가 거리에도 을씨년스러운 가을비가 지나고 이제 남은 관심은 마지막 담쟁이 이파리에 쏠린다. 모두가 같은 마음으로 마지막 잎새가 폭풍을 버티고 살아남았기를 기도했을 것이다. 두려운 마음으로 커튼을 열자 그곳에는 기적이 머물러 있었다. 밤새도록 몰아친 비바람에도 떨어지지 않은 잎 하나가 꿋꿋이 매달려 있었기 때문이다. 마치 존시에게 하늘이 선물한 희망의 메시지처럼.

창밖을 봐. 벽에 붙어 있는 저 마지막 담쟁이 잎을. 바람이 불 때 조금도 흔들리거나 움직이지 않는 게 이상하지 않니? 존시. 저건 베어만 영감님의 걸작이야. 마지막 잎새가 떨어지던 밤에 저 자리에 그려 두신 거야.

항상 술 냄새를 풍기며 캔버스 앞에 앉아 걸작을 그리겠다고 외치던 베어만 영감은 그 약속을 지키고

혹한

세상을 떠났다. 담쟁이 잎과 자신의 운명을 동일시하는 가엾은 캘리포니아 아가씨를 지키기 위해서 목숨을 건 것이다. 물에 젖어 버린 옷과 초록색, 노란색 물감이 남아 있는 팔레트는 그의 치열했던 마지막 순간을 암시한다.

베어만 영감의 마지막 걸작은 지금도 뉴욕의 어느 거리에서 빛을 잃지 않고 그대로 남아 있을 것만 같다. 뉴욕을 찾는 수많은 청춘에게 좌절과 절망에 울지 말라고 용기를 줄 것 같다. 북풍이 차가울수록 뜨거운 마음은 사그라지지 않을 테니까. 그대를 응원하는 마지막 잎새처럼.

────── 겨울마다 '폭탄 저기압' 몰려오는 뉴욕 ──────

존시에게 폐렴을 안겨 준 소설 속 겨울보다 더 혹독한 한파가 최근 뉴욕에 찾아오고 있다. 2022년 크리스마스에 뉴욕 센트럴파크 주변의 체감 온도는 영하 30도 가까이 곤두박질쳤다. 낮 최고 기온도 영하 10도에 머물며 150년 만의 한파로 기록됐는데 공항에선 결항이 속출하고 거리에는 인적이 뚝 끊겨 버렸다. 한파로 사망한 사람이 뉴욕주를 중심으로 30명에 달했다. 야외에서 일을 하다가, 차 안에서, 눈을 치우다가, 난방이 끊긴 집 안에서 안타까운 죽음이 이어졌다.

한파가 몰려올 거라는 예보가 없었을까? 왜 이렇게 많은 사람이 추위로 목숨을 잃은 걸까? 후진국도 아닌 뉴욕 한복판에서? 이런 궁금증이 생길 수밖에 없다.

물론 예보는 있었지만 한기를 실은 '폭탄 저기압(bomb cyclone)'이 대비할 틈을 주지 않고 곧장 밀려 내려온 것이 피해를 키운 원인이었다.

북극 상공에는 영하 50~60도에 달하는 차가운 공기가 소용돌이 모양으로 돌고 있다. 시계 반대 방향의 저기압성 순환을 하는데 여름에는 약해지고 겨울에는 강해지는 경향을 보인다. 북반구의 겨울이 되면 극 소용돌이(polar vortex)가 확장하면서 차가운 공기를 주기적으로 남쪽으로 내려보낸다.

그런데 지구 가열로 북극이 빠르게 뜨거워지자 극 주변을 돌던 소용돌이가 느슨해지기 시작했다. 북극의 찬 공기는 마치 둑이 터진 듯 중위도로 밀려 내려왔고 북미와 유럽, 동아시아가 표적이 됐다. 지구의 평균 기온은 오르는데 오히려 겨울이 추워지는 '온난화의 역설'이 나타나게 된 것이다. 이러한 현상이 처음 알려진 것은 2010년 무렵이었다.

뉴욕 등 미국 북동부는 거의 매년 폭탄 저기압의 피해를 입곤 한다. 북극발 한기가 대서양의 따뜻하고 습한 공기와 만나면 폭탄으로 불릴 만큼 강력한 저기압을 만들기 때문이다. 여름에 찾아오는 허리케인 못지않게 강력한 바람과 폭설을 동반해 겨울 허리케인으로 불린다.

폭탄 저기압이 통과하면 적설량이 1미터(100센티미터)에 달하는 폭설이 쏟아지고 초속 30미터(시속 108킬로미터)에 육박하는 거센 돌풍이 몰아친다. 가시거리가 0에 가까운 '화이트아웃'으로 운전자들이 도로에 고립돼 사투를 벌이고 차량 연쇄 충돌

사고와 정전도 속출한다. 여름의 허리케인만큼 무서운 위력으로 어마어마한 피해를 몰고 오는 것이다. 불과 몇 시간 만에 세력을 키울 만큼 발달 속도가 빨라서 예보가 나와도 대비하기 힘들다.

과학자들은 기후 위기로 폭탄 저기압의 강도가 증가하고 빈도 역시 잦아지고 있다고 분석한다. 자연스러운 현상이다. 차가워야 할 북극이 따뜻해지면서 지구의 기후를 조절하던 심장이 고장 났다. 북극에 머물던 차가운 공기가 시시때때로 흘러 내려오고 겨울에도 식지 않고 뜨거운 대서양은 수증기를 공급하는 웜풀로 변했다. 폭탄 저기압이 만들어지는 최적의 조건이 아닐 수 없다. 이대로 기후 위기가 가속화된다면 뉴욕의 겨울은 더 추워질 게 분명하다. 한파와 폭설이 빌딩 숲을 꽁꽁 얼려 버릴 것이고 가난한 예술가들은 더 힘든 날들을 보내게 될지 모른다.

다행히 뉴욕시는 기후 위기 대응에 적극적으로 나서고 있다. '플랜 뉴욕시(PlaNYC: Getting Sustainability Done)'라는 이름으로 홍수와 해수면 상승 대응, 청정에너지 전환, 건축물 에너지 효율 향상, 운송 시스템 개선, 저탄소 정책을 발표하고 있다. 100만 가구 이상의 저소득층 주택에 태양광 패널을 설치하고 디젤 트럭의 운행을 줄이고 전기 자동차를 늘리는 내용이다. 전기차 충전소를 현재의 주유소만큼 늘리기 위해 2.5마일(4킬로미터)마다 설치하는 계획도 추진되고 있다.

뉴욕에서 배출되는 온실가스의 70퍼센트는 건축물에서 나온다는 점에 주목해 2019년에는 '기후 동원법(Climate Mobilization Act)'을 통과시켰다. 이 법안의 핵심은 대형 건물의 온실가스 배출량을 2005년 기준으로 2030년까지 40퍼센트, 2050년까지 80퍼센트 줄인다는 내용이다. 에너지 효율을 높이지 못한 건물은 법적으로 엄격한 처벌을 받게 된다. 새로 짓는 건물은 전면 유리를 사용할 수 없고 친환경적인 지붕이나 옥상, 태양광, 풍력 발전 설비를 갖추어야 한다. 뉴욕의 마천루가 초록색으로 탈바꿈하게 될 날이 머지않았다.

겨울은 당연히 춥다. 겨울이 따뜻하면 오히려 정상이 아니다. 그러나 정상 범위를 벗어난 극한 한파는 추위에 익숙하지 않은 수많은 생명을 앗아 간다. 캘리포니아에서 온 예술가 존시도 그렇고 멀리 적도 부근에서 온 이민자들도 마찬가지일 것이다. 다행스럽게도 베어만 영감이 목숨을 걸고 마지막 잎새를 그려 냈듯 뉴욕시는 기후 위기 대응 정책을 결연하게 추진하고 있다.

뉴욕은 이미 극한적인 한파와 폭염, 홍수, 침수, 해수면 상승의 피해까지 복합적으로 받고 있다. 뉴욕의 정체성이나 다름없는 100만 개의 건물 때문에 해마다

1~2밀리미터씩 가라앉고 있는 동시에 1950년 이후 해수면 높이가 22센티미터 상승했다. 비가 많이 내릴 때마다 침수와 홍수가 반복되며 뉴욕이 사라지는 것 아니냐는 우려가 나오고 있다. 전 세계인이 사랑하는 랜드마크인 뉴욕을 이대로 수몰될 운명 앞에 내버려둘 것인가. 뉴욕시뿐만 아니라 모두 함께 탄소 배출을 줄여야 하는 이유다. 마지막 잎새를 쓴 오 헨리의 시대에도, 우리의 시대에도, 미래에도 뉴욕이 지금 모습 그대로 존재하기를 간절히 바라는 마음이다. 예술가들에게 무한한 영감을 주는 이토록 매력적인 도시가 영원히 건재하길.

────── 날씨는 추운데 따뜻한 느낌이 드니 말이에요 ──────

입김이 피어날 정도로 추운 날씨가 되면 생각나는 동화가 있다. 어린 시절에 누구나 한 번쯤 읽었을 왕자와 제비에 대한 이야기다. 어른이 된 뒤에야 이 소설을 쓴 작가가 오스카 와일드라는 것을 알고 깜짝 놀랐다. 마치 이 세상 모든 어린이에게 무인도를 꿈꾸게 만든 『15소년 표류기』가 쥘 베른의 작품이라는 사실을 알았을 때의 충격과 비슷하다고나 할까.

아일랜드 더블린 출신의 오스카 와일드는 시와 희곡, 산문, 소설 등 다양한 장르의 글을 썼다. 1890년대 초 런던을 휘어잡은 가장 성공한 작가로 그의 대표작은 유일한 장편 소설인 『도리언 그레이의 초상』으로 꼽힌다. 작가는 어른들의 이기적이고 어리석은 행동을 풍자하는

동화를 쓰기도 했다.「행복한 왕자」는「욕심쟁이 거인」,
「젊은 왕」,「헌신적인 친구」,「뛰어난 로켓」등의 작품과
함께『행복한 왕자와 다른 이야기들』이라는 동화집에
담겨 있다.

    이야기는 제비로부터 시작된다. 이른 봄날 아름다운
갈대 아가씨를 만나 여름 내내 사랑에 빠진 제비는
친구들이 이집트로 떠난 뒤에야 정신을 차린다. 사랑에
눈멀었던 뜨거운 여름에는 그저 황홀하기만 했지만,
차디찬 가을바람이 불어오자 불쑥 싫증이 나고 냉정을
되찾은 것이다. 말이 없는 성격도, 가난하고 딸린 친척이
너무 많은 배경도 맘에 안 들고 바람과 살랑대는 모습에
바람둥이일지 모른다는 의심까지 들었다. 결혼 상대로서
갈대의 배경과 성격을 너무나 냉철하게 판단하는 제비의
모습에 사람으로 착각할 뻔했다. 그렇게 제비의 짧은
사랑은 끝났다.

    사랑이 끝나면 비로소 냉혹한 현실이 보인다.
하루빨리 따뜻한 이집트로 가지 않으면 큰일이다.
까딱하다가는 얼어 죽거나 굶어 죽거나 둘 중 하나다.
뒤늦게 피라미드의 나라를 향해 전력 질주하던 제비는
북유럽의 어느 도시에서 잠시 쉬어 가게 된다. 황금빛
동상을 침대 삼아 잠을 청할 때만 해도 제비는 상상하지
못했을 것이다. 이집트로 떠나지 못하고 차가운 동상과
함께 죽음을 맞게 되리라는 것을 말이다. 처음부터 그럴
생각은 아니었다. 하지만 동상인 왕자의 간절한 부탁으로
하룻밤만 더, 하룻밤만 더 머물며 심부름하다 보니 그렇게
돼 버렸다.

"그런데 이상해요. 날씨는 추운데 저는 이제 따뜻한
느낌이 드니 말이에요."
"그건 네가 착한 일을 했기 때문이야."

왕자는 칼에 박힌 붉은 루비와 사파이어로 만든
눈동자까지 전부 잃고 말았다. 화려한 궁전에서 평생
슬픔이 무엇인지 모르고 살았던 왕자는 고통 겪는
사람들을 보며 처음으로 눈물을 흘린다. 그들에게 하나씩
내어 주면서 진정한 행복이 무엇인지 알게 된다. 자기의
눈까지 뽑아서 가난한 이들을 도우려는 왕자의 마음에
제비는 그만 울어 버린다. 항상 명랑했던 제비지만,
왕자의 슬픔에 진심으로 공감하고 왕자를 깊이 사랑하게
된 것이다.

> 겨울이에요. 이곳에는 곧 차디찬 눈이 내릴 거예요….
> 왕자님, 저는 떠나야만 해요. 하지만 왕자님을
> 절대로 잊지 않겠어요. 내년 봄에는 왕자님의 한쪽
> 눈과 칼자루에 보석을 박아 드릴게요. 장미보다
> 더 붉은 루비와 바다보다 더 파란 사파이어를
> 가져다드릴게요.

떠나야 한다는 제비의 마지막 간청에도 왕자는 줄 것이
남았다. 제비의 출발은 또다시 늦어진다. 왕자는 마지막

남은 눈을 성냥팔이 소녀에게 내어 준 뒤에야 제비에게
그만 이집트로 떠나라고 말한다. 제비는 앞을 볼 수 없는
왕자를 혼자 두고 선뜻 떠날 수 없다. 왕자의 몸을 덮고
있던 눈부신 순금도 조각조각 사라지고 이제 더 이상 줄
것이 남아 있지 않게 됐다. 왕자는 보기 싫은 잿빛으로
변하고 만다.

서로 의지하며 선행을 이어 가는 동안에도 시간은
속절없이 흐른다. 성마른 거인처럼 북유럽의 겨울이 성큼
다가오더니 눈발이 날리고 강추위가 찾아왔다. 거리는
차디찬 은빛으로 반짝인다. 처마 끝에 매달린 기다란
고드름은 수정으로 만든 칼날처럼 매섭다. 혹독한 추위에
가엾은 제비는 점점 쇠약해졌지만 결코 왕자의 곁을
떠나지 않았다.

"사랑하는 왕자님. 안녕히 계세요. 왕자님의 손에 입
맞추게 해 주세요."
"사랑하는 제비야. 마침내 이집트로 간다니 기쁘구나.
너는 여기 너무 오래 머물렀어. 내 사랑 제비야,
내 입술에 입을 맞춰다오."
"저는 이집트로 가는 게 아니에요. 죽음의 집으로
가요. 죽음은 잠의 형제니까요."

제비가 왕자에게 마지막으로 입 맞추고 긴 잠에 빠지는

혹
한

순간 왕자의 몸에서 무언가 깨지는 소리가 난다. 납으로 만든 왕자의 심장이 둘로 쪼개진 것이다. 인간의 심장으로 살 때는 눈물조차 몰랐지만, 결코 뛸 것 같지 않던 납으로 만든 심장은 깊은 슬픔에 쪼개지고 말았다. 제비의 마지막 순간, 책을 읽는 우리의 심장도 왕자와 마찬가지로 쿵 소리를 내며 멈춰 버렸을지 모른다. 정말 모질게 추운 날이었다. 눈물조차 모조리 얼어붙을 것 같은 날씨였다.

매서운 혹한이 다가오면 우리 주변의 소외된 이웃은 더 추워진다. 크리스마스 분위기로 들뜬 거리는 가난과 절망, 아픔을 보이지 않는 것으로 지워 버린다. 안데르센의 「성냥팔이 소녀」의 배경도 매서운 겨울이다. 12월의 마지막 날 밤 추위와 배고픔에 지친 소녀가 성냥을 하나씩 켤 때마다 따뜻한 난로와 화려한 만찬, 크리스마스트리가 나타난다. 소녀는 황홀한 표정으로 환영을 바라보지만 성냥불이 꺼지면 그뿐, 다시 얼음송곳 같은 현실로 돌아온다. 오스카 와일드가 안데르센의 작품을 염두에 뒀는지는 모르겠지만 「행복한 왕자」에서 마지막 사파이어 눈동자를 성냥팔이 소녀에게 전해 준 것은 우연이었을까?

2024년 노벨 문학상을 받은 한강 작가가 강연에서 언급한 "세계는 왜 이토록 폭력적이고 고통스러운가? 동시에 세계는 어떻게 이렇게 아름다운가?"라는 말이 떠오른다. 왕자가 사는 세상도, 우리가 사는 세상도 폭력과 고통으로 얼룩져 있지만 동시에 눈물 날 정도로 아름다운 것들로 가득하다.

동정이나 공감을 뜻하는 영어 단어 'Sympathy'는

'고통을 함께 느낀다'라는 뜻이다. 그러나 타인의 고통을 공감하고 자신의 아픔처럼 느끼는 일은 말처럼 쉽지 않다. 지금 시대를 살아가는 우리는 뉴스와 인터넷, 소셜 미디어 등을 통해 하루에도 수없이 타인의 고통과 마주한다. 교통사고나 비행기 추락, 살인 사건은 뉴스에서 빠지지 않는 소재다. 증오로 얼룩진 전쟁은 피에 젖은 희생자를 낳고 지진이나 홍수, 산불 같은 자연 재난으로 멀쩡하던 도시가 폐허로 전락한다.

질병과 배고픔에 시달리는 결식아동 후원 광고에 마음이 흔들리다가도 끝없이 스크롤을 내리다 보면 연민의 감정이 증발한다. 1초 전에 뭘 봤는지도 기억나지 않는다. 누군가의 부고를 알리는 게시물에 애도의 댓글을 단 뒤 곧바로 등장한 세일 광고를 클릭하는 게 우리일지 모른다. 특히 이미지로 포화된 시대를 살아가다 보니 타인의 고통에 무뎌지지 않을 수 없다. 공감과 연민은 빠르게 솟아났다가 사라지기를 반복한다. 냉소적인 누군가는 값싼 연민이라고 말할지도 모르겠다.

나 자신은 타인이 겪는 고통으로부터 안전한 곳에 있다는 안도감 역시 공감의 뿌리를 뒤흔든다. 공포 영화를 볼 때 짜릿한 쾌감을 느끼는 것은 스크린이 가상 세계일 뿐, 자신은 극장을 나서서 안전하게 집에 갈 수 있다는 믿음이 전제되기 때문이다. 타인의 고통은 안온한 내 삶과 상관없는 일이다. 러시아-우크라이나 전쟁은 큰 충격을 주지만 나의 세계와 단절된 스크린처럼 깊숙한 공감을 이끌어 내지 못하고 산산이 흩어진다. 경유 가격이 고공 행진을 하거나 빵값이 올랐을 때 전쟁의 여파를 겨우 희미하게 실감할 수 있을 정도다.

    타인의 슬픔에 깊숙이 공감하는 일은 고통스럽기 때문에 본능적으로 회피하거나 저항하는 경향이 나타날 수 있다. 그런데 왜 왕자는 타인의 고통을 자신의 고통으로 여기며 그렇게 괴로워한 걸까? 재잘재잘 수다쟁이에, 철없고 명랑하기만 하던 제비는 왜 이집트로 떠나지 못하고 왕자의 곁에서 죽음을 맞이한 걸까? 타인을 가엾게 여기는 왕자의 진심이 제비에게 전해졌기에 둘 사이에 굳건한 연대가 맺어졌고 어떤 희생도 두렵지 않게 된 것이다.

    행복한 왕자가 지닌 루비와 사파이어, 금을 모두 내어 주어도 거리의 가난한 사람들은 사라지지 않을 것이다. 어쩌면 그들의 불행은 끝이 없을지도 모른다. 빈곤은 소수의 개인이 나선다고 해결될 일이 아니기 때문이다. 그러나 타인에 대한 공감이 순간의 연민을 넘어 사회의 연대로 퍼져 나간다면 소외된 이웃들이 추운 겨울을 견디기가 더 수월해질 것이다. 세상이 냉혹해져도 따스하게 맞잡은 손은 온기를 잃지 않으리라.

──────── 겨울이면 더 추워지는 기상전문기자 ────────

여의도는 유난히 바람이 강하게 부는 곳이다. 겨울이면 말할 것도 없다. 고층 빌딩 사이로 길 잃은 바람이 몰려오면 머리는 산발이 되고 온몸이 얼음물로 샤워한 것처럼 떨린다. 슬프게도 겨울에 이만한 풍경을 찍을 수 있는 곳이 별로 없기 때문에 추위 스케치는 대부분 여의도행이다. 촬영 기자가 영상을 찍고 있는 동안 지나가는 시민들을 상대로 인터뷰를 요청한다. 오늘 날씨가 어떤지 묻는 건데, 당연히 춥다는 대답이 나올 수밖에 없다. 어떤 날은 바람이 강해서, 어떤 날은 흐리고 눈이 내려서, 어떤 날은 기온이 크게 떨어져서 추웠다.

한 번에 시민 인터뷰에 성공할 때도 있지만 가끔은 서너 차례 거절을 당하며 기운이 빠지기도 한다. 날씨도 추운데 카메라 앞에 서서 얼마나 추운지 말하고 싶은 사람은 많지 않을 것이다. 인터뷰 섭외가 오래 걸리면 나도 지치고 촬영 기자도 지친다. 인터뷰만 끝나면 따뜻한 회사로 돌아갈 수 있기에 총력을 다해 시민들을 쫓아가 마이크를 내민다. "제발 짧게라도 좋으니 한 번만 대답해 주세요"라며 사정한다. 사실 나였어도 선뜻 응하지 않았을 것 같다. 그래서 더더욱 거리에서 인터뷰를 해 주신 지난날 모든 분들에게 감사의 마음을 전하고 싶다.

어느 겨울은 한파가 지독하게 오래 이어졌다. 여의도 거리에 한두 번 나갔으면 다른 곳을 찾아야 한다. 기상청 근처에 있는 보라매공원에도 가고 광화문에도 갔다. 청계천에선 운 좋으면 거대한 고드름이나 얼음 기둥을 찍을 수 있다. 그래도 한파가 끝나지 않으면 이제 더 멀리 떠나야 한다. 서울에서 한파가 일주일 정도 길어지면 한강에도 추위의 징표가 나타나기 시작한다. 수심이 얕은 가장자리부터 얼어붙고 선착장의 밧줄에는 투명한 고드름이 매달린다.

    언제 한강이 얼어붙을지 알 수 없기 때문에 연합뉴스에서 출고하는 사진을 보고 움직인다. 주변의 풍경을 통해 위치를 대강 추정하고 가는데, 가끔은 얼음을 찾지 못해 헤맬 때도 많다. 원하는 그림을 담지 못하면 발이 얼어붙는 것도 모르고 얼음을 찾아 걷고 또 걸었다. 운 좋게 얼음을 발견하면 얼마나 두꺼운지 돌멩이로 두들겨 보거나 발로 깨는 액션을 카메라 앞에서 반복했다. 모두 얼마만큼 날씨가 추운지 보여 주기 위해서다.

    한강에서 얼음 노다지를 발견하고 돌아와 그날 뉴스를 내보내면 하루살이 인생처럼 다음 날을 걱정했다. 일산호수공원이 꽝꽝 얼었다는 제보를 듣고 달려가 얼음 한복판에서 마이크를 들기도 하고, 북한산의 계곡을 찾아가기도 했다. 모두 추위의 입김을 생생하게 시청자에게 전달하기 위한 노력이었다. 발에 동상을 입고 약국에 간 적도 있었는데, 발가락이 간질간질하고 어찌나 얼얼하던지 얼음이 박힌 것만 같았다. 추위를 많이 타는 나는 겨울 한파 취재보다 여름 폭염 취재가 차라리 낫다. 한겨울에 밖에 나가는 것만 생각해도 몸이 떨린다. 스키장에서도 칼바람에 슬로프를 누비는 것보다 콘도에서 따뜻하게 슬로프를 바라보는 것을 더 즐길 정도니.

    북극발 한파가 잦아질수록 기상전문기자의 겨울은 고단해졌다. 가끔은 일주일 내내 춥다, 더 춥다, 더더 춥다,

추위 절정, 추위 누그러져… 이런 순서로 뉴스를 전했다. 물론 모든 방송사 뉴스는 마지막에 기상 캐스터가 나와서 날씨를 전해 준다. 그러나 사람들은 생생한 현장을 보고 싶어 한다. 나 역시 같은 마음일 것이다. 날씨가 아주 추운 날에는 추운 대로, 더운 날에는 더운 대로 날씨 뉴스의 시청률은 높게 나온다. 우리는 남들도 나처럼 춥고 더웠는지 공감하고 싶어 하는지 모르겠다.

    단단한 공감 속에 우리는 추위를 견디고 더위와 싸운다. 그러다 보면 어느새 봄이 짙어지고 가을이 성큼 마중 온다. 유난히 길고 혹독했던 겨울이 물러가고 낮이 길어지며 햇살이 힘을 얻어 갈 때면 겨울을 무사히 보낸 나에게, 그대에게 격려를 보내고 싶어진다. 한여름이 오면 문득 그리워질 혹한의 기운을 가슴속 한편에 저장해 두고 가장 더운 날 축제처럼 꺼내 보면 어떨까. 겨울에 얼음을 찾아 헤매던 기억을 떠올리면 빙수가 필요 없을 것 같다. 갑자기 온몸이 으슬으슬 추워지는 것 같다.